ORBIS BIBLICUS ET ORIENTALIS 79

INKE W. SCHUMACHER

DER GOTT SOPDU DER HERR DER FREMDLÄNDER

UNIVERSITÄTSVERLAG FREIBURG SCHWEIZ
VANDENHOECK & RUPRECHT GÖTTINGEN
1988

CIP-Titelaufnahme der Deutschen Bibliothek

Schumacher, Inke:

Der Gott Sopdu, der Herr der Fremdländer / Inke Schumacher. – Freiburg, Schweiz: Univ.-Verl.; Göttingen: Vandenhoeck u. Ruprecht, 1988

(Orbis biblicus et orientalis; 79)
ISBN 3-7278-0566-8 (Univ.-Verl.) Gb.
ISBN 3-525-53708-5 (Vandenhoeck & Ruprecht) Gb.
NE: GT

D 6

Die Druckvorlagen der Textseiten
wurden von der Autorin ab Datenträger
als reprofertige Vorlage zur Verfügung gestellt.

Paulusdruckerei Freiburg Schweiz

ISBN 3-7278-0566-8 (Universitätsverlag)
ISBN 3-525-53708-5 (Vandenhoeck & Ruprecht)

SCHUMACHER · DER GOTT SOPDU

ORBIS BIBLICUS ET ORIENTALIS

Im Auftrag des Biblischen Instituts der Universität
Freiburg Schweiz
des Seminars für biblische Zeitgeschichte
der Universität Münster i. W.
und der Schweizerischen Gesellschaft
für orientalische Altertumswissenschaft
herausgegeben von
Othmar Keel
unter Mitarbeit von Erich Zenger und Albert de Pury

Zur Autorin:

Inke Wera Schumacher, am 3.9.1959 in Borgholzhausen (Teutob. Wald) geboren, studierte von 1978 bis 1986 an der Westfälischen Wilhelms-Universität Münster und promovierte dort im Jahre 1986 mit den Fächern Ägyptologie, Koptologie und Islamwissenschaften. Die Dissertation wurde von Herrn Prof. Dr. Jürgen von Beckerath betreut.

Meinen Eltern
und meiner Großmutter
in Dankbarkeit

VORWORT

Mein Interesse für das Ichneumon, in dessen Gestalt der Gott Atum spätzeitlichen Denkmälern zufolge im XX. unterägyptischen Gau verehrt wurde, richtete mein Augenmerk auf den Gott Sopdu, der als Lokalgottheit dieses Gaues galt.

Für die Entstehung der Untersuchung über den Gott Sopdu gilt mein aufrichtiger Dank in erster Linie meinem hochverehrten Lehrer, Herrn Professor Dr. Jürgen von Beckerath, der durch mannigfache Anregungen und seine stetige Diskussionsbereitschaft bei allen anstehenden Problemen die Arbeit begleitet und gefördert hat.

Mein Dank richtet sich des weiteren an Herrn Professor Dr.Dr. Martin Krause, der den Fortgang der Arbeit mit regem Interesse verfolgte und mich mit wertvollen Ratschlägen und Hinweisen unterstützte.

Ferner danke ich Herrn Dr. Herbert Oster (†), der mir während der Arbeit an meiner Dissertation bei anstehenden Problemen mit Rat und Tat zur Seite stand.

Mein tiefster Dank gilt Herrn Professor Dr. Raphael Giveon (†). Durch sein besonderes Interesse an dem Gott Sopdu infolge seiner jahrzehntelangen Tätigkeit auf der Sinai-Halbinsel verfolgte er den Fortgang meiner Arbeit mit Aufmerksamkeit und großer Anteilnahme. Seine verständnisvolle Hilfe und seine Freundschaft, die er mir entgegenbrachte, werden mir immer in lieber Erinnerung bleiben.

Dem Land Nordrhein-Westfalen bin ich zu Dank verpflichtet für die Gewährung eines Graduiertenförderungsstipendiums, das mir ein von finanziellen Belastungen ungestörtes Studium ermöglichte.

Nicht zuletzt gilt mein Dank all denen, die durch ihre Hilfe sowie durch ihre zahlreichen Anregungen und Informationen an dem Zustandekommen der Untersuchung beteiligt waren, so Frau Dr. Rosemarie Drenkhahn, Herrn Professor Dr. Erhart Graefe, Frau Dr. Bettina Schmitz, Herrn Professor Dr. Jürgen Osing sowie der Staatlichen Sammlung Ägyptischer Kunst, München.

Münster, im Oktober 1986

Inke Schumacher

INHALTSVERZEICHNIS

ABKÜRZUNGS- UND LITERATURVERZEICHNIS

ÄA	Ägyptologische Abhandlungen, Wiesbaden 1960 ff.
ADAW	Abhandlungen der Deutschen Akademie der Wissenschaften, phil.-hist.Kl., Berlin 1851 ff.
AE	Ancient Egypt, London-New York 1914-35
ÄF	Ägyptologische Forschungen, Glückstadt-Hamburg-New York 1936 ff.
AH	Aegyptiaca Helvetica, Basel-Genf 1974 ff.
AnAe	Analecta Aegyptiaca, Kopenhagen 1940-59
AnOr	Analecta Orientalia, Rom 1933 ff.
APAW	Abhandlungen der (Kgl.) Preußischen Akademie der Wissenschaften, phil.-hist.Kl., Berlin 1897 ff.
ASAE	Annales du Service des Antiquités de l'Égypte, Kairo 1900 ff.
AV	Archäologische Veröffentlichungen, Deutsches Archäologisches Institut, Abt.Kairo, Berlin-Mainz 1970 ff.
BAe	Bibliotheca Aegyptiaca,Brüssel 1932 ff.
BdE	Bibliothèque d'Étude, Institut Français d'Archéologie Orientale, Kairo 1908 ff.
BE	Bibliothèque Égyptologique, Paris 1907-16
BIE	Bulletin de l'Institut d'Égypte, Kairo 1883 ff.
BIFAO	Bulletin de l'Institut Français d'Archéologie Orientale au Caire, Kairo 1901 ff.
BiOr	Bibliotheca Orientalis, Leiden 1944 ff.
Borchardt, Ne-user-re^{c}	Ludwig Borchardt, Das Grabdenkmal des Königs Ne-user-re^{c}, Leipzig 1907
Borchardt, S'a3ḥu-re^{c}	Ludwig Borchardt, Das Grabdenkmal des Königs S'a3ḥu-re^{c}, 2 Bde, Leipzig 1910 u. 1913
Brugsch, DG	Heinrich Brugsch, Dictionnaire Géographique de l'Ancienne Égypt, Leipzig 1879
Brugsch, Thes.	Heinrich Brugsch, Thesaurus Inscriptionum Aegyptiacarum, 6 Bde, Leipzig 1883-91
BS	Bollingen Series, New York
BTAVO	Beihefte zum Tübinger Atlas des Vorderen Orients, Reihe B (Geisteswissenschaften), Wiesbaden 1972 ff.

CASAE	Cahier. Suppléments aux ASAE, Kairo 1946 ff.
CdE	Chronique d'Égypte, Brüssel 1925 ff.
CG	Catalogue Général des Antiquités Égyptiennes du Musée du Caire, Kairo
Champollion, Mon.	Champollion-le-Jeune, Monuments de l'Égypte et de la Nubie, Planches, 4 Bde, Paris 1835-45
Champollion, Not.Descr.	Monuments de l'Égypte et de la Nubie, Notices Descriptives Conformes aux Manuscrits Autographes Rédigés sur les Lieux par Champollion le Jeune, Paris 1844
CT	Adriaan de Buck, The Egyptian Coffin Texts, 7 Bde, Chicago 1935-61
Daumas, Mammisis	François Daumas, Les Mammisis de Dendara, Kairo 1959
DAWW	Denkschriften der Kaiserlichen Akademie der Wissenschaften in Wien, phil.-hist. Kl., Wien 1910 ff.
Dendara	Émile Chassinat/François Daumas, Le Temple de Dendara, 8 Bde, Kairo 1934-78
Description	Commission des Monuments d'Égypte, Description de l'Égypte ou Recueil des Observations et des Recherches qui ont été faites en Égypte pendant l'Expédition de l'Armée Française, Paris 1809-28
DÖAW	Denkschriften der Österreichischen Akademie der Wissenschaften in Wien, phil.-hist.Kl., Wien 1910 ff.
Dümichen, Geogr.Inschr.	Johannes Dümichen, Geographische Inschriften altägyptischer Denkmäler, 4 Bde, Recueil des Monuments 3-6, Leipzig 1865-85
Edel, Altäg.Gramm.	Elmar Edel, Altägyptische Grammatik, 2 Bde, AnOr 34 u. 39, 1955 u. 1964
Edfou I	Le Marquis de Rochemonteix, Le Temple d'Edfou I, MMAF 10, 1897
Edfou II u. III	Émile Chassinat/Le Marquis de Rochemonteix, Le Temple d'Edfou II u. III, MMAF 11 u. 20, 1918 u. 1928
Edfou IV-XIV	Émile Chassinat, Le Temple d'Edfou IV-XIV, MMAF 21-31, 1929-34
Edfou, Mam.	Émile Chassinat, Le Mammisi d'Edfou, MIFAO 16, 1939
EEF bzw. EES	Memoirs of the Egypt Exploration Fund/Society, London 1884 ff.
Excav.Saqq.	Excavations at Saqqara, Service des Antiquités, Kairo 1907-58
FIFAO	Fouilles de l'Institut Français d'Archéologie Orientale du Caire, Kairo 1924 ff.

Fouill.Saqq.	Fouilles â Saqqarah, Service des Antiquitês de l'Égypte, Kairo
FS	Festschrift für ...
Gardiner, AEO	Alan H.Gardiner, Ancient Egyptian Onomastica, 3 Bde, London 1947
Gardiner, Eg.Grammar	Alan H.Gardiner, Egyptian Grammar, 3rd ed., Oxford 1978
Gauthier, DG	Henri Gauthier, Dictionnaire des Noms Gêographiques, 7 Bde, Kairo 1925-31
Gauthier, LdR	Henri Gauthier, Le Livre des Rois d'Égypte, 5 Bde, MIFAO 17-21, 1907-17
GM	Göttinger Miszellen, Göttingen 1972 ff.
GOF IV	Göttinger Orientforschungen IV, Reihe: Ägypten, Wiesbaden 1973 ff.
Griffith, Tell el-Yahûdîyeh	Francis Ll.Griffith, The Antiquities of Tell el-Yahûdîyeh, EEF 7, 1890
HÄB	Hildesheimer Ägyptologische Beiträge, Hildesheim 1975 ff.
HdO	Handbuch der Orientalistik, 1.Abt., 1.Bd: Ägyptologie, Leiden 1959-70
Helck, Beamtentitel	Wolfgang Helck, Untersuchungen zu den Beamtentiteln des ägyptischen Alten Reiches, ÄF 18, 1954
Helck, Gaue	Wolfgang Helck, Die altägyptischen Gaue, BTAVO 5, 1974
Inscr.Sinai	Alan H.Gardiner/T.Eric Peet/Jaroslav Černý, The Inscriptions of Sinai, 2 Bde, EES 45, 1952^{2}-55
JARCE	Journal of the American Research Center in Egypt, Boston 1962 ff.
JEA	Journal of Egyptian Archaeology, London 1914 ff.
JNES	Journal of Near Eastern Studies, Chicago 1942 ff.
Junker, Gîza	Hermann Junker, Bericht über die von der Akademie der Wissenschaften in Wien auf gemeinsame Kosten mit Dr.Wilhelm Pelizäus unternommenen Grabungen auf dem Friedhof des AR bei den Pyramiden von Gîza, 12 Bde, DAWW 69-75, 1929-55
Kaplony, IÄF	Peter Kaplony, Die Inschriften der ägyptischen Frühzeit, 2 Bde u. Suppl., ÄA 8 u. 9, 1963 u. 1964
Kêmi	Kêmi. Revue de Philologie et d'Archêologie Égyptiennes et Coptes, Paris 1928-71
LÄ	Lexikon der Ägyptologie, Bd. I-VI, Wiesbaden 1975-86
LAPO	Littêratures Anciennes du Proche-Orient, Paris 1967 ff.
Lauer, Pyramide â Degrês	Jean-Philippe Lauer u.a., La Pyramide â Degrês, 5 Bde, Fouill.Saqq., 1936-65

LD	Karl Richard Lepsius, Denkmäler aus Aegypten und Aethiopien, 12 Bde u. Erg.bd., Berlin 1849-58, Leipzig 1913
LD, Text	Karl Richard Lepsius, Denkmäler aus Aegypten und Aethiopien, Text. Hg.von Edouard Naville, 5 Bde, Leipzig 1897-1913
Mariette, Dend.	Auguste Mariette, Description Générale du Grand Temple des cette Ville, 5 Bde, Paris 1870-80
MÄS	Münchner Ägyptologische Studien, Berlin/München 1962 ff.
MDAIK	Mitteilungen des Deutschen Archäologischen Instituts Kairo, Berlin/Wiesbaden/Mainz 1930 ff.
MIFAO	Mémoires publiés par les Membres de l' Institut Français d'Archéologie Orientale du Caire, Kairo 1907 ff.
MMA	The Metropolitan Museum of Art, Dept. of Egyptian Art, New York 1932-48
MMAF	Mémoires publiés par les Membres de la Mission Archéologie Française au Caire, Paris 1889 ff.
Möller, Paläographie	Georg Möller, Hieratische Paläographie. Die ägyptische Buchschrift in ihrer Entwicklung von der 5.Dyn. bis zur römischen Kaiserzeit, 3 Bde u. Erg.bd., Leipzig 1927-36[2]
MonAeg	Monumenta Aegyptiaca, Brüssel 1968 ff.
Montet, Géographie	Pierre Montet, Géographie de l'Égypte Ancienne, 2 Bde, Paris 1957 u. 1961
Naville, Saft el Henneh	Edouard Naville, The Shrine of Saft el Henneh and the Land of Goshen (1885), EEF 5, 1887
ÖAW	Österreichische Akademie der Wissenschaften, Denkschriften der Gesamtakademie, Untersuchungen der Zweigstelle Kairo der Österreichischen Akademie der Wissenschaften I, Wien 1975 ff.
OBO	Orbis Biblicus et Orientalis, Freiburg/Schweiz 1974 ff.
OIP	Oriental Institute Publications, Chicago 1930 ff.
OMRO	Oudheidkundige Mededeelingen uit het Rijksmuseum van Oudheden te Leiden, Leiden 1909 ff.
Or	Orientalia, Nova Series, Rom 1947 ff.
OrAnt	Oriens Antiquus, Rom 1962 ff.
OrSu	Orientalia Suecana, Uppsala 1952 ff.
PÄ	Probleme der Ägyptologie, Leiden 1953 ff.

pKahun	Francis Ll.Griffith, The Petrie Papyri. Hieratic Papyri from Kahun and Gurob, 2 Bde, London 1898
PM	Bertha Porter/Rosalind L.B.Moss, Topographical Bibliography of Ancient Egyptian Hieroglyphic Texts, Reliefs and Paintings, 7 Bde, Oxford 1927-52 (vol. I-III 2nd ed. 1960-80)
PSBA	Proceedings of the Society of Biblical Archaeology, London 1879-1918
Pyr.	Kurt Sethe, Die altägyptischen Pyramidentexte, 4 Bde, Leipzig 1908-22
Pyr., Übers.	Kurt Sethe, Übersetzung und Kommentar zu den altägyptischen Pyramidentexten, 6 Bde, Glückstadt 1935-62
RA	Revue d'Assyriologie et d'Archêologie Orientale, Paris 1904 ff.
Ranke, PN	Hermann Ranke, Die altägyptischen Personennamen, 2 Bde, Glückstadt 1935 u. 1952
RAPH	Recherches d'Archêologie, de Philologie et d'Histoire, Kairo 1931 ff.
RÄRG	Hans Bonnet, Reallexikon der ägyptischen Religionsgeschichte,Berlin 1953
RdE	Revue d'Égyptologie, Paris 1933 ff.
REA	Revue de l'Égypte Ancienne, Paris 1927-29
RecTrav	Recueil de Travaux Rêlatifs â la Philologie et â l'Archêologie Égyptiennes et Assyriennes, Paris 1870-1923
Roeder, Urkunden	Günther Roeder, Urkunden zur Religion des Alten Ägypten, Jena 1915
Rosellini, Mon.Storici	Ippolito Rosellini, Monumenti Storici 1-4, Pisa 1832-44
RPTMS	Robb de Peyster Tytus Memorial Series, PMMA, New York
SAOC	Studies in Ancient Oriental Civilization, The Oriental Institute of the University of Chicago, Chicago 1931 ff.
SBAW	Sitzungsberichte der Bayerischen Akademie der Wissenschaften, phil.-hist. Abt., München 1912 ff.
SDAW	Sitzungsberichte der Deutschen Akademie der Wissenschaften, phil.-hist.Kl., Berlin 1938 ff.
SPAW	Sitzungsberichte der Königlich Preußischen Akademie der Wissenschaften, Berlin 1882 ff.
Sphinx	Sphinx. Revue Critique Embrassant le Domaine Entier de l'Égyptologie, Uppsala 1909-31

StudAeg	Studia Aegyptiaca, Budapest 1974 ff.
Tb	Edouard Naville, Das aegyptische Totenbuch der XVIII. bis XX. Dynastie, 3 Bde, Berlin 1886
Tel Aviv	Tel Aviv. Journal of the Tel Aviv University Institute of Archaeology, Tel Aviv 1974 ff.
UGAÄ	Untersuchungen zur Geschichte und Altertumskunde Ägyptens, Leipzig/Berlin 1896-1956
Urk.III	Heinrich Schäfer, Urkunden der älteren Äthiopenkönige, Leipzig 1905
Urk.IV	Kurt Sethe/Wolfgang Helck, Urkunden der 18.Dynastie, Leipzig 1907, Berlin 1955-61
Urk.VI	Siegfried Schott, Urkunden mythologischen Inhalts, Leipzig 1929-39
Urk.VII	Kurt Sethe, Historisch-biographische Urkunden des Mittleren Reiches, Leipzig 1935
VIO	Deutsche Akademie der Wissenschaften zu Berlin, Institut für Orientforschung, Veröffentlichungen, Berlin 1950 ff.
Wb	Adolf Erman/Hermann Grapow, Wörterbuch der ägyptischen Sprache, 6 Bde, Berlin-Leipzig 1957[2]
WVDOG	Wissenschaftliche Veröffentlichungen der Deutschen Orient-Gesellschaft, Berlin/Leipzig 1905 ff.
ZÄS	Zeitschrift für Ägyptische Sprache und Altertumskunde, Leipzig/Berlin 1863 ff.
ZDMG	Zeitschrift der Deutschen Morgenländischen Gesellschaft, Leipzig/Wiesbaden 1851 ff.

EINLEITUNG

Die vorliegende Arbeit untersucht den Gott Sopdu, der als Hauptgottheit von Ṣafṭ el-Ḥenna (صفط الحنة) gilt. Dieser Ort erhebt sich an der Ruinenstätte des antiken Pr-Spdw, das die Tempellisten der griechisch-römischen Zeit als Metropole des XX. unterägyptischen Gaues benennen.
Bis auf verstreute Hinweise in den Hauptwerken zur altägyptischen Religionsgeschichte[1] und einige wenige Einzeluntersuchungen[2] steht eine Gesamtdarstellung des Gottes Sopdu noch aus.

Ebenso wie die Urgestalt des Sopdu im Dunkeln liegt, so existieren in der Wissenschaft auch über seine Herkunft bis dato unterschiedliche Meinungen. Während die eine Gruppe den ägyptischen Ursprung des Sopdu befürwortet[3], sehen andere Wissenschaftler in ihm einen semitischen Gott, der bereits in früher Zeit von den Ägyptern übernommen und "ägyptisiert" wurde. So schreibt Bonnet[4] im Reallexikon der ägyptischen Religionsgeschichte unter dem Stichwort "Sopdu": "In jedem Fall werden wir aber doch in Sopdu einen ursprünglich semitischen Gott sehen müssen, der in der Mischbevölkerung des Grenzgebietes verehrt und dann um seines Ansehens willen von den Ägyptern rezipiert wurde".
Diese Ansicht resultiert einerseits aus der ersten überlieferten Darstellung des Sopdu in anthropomorpher Gestalt, die aus dem Totentempel des Sahure^{c} stammt und den Gott in einem fremdländisch anmutenden Erscheinungsbild zeigt[5], andererseits aus den Pyramidentexten, in denen Sethe[6] zufolge Sopdu als Repräsentant Asiens entgegentritt.

Die Untersuchung verfolgt das Ziel, der Frage nach der ursprünglichen Kultheimat des Sopdu nachzugehen. Dabei wird aufzuzeigen sein, daß der Gedanke semitischer Herkunft, wie ihn Bonnet und andere formuliert haben, nicht länger aufrechtzuerhalten ist.

Wie erklärt sich nun das fremdländische Erscheinungsbild des Sopdu im Totentempel des Sahure^{c} und sein Auftreten als Herr des Ostens, wie er gemeinhin seit dem Mittleren Reich genannt wird? Welche Gründe sind für das Erscheinen des Gottes auf den Sinai-Denkmälern des Mittleren und Neuen Reiches geltend zu machen? Existierte zu irgendeiner Zeit ein Sopdu-Tempel auf der Sinai-Halbinsel? Wie begründet sich das Auftreten des Gottes Sopdu in den el-Lahûn-Papyri?

Diese Fragen gilt es neben vielen anderen Problemstellungen darzulegen und zu ergründen. Die Denkmäler, die für die Untersuchung herangezogen werden können, datieren aus der I. Dynastie bis in die Zeit der griechisch-römischen Herrschaft.
Von besonderem Interesse sind die beiden Naoi des Nektanebis aus der XXX. Dynastie. Der Naos von Ṣafṭ el-Ḥenna (Kairo CG 70021)[7] stellt nicht nur die verschiedenen Erscheinungsformen des Sopdu dar, sondern beinhaltet zudem Aussagen über die synkretistischen Verbindungen mit anderen Göttern (Bes, Schu, Miysis etc.). Dagegen enthält der Naos von el-^{c}Arîsch (Ismailia 2248)[8] wichtige Hinweise auf die Kulttopographie von Pr-Spdw und der in unmittelbarer Nachbarschaft gelegenen heiligen Bezirke Ḥwt-nbs und J3t-nbs.

Zusammengesetzt wie die Teile eines Puzzle-Spiels vermitteln die zahlreichen Belege für Sopdu ein umfassendes Bild des Gottes und spiegeln seine vielseitigen Aspekte wider. Die vorliegende Untersuchung möge dazu beitragen, den Gott aus seinem bisherigen "Schattendasein" herauszulösen und ihm eine seiner Bedeutung angemessene Stellung innerhalb der altägyptischen Religionsgeschichte zukommen zu lassen.

1 H.Kees, Der Götterglaube im alten Ägypten, Darmstadt 1980[4], 23 n.3, 30, 44, 88, 90, 140, 175, 205, 326
K.Sethe, Urgeschichte und älteste Religion der Ägypter, Leipzig 1930, §§ 11, 13, 19, 21, 23, 66
A.Erman, Die Religion der Ägypter, Berlin und Leipzig 1934, 30

2 H.Junker, Die Onurislegende (DÖAW 59, 1917), 14-15, 47-48, 60-61
R.Giveon, Soped in Sinai, in: FS Westendorf II, Göttingen 1984, 777-784 und id., in: LÄ V, 1107-1110

3 Ibid., 779
J.Černý, in: Inscr.Sinai II, 29

4 RÄRG, 742

5 Borchardt, S´a3ḥu-re[c], Bl.5

6 Pyr., Übers. II, 302 (Pyr.480d; cf. 994e; 1476c)

7 Naville, Saft el Henneh, 6-13, t.1-7

8 G.Goyon, Kêmi 6 (1936), 1-42, t.I-IV

I. DER NAME DES GOTTES SOPDU

I.1. Schreibung

Der Name des Gottes Sopdu ist bereits auf Denkmälern der Frühzeit bezeugt - jene Zeit, in der sich das Reich zu einem festen Staatsgefüge konsolidierte und der Grundstein der ägyptischen Kultur gelegt wurde. Seit dieser Zeit wird der Gottesname mit einem dreieckähnlichen Schriftzeichen und dem Bild eines hockenden Falken  [1] geschrieben. In den frühzeitlichen Quellen ist zudem die Schreibung  [2] bezeugt.

In den Pyramidentexten, die sich seit dem Ende der V. Dynastie in den unterirdisch gelegenen Gängen und Grabkammern der Pyramiden aufgezeichnet finden und neben zeitgenössischem Gedankengut auch Vorstellungen älterer Zeit umfassen, tritt uns der Gottesname in seiner ganzen Variationsbreite entgegen. Die dort bezeugten Formen weichen insofern von den üblichen Schreibungen ab, indem sie das Ideogramm  vielfach durch ein obeliskenähnliches Schriftzeichen ersetzen.
In den Pyramidentexten trägt der Falke zumeist drei Federn auf dem Haupt, deren mittlere die beiden anderen um ein weniges überragt. Gelegentlich finden sich die drei Federn zu einer Art Krone stilisiert, wie dies in der Fassung des Königs Phiops I. aus der VI. Dynastie der Fall ist.

In den Pyramidentexten tritt der Gottesname in folgenden Schreibungen auf:

 [3] mit der Variante  [4]

 [5] mit den Varianten  [6] und  [7]

 [8];  (Federkrone mit Rückenband)[9]

 [10];  [11];  [12].

Für das Alte Reich treten die Schreibungen  [13] und  [14] hinzu.

Die oben aufgelisteten Schreibungen sind für alle Zeiten der ägyptischen Geschichte seit dem Alten Reich bis in die Spätzeit bezeugt. Vorwiegend finden jedoch die Formen  und  Verwendung, die verschiedenen Variationen unterworfen sind, so auf den Sinai-Denkmälern des Mittleren Reiches, in denen der Gottesname in den Schreibungen  [15],  [16] und  [17] belegt ist. Ferner finden die Formen  [18],  [19],  [20] und  [21] Verwendung. Das Ideogramm  kann auch mit Innenzeichnung versehen sein[22].

Seit dem Neuen Reich trägt der Falke vielfach ein Flagellum auf dem Rücken  [23].

In der Spätzeit und der griechisch-römischen Epoche, in denen bewußt auf alte Traditionen zurückgegriffen wird, trägt der Falke nunmehr in Anknüpfung an die Frühzeit neben der Doppelfederkrone auch die Vierfederkrone[24], die als zusätzliches Element das Widdergehörn  [25] oder die Sonnenscheibe als Zeichen des solaren Aspektes  [26] aufweisen kann.

Auf einer spätzeitlichen Statue findet sich die spielerische Variante  [27] bezeugt.

Die phonetische Schreibung des Gottesnamens, die erstmals in Pyr. 201c als  auftritt, ist nur für wenige Belegstellen nachzuweisen und bleibt vorwiegend der Totenliteratur, insbesondere den Pyramidentexten und den Sargtexten, vorbehalten.

Im Demotischen wird der Name des Gottes infolge der Entwicklung des Konsonanten d zu t in der Lesung  Spt wiedergegeben[28].

Assyrisch ist der Gottesname in den Annalen des Königs Assurbanipal überliefert. In seinen Berichten über die Feldzüge gegen das ägyptische Reich zur Zeit der Kuschitenherrschaft werden eine Anzahl ägyptischer Städte und deren Fürsten namentlich aufgeführt. In zwei Städtenamen findet sich der Name des Gottes Sopdu in der keilschriftlichen Transkription šapti bzw. šaptu wiedergegeben[29].

Griechisch ist der Gottesname nur in dem theophoren Personennamen Νεχϑσαφϑις =  Nḫt-Spdw überkommen[30].

I.2. Lesung

Das Ideogramm  schließt zugleich die Lesung des Gottesnamens in sich. Die phonetische Schreibung des Namens ist erstmals in den Pyramidentexten beigegeben und sichert die Lesung als  Spdw[31].

Bei einer Vielzahl von Götternamen findet sich das Verfahren angewandt, daß eine als charakteristisch empfundene Eigenschaft in dem Namen des jeweiligen Gottes umgesetzt wird. An dieser Stelle mögen als zwei Beispiele von vielen der Name des Gottes Amun (Jmnw "der Verborgene, der Unsichtbare") und der des Gottes Chons (Ḫnsw "der Wanderer") stehen. Dieser Art der Namensgebung liegt der ureigenste Wunsch der Alten Ägypter zugrunde, mit Hilfe des Namens Erkenntnisse über die Natur und das Wesen des Namensträgers zu gewinnen. Demnach steht der Name als Synonym für die Wesensart des Gottes.

In Edels Grammatik zur Sprache des Alten Reiches ist unter den §§ 332-334 nachzulesen, daß es sich bei spd "spitz" um ein von dem dreiradikaligen Verbum spd "spitz sein" abgeleitetes Adjektiv handelt. Edel[32] zufolge soll sich in dem Namen des Gottes Sopdu eine versteinerte maskuline Pluralform eines Adjektivs erhalten haben, und er übersetzt den Namen im Anschluß an Sethe mit "die spitzen (Zähne)".

Es ist jedoch wahrscheinlicher, daß in dem Namen des Sopdu eine Form des Partizip-Perfekt-Aktiv zu dem Verbum spd "spitz sein" vorliegt und er deshalb mit "spitz seiend" zu übersetzen ist. Schließlich wurde das Partizipium zu dem Gottesnamen Spdw "der Scharfe, der Spitze" substantiviert.

Das -w bildet eine Genusendung und wird vielfach in der Schreibung unterdrückt. So erklären sich die bereits in den Pyramidentexten aufgenommenen Formen  [33] und 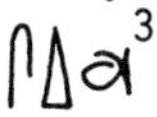 [34].

Die Femininform zu Spdw ist in dem Namen des Fixsternes Sirius 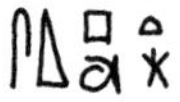 Spdt "die Scharfe, die Spitze"[35], griech. Σῶθις , erhalten geblieben.

Neben der Bedeutung "spitz sein, scharf sein" und dem davon abgeleiteten Adjektiv "spitz, scharf" kann das Wort spd auch mit "tüchtig sein, geschickt sein", adjektivisch "tüchtig, geschickt" übersetzt werden[36].

Somit birgt die Wurzel spd drei verschiedene Aspekte in sich: spd = a) spitz, scharf
b) tüchtig, geschickt
c) Gottesname

I.3. Deutung

In den vergangenen Jahrzehnten war die Deutung des Ideogramms  , mit dem der Name des Gottes Sopdu geschrieben wird, Gegenstand mehrfacher Diskussion, ohne daß letztendlich ein zufriedenstellendes Ergebnis konstatiert werden konnte.

Auch Gardiner wußte in dem Zeichen nicht zweifelsfrei einen Dorn oder ein Dreieck zu erkennen. In seiner Grammatik schreibt er unter Sektion M44 zur Deutung des in Rede stehenden Hieroglyphenzeichens: "Det. in  srt 'thorn'. Possibly it is the same sign, if not a mere triangle, which serves as ideo. or det. ... "[37].

Anfang der neunziger Jahre des vorigen Jahrhunderts hatte bereits Brugsch[38] zu diesem Problem Stellung genommen. In seiner Untersuchung ging er der Frage nach, ob das sogenannte Zodiakallicht schon im Alten Ägypten bekannt war.
Hervorgerufen durch die Reflexion bzw. Streuung des Sonnenlichtes an fein verteilter interplanetarer Materie zeigt sich diese Naturerscheinung als pyramidenförmiger Lichtschimmer über der Auf- und Untergangsstelle der Sonne - etwa symmetrisch zur Ekliptik verlaufend - am Himmel tropischer Länder.

Aufgrund seiner Recherchen gelangte Brugsch zu dem Schluß, daß das Schriftzeichen des spitzen Dreiecks das Zodiakallicht bezeichne und folgerte daraus, daß der Gott Sopdu, dem das Ideogramm  eigen ist und der sich in den Darstellungen der Tempel von Edfu[39] und Dendera[40] mit eben diesem Symbol auf dem Kopf zeigt, die Personifikation dieses magisch anmutenden Lichtphänomens sei.

Drei Jahre später - im Jahre 1896 - griff Spiegelberg[41] das Thema erneut auf, indem er die von Brugsch zur Diskussion gestellte These mit Nachdruck zurückwies. Entgegen Brugschs Ansicht sprach sich

Spiegelberg für eine Deutung des Schriftzeichens als Dorn (vielleicht der einer Sontakazie) aus.

Die Deutung des Ideogramms als Dorn findet ihre Bestätigung in den Pyramidentexten des Alten Reiches, und hier insbesondere in der Spruchsammlung der Unas-Pyramide, wo das Zeichen gleich einem Dorn in der Form  erscheint[42].

In den el-Lahûn-Papyri aus der zweiten Hälfte des Mittleren Reiches weist das Schriftzeichen die Form  [43] auf, wobei der seitlich abstehende Strich auf den Ursprung der Hieroglyphe Hinweis geben mag. Aus der hieratischen Schrift erklärt sich dann auch die Schreibung , die auf den zeitgleichen Sinai-Denkmälern bezeugt ist.

P.Ebers 92,77[44] nennt im Zusammenhang mit dem ḥnt3-Tier (vermutlich ein Stachelschwein) den Begriff 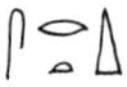 srt "Dorn, Stachel". Das hier verwandte Determinativ gleicht eher einem Dorn als einem Dreieck.

Die obigen Ausführungen geben Grund zu der Annahme, daß das Ideogramm  ursprünglich einen Dorn darstellte, aus dem sich dann die Bedeutung "spitz, scharf" herauskristallisierte. Des weiteren findet sich die Wurzel spd in sinnverwandten Begriffen sowie in Bezeichnungen von Gegenständen spitzer Form wieder[45].

So wurde spd schließlich auch in der übertragenen Bedeutung "Dreieck" verwendet. Dieses findet sich erstmals im pRhind 31[46] aus der Hykoszeit in der Schreibung  spdt "das Spitze" belegt.

Die vorstehenden Deutungsversuche des Ideogramms  können jedoch zu keiner endgültigen Lösung des Problems führen, da ein Wort spd mit der Bedeutung "Dorn" in den altägyptischen Schriftquellen bis zum heutigen Tage nicht nachgewiesen werden konnte.

Anmerkungen zu Kapitel I :

1 Lauer, Pyramide à Degrês IV, t.22 (121)
2 Kaplony, IÄF III, t.94 (367)
3 Pyr. 480d (M)
4 Pyr. 148d (W)
5 Pyr. 994e (N)
6 Pyr. 201d (W)
7 Pyr. 994e (P)
8 Pyr. 201c (N)
9 Pyr. 201d (N)
10 Pyr.1476c (M)
11 Pyr.1863b (N)
12 Pyr. 201c (W)
13 P.Kaplony, Die Rollsiegel des Alten Reichs IIB (MonAeg 3B, 1981), t.134 (147)
14 H.Junker, ZÄS 75 (1939), 79
15 Inscr.Sinai I, t.XXXIV (105)
16 Inscr.Sinai I, t.XII (28)
17 Inscr.Sinai I, t.XII (33)
18 S.Schoske/D.Wildung, Ägyptische Kunst München, Katalog-Handbuch zur Staatlichen Sammlung Ägyptischer Kunst, München 1985, 110 (Abb.76)
19 Urk. IV, 876 (1.5)
20 LD III, 90d-f
21 G.Goyon, Kêmi 7 (1938), t.XVIII
22 Urk. IV, 876 (1.5); Edfou V, 93
23 W.M.Fl.Petrie, Tanis I (EEF 2, 1885), t.XI (64A)
24 Dendara II, 17
25 Edfou III, 245
26 R.Giveon, A Priest of Soped, in: FS Westendorf II, Göttingen 1984, 784 u. t.1
27 B.v.Bothmer u.a., Egyptian Sculpture of the Late Period, Brooklyn-Museum, New York 1960, 94-95, t.72 (No.76, Figs. 185-187)
28 E.Erichsen, Demotisches Glossar,Kopenhagen 1954, 428
29 Zur keilschriftlichen Wiedergabe cf. R. Borger, Babylonisch-assyrische Lesestücke II (AnOr 54, 1979), 337 (col.I, 93+104); Umschrift und Kommentar ibid. I, 90
J.Yoyotte, RA 46 (1952), 214 und id., RdE 15 (1963), 107-108
30 B.P.Grenfell/A.S.Hunt/J.G.Symly, The Tebtunis Papyri I, London 1902, 265 (64a, 1.108)
31 Pyr. 201c (W)
32 Edel, Altäg.Gramm., § 335 unter Bezugnahme auf K.Sethe, in: Pyr., Übers. I, 42 (Pyr. 148d) und 126 (Pyr. 201d)

33 Pyr.1159a (P)
34 Pyr.1159a (N)
35 Pyr. 331a (T)
36 WB IV, 108-110
37 Gardiner, Eg.Grammar, Sign-List M44
38 H.Brugsch, PSBA 15 (1893), 231-236; 387-391
Cf. W.M.Fl.Petrie, The Religion of Ancient Egypt, London 1906, 55
39 Edfou XIV, t.DCLXXIV
40 Dendara III, t.CLXIX; V, t.CCCXLIII
41 W.Spiegelberg, RecTrav 28 (1896), 165-167
42 A.Piankoff, The Pyramid of Unas (BS 40,5, 1968), t.6 (Pyr.480d); t.42 (Pyr.148d)
43 pKahun t.XII, 4; XIII, 13.20; XXIX, 35
44 H.Grapow/H.v.Deines/W.Westendorf, Grundriß der Medizin der alten Ägypter VI, Berlin 1959, 456
45 Wb IV, 110
46 T.E.Peet, The Rhind Mathematical Papyrus, Nendeln 1970², 91-94, t.O (51)

II. DARSTELLUNGEN UND ATTRIBUTE DES SOPDU

II.1. Darstellungen

Die frühesten Denkmäler zeigen Sopdu in der Gestalt des hockenden Falken mit zwei, zuweilen auch drei hoch aufragenden Federn auf dem Haupt[1]. Die Erscheinungsform des kauernden Falken ist der ägyptischen Religionsgeschichte nicht fremd, ist sie doch auch dem Horus von Letopolis und dem alten falkengestaltigen Königsgott von Hierakonpolis eigen.

In der Falkengestalt begegnet Sopdu gleichfalls in den Kultbildern. Amenophis III. hat ein Kultbild des falkengestaltigen Sopdu in einen nubischen Tempel geweiht, von wo es von einem der späten Kuschitenkönige nach Napata verschleppt wurde[2]. Auf den Wänden des Naos Kairo CG 70021 aus Ṣafṭ el-Ḥenna finden sich mehrere Kultbilder des Sopdu abgebildet. Diese zeigen den falkengestaltigen Sopdu auf einem Podest[3] oder einem Widderbett[4] hockend. In den Kultbildern trägt er zumeist die Doppelfederkrone, doch kann zuweilen auch die Weiße Krone das Haupt des Gottes krönen, wie die Darstellung auf dem Naos Louvre D29[5] zeigt.

Im Totentempel des Sahure^{c}[6] aus der V. Dynastie erscheint der Gott erstmals in anthropomorpher Gestalt. Das Haupt des Gottes krönen zwei hohe Federn, die von einem Stirnband gehalten werden. Den kurzen glatten Schurz schmückt der Schesemet-Gürtel, auf den weiter unten in dem Abschnitt über die Attribute des Sopdu noch näher einzugehen ist.

Der Gott trägt den charakteristischen Backenbart der Asiaten; das lange dichte Haar fällt über die Schultern nach hinten zurück. Neben Haar- und Barttracht weisen auch Gesichtstypus und Hautfarbe des Gottes die Merkmale eines Semiten auf[7].

Die Darstellung des Sopdu im Habitus eines Asiaten ebenso wie der Schesemet-Gürtel führten in der Ägyptologie zu der Ansicht, die Heimat des Gottes sei im asiatischen Raum zu suchen. Die Zeugnisse, die Sopdu als fremdländischen Gott zeigen, beschränken sich jedoch nur auf wenige Belege. Diese stammen aus dem Totentempel des Sahure^{c}, dem Re^{c}-Heiligtum des Niuserre^{c}[8] - falls es sich dort tatsächlich um Sopdu handelt - und von einer Stele aus dem Wâdi Gasûs, die aus der Regierungszeit Sesostris' II. datiert[9]. Zugleich tritt Sopdu im Totentempel des Niuserre^{c} als ägyptischer Gott auf[10].
Bis auf die drei genannten Belege für das Erscheinen des Gottes mit asiatischen Merkmalen und vereinzelte Belege aus späterer Zeit bezeugen die überkommenen Denkmäler des Alten Ägypten Sopdu in dem den einheimischen Göttern eigenen Habitus. Insofern sind die fremdländischen Darstellungen des Gottes als Ausnahmen von der Regel zu betrachten.

Seit der frühen V. Dynastie bis in die griechisch-römische Epoche zeigt sich Sopdu auf den Denkmälern zumeist in anthropomorpher Gestalt. Als Diadem trägt er vorwiegend die Doppelfederkrone, doch krönt zuweilen die Vierfederkrone mit Widdergehörn[11] oder die Sonnenscheibe[12] das Haupt des Gottes. Dann wiederum begegnet der Gott ohne jedes Abzeichen[13] oder mit dem Ideogramm Δ auf dem Kopf[14].

Die enge Bindung des Sopdu an den Himmels- und Königsgott Horus begründet sein Erscheinen als Gott mit Falkenkopf[15] und hebt den Horus-Aspekt des Sopdu besonders hervor.

Bei Lanzone[16] findet sich Sopdu als Mischwesen mit Falkenkopf und Löwenleib abgebildet. Auf dem Kopf trägt der mit Pfeil und Bogen bewaffnete Gott die Doppelfederkrone mit Sonnenscheibe. Die Löwengestalt fließt Sopdu durch seine Angleichung an den Kriegsgott Schu und den Löwengott Miysis zu, die in der Spätzeit erfolgt ist[17].

In dieser Zeit vollzieht sich auch die synkretistische Verschmelzung des Sopdu mit dem Zwerggott Bes und trägt ihm dessen pantheistisch ausgestaltetes Bild zu. Unter den Götterstatuen, die auf dem Naos von Ṣafṭ el-Ḥenna abgebildet sind, finden sich auch solche, die Sopdu als geflügelten Bes mit dem Epitheton "Sopdu, der die Mnṯ(j)w schlägt" zeigen, in beiden Händen jeweils ein Messer zum Zeichen seines kämpferischen Wesens schwingend[18].
Der Vollständigkeit halber sei noch nachgetragen, daß auf dem monolithen Denkmal des Nektanebis auch solche Statuen dargestellt sind, die den Gott in seinen verschiedenen Erscheinungsformen bezeugen, beispielsweise als Mischwesen - halb Mensch, halb Falke[19] - oder als Mann mit Vogelleib ohne Federkrone[20]. Daneben tritt Sopdu als falkenköpfiger Gott[21] oder in anthropomorpher Gestalt mit Federkrone[22] auf dem Denkmal hervor.

II.2. Attribute

Das hoch aufragende Federpaar, an dessen Stelle auf späten Denkmälern die Vierfederkrone treten kann, stellt das charakteristische Attribut des Sopdu dar. Seit Beginn des Neuen Reiches erscheint zuweilen die Sonnenscheibe zwischen den beiden Federn als Manifestation des Sonnengottes[23].

In der Literatur wird der Schesemet-Gürtel immer wieder in engem Zusammenhang mit dem Gott Sopdu genannt. Dadurch entsteht der Eindruck, daß dieser Gürtel ebenfalls als ein wesentliches Kennzeichen des Gottes anzusehen ist.

Im Totentempel des Sahure^{c} findet sich der Schesemet-Gürtel erstmals bildlich in der Tracht des Sopdu bezeugt[24]. Dort hat er die Form  [25] und wird über dem kurzen glatten Götterschurz getragen. Insofern müßte richtiger von dem Schesemet-Schmuck gesprochen werden.
Die Pyramidentexte weisen den Zierat den Göttern Horus, Seth, Thoth und Dewen-Anui zu[26]. Im Mundöffnungs-[27] und im Götterritual[28], wo sich der Text später wiederverwendet findet, stehen noch weitere Götter sekundär mit diesem Schmuck in Verbindung. In Analogie zu den Göttern schmückt sich der verstorbene König in Pyr.1614a ebenfalls mit dem Schesemet-Schmuck. Es ist jedoch fraglich, ob der auf der Narmer-Palette[29] im Königsornat abgebildete Gürtel mit den Köpfen der Bat tatsächlich als Schesemet-Schmuck bezeichnet werden darf, da sich beide doch sehr voneinander unterscheiden.

Bei dem Schesemet-Gürtel handelt es sich um einen ledernen Gurt, von dem mehrere schmale Lederstreifen herabhängen. Die Enden dieser Streifen können in Quasten auslaufen. Als Besatzstücke des Gürtels dienen Perlen und Muscheln.

Der Name des Zierats tritt im allgemeinen in der Schreibung  unter zeitweiliger Verwendung des Determinativs [30] auf, doch wird seit dem Mittleren Reich  vielfach durch die Hieroglyphenzeichen  bzw.  [31] und  [32] ersetzt.

Ein Land  Šzmt findet sich bereits in den Pyramidentexten belegt und steht neben Horus[33] auch mit Sopdu in enger Verbindung. Obwohl in Pyr. 456b-c der Name des Gottes nicht genannt ist, weisen die dabei erwähnten ksbt-Wälder auf Sopdu hin.
Neben dem Beleg aus den Pyramidentexten findet sich Sopdu noch ein weiteres Mal auf einer Mittleren-Reichs-Stele aus dem Wâdi Gasûs[34] im Zusammenhang mit dem Schesemet-Land bezeugt. Von diesem ist nichts weiter bekannt, als daß es ein Land der Wohlgerüche ist[35]. Da Sopdu auf dem Denkmal aus der XII. Dynastie unter den Titeln "Herr des Schesemet-Landes" und "Herr des Ostens" erscheint, wird das Land für gewöhnlich im Osten von Ägypten lokalisiert. Gardiner[36] möchte das Schesemet-Land mit der Sinai-Halbinsel identifizieren, da in den dortigen Bergwerken das  šzmt-Mineral abgebaut wurde. Bei diesem Mineral handelt es sich um eine besondere Malachitsorte von grünlicher Farbe[37]. Offensichtlich hat der Schesemet-Schmuck seinen Namen nach dem

gleichnamigen Mineral erhalten, da Teile des Zierats aus diesem Material gearbeitet waren.

Der Umstand, daß Sopdu über seinem Schurz den Schesemet-Schmuck trägt und des weiteren mit dem Epitheton "Herr des Schesemet-Landes" erscheint, führte dazu, in dem Zierat ein Attribut des Gottes zu sehen.
Der Schmuck wird jedoch auch anderen Göttern zugewiesen und ist für Sopdu selbst nur in zwei bildlichen Belegen[38] und einem inschriftlichen Zeugnis[39] bezeugt. Aufgrunddessen stellt der Schesemet-Schmuck kein besonderes Attribut des Sopdu dar. Anderenfalls hätte ein Bezug zum Schesemet-Gürtel sicherlich auch seinen Niederschlag in den Epitheta des Gottes gefunden.
Bei dem Schesemet-Schmuck wird es sich vielmehr um ein machtgeladenes Abzeichen handeln, das kriegerischen Gottheiten eigen ist.

Als Personifikation des als Götter- und Königsornat belegten Schesemet-Schmuckes gilt die gleichnamige Göttin 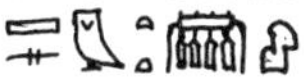 Šzmtt "Die-zum-Schesemet-Gürtel-Gehörige", deren Name bereits in Wesirtitulaturen der IV. Dynastie erscheint[40].

Nach Newberrys[41] Untersuchungen handelt es sich bei dem Schesemet-Gürtel ursprünglich um das charakteristische, wenn nicht sogar einzige Bekleidungsstück junger, unverheirateter Mädchen. Er ist mit dem رهط, rahaṭ[42] identisch, der noch heute von nubischen Mädchen sowie bei einigen osthamitischen Bedja-Stämmen des Sudans und der östlichen Wüstenregion getragen wird.

Anmerkungen zu Kapitel II :

1 Z.Y.Saad, The Excavations at Helwan, Oklahoma 1969, 118 (t.32)
Lauer, Pyramide à Degrés IV, t.22 (121+122)
2 LD III, 90d-f
3 Naville, Saft el Henneh, t.2,5; 4,6; 5,3
4 Ibid., t.2,6; 5,4
5 A.Piankoff, RdE 1 (1933), 165 (Fig.5)
6 Borchardt, S'a3ḥu-re^{c}, Bl.5
7 RÄRG, 741
8 F.W.v.Bissing/H.Kees, Das Re-Heiligtum des Königs Ne-Woser-Re (Rathures) III, Berlin 1928, Bl.25 (387)
9 A.Erman, ZÄS 20 (1882), 204-205
10 Borchardt, Ne-user-re^{c}, 93 (Abb.71)
11 Edfou X, t.CXV
12 Champollion, Not.Descr. I, 649
PM V,213 (54)
13 Edfou III, t.LXXIII
14 Dendara III, t.CLXIX; V, t.CCCXLIII
15 L.Speleers, Recueil des Inscriptions Égyptiennes des Musées Royaux du Cinquantenaire à Bruxelles, Brüssel 1923, 36, 131 (121)
16 R.V.Lanzone, Dizionario di Mitologia III, Turin 1885-1886, 1048
17 Naville, op.cit., t.1,6 (Hymnus); 2,5.6; 5,2
18 Ibid., t.2,5.6; 4,6
19 Ibid., t.2,6; 5,2.4
20 Ibid., t.2,5; 5,4
21 Ibid., t.7,3
22 Ibid., t.5,4
23 Inscr.Sinai I, t.LXVI (211)
24 Borchardt, S'a3ḥu-re^{c}, Bl.5
25 Gardiner, Eg.Grammar, Sign-List S17*
26 Pyr.1612a-1613b
27 E.Otto, Das Mundöffnungsritual II (ÄA 3, 1960), 114, n.4 u.5 ("die Götter", resp. Geb statt Seth)
28 Berliner Amunsritual pBerlin 3055, t.28, 1.7 (Amun-Re^{c})
29 K.Lange/M.Hirmer, Ägypten, München 1967^{4}, t.4 u.5; cf. C.M.Firth/J.E.Quibell, The Step Pyramid II (Excav.Saqq., 1935), t.59 (Djoser)
30 Gardiner, op.cit., Sign-List (N18), unter Sektion S hinter S26 aufgeführt
31 Ibid., S22
32 Ibid., S12
33 Horus-Šzmtj dient zur Bezeichnung des Horus des Ostens (cf. Pyr. 342c; 450b; 528b; 983a; 987b; 1085c; 1136a; 1409a; 1431a; 2062b)

34 A.Erman, ZÄS 20 (1882), 204-205
35 Pyr. 456c
36 A.H.Gardiner, JEA 5 (1918), 222
37 J.R.Lucas, Lexicographical Studies in Ancient Egyptian Minerals (VIO 54, 1961), 132 (nicht Türkis)
38 Borchardt, S´a3ḥu-re^{c}, Bl.5
A.Erman, op.cit.; Abbildung bei A.Nibbi, JEA 62 (1976), t.X
39 A.Erman, op.cit.
40 Die Wesire Nefer-Maat, Hemiunu und Hetep-Seschat sind ḥm-nṯr Šzmtt; cf. W.M.Fl.Petrie, Medum, London 1892, t.XX, XXI; Junker, Giza I, 149, t.23 und ibid. II, 189, t.14a
41 P.E.Newberry, Šsm.t, in: FS Griffith, London 1932, 316-323
42 E.W.Lane, An Arabic-English Lexicon I.3, London 1867, 1169-1170 (رهط, rahaṭ) und ibid., I.2, 672 (حوف ḥauf, Synonym zu rahaṭ).

III. SEMITISCHE INTERPRETATIONEN

Lange Zeit war man gewillt, die Herkunft des Gottes Sopdu im semitischen Bereich zu suchen, da er im Totentempel des Sahure^{c} aus der V. Dynastie in einem fremdländisch anmutenden Habitus in Erscheinung tritt. So stellt Bonnet im "Reallexikon der ägyptischen Religionsgeschichte" fest, daß Sopdu auf den ältesten Denkmälern, die ihn in anthropomorpher Gestalt zeigen, "in Haar- und Barttracht, aber auch im Gesichtstypus und in der Hautfarbe die Merkzeichen eines Asiaten, also eines Ausländers"[1] aufzeigt.

Ferner machte man den Schesemet-Schmuck, den der Gott zuweilen über seinem Schurz trägt[2] und der eng mit der Sinai-Halbinsel verbunden scheint, als Hinweis auf den semitischen Ursprung des Gottes geltend. Letztendlich deutete man auch die Epitheta des Gottes, die ihn als Herrn des Ostens und des Schesemet-Landes benennen[3], als Hinweis auf seine nichtägyptische Herkunft, da Gardiner[4] in  Šzmt eine Bezeichnung der Sinai-Halbinsel vermutete. Gestützt wird der semitische Herkunftsgedanke zudem durch das Erscheinen des Sopdu auf den Sinai-Denkmälern des Mittleren und Neuen Reiches. Bis vor wenigen Jahren war in der Ägyptologie noch die irrige Meinung vorherrschend, daß Sopdu einen Kult im Tempel von Serâbîṭ el-Châdim besessen habe[5].

Aus den oben angeführten Gründen wurde in der Wissenschaft die Ansicht vertreten, daß der Gott Sopdu infolge der seit ältester Zeit von den Ägyptern zur Sinai-Halbinsel durchgeführten Expeditionen schon bald von dort nach Ägypten gebracht und innerhalb kurzer Zeit "ägyptisiert" wurde.

Dieser Gedanke findet sich nicht nur in der älteren Literatur wieder, sondern wird auch heute noch von einigen Ägyptologen zum Ausdruck gebracht; so unter anderem von Schenkel, der im Lexikon der Ägyptologie unter dem Stichpunkt "Fremde Götter in Ägypten" bemerkt: "Fremde Götter werden schon früh von den Ägyptern übernommen, jedoch zunächst voll ägyptisiert, wie Sopdu, Asch, Dedun ..."[6].

In der Religionswissenschaft existierten seit jeher Bestrebungen, durch Identifizierung mit semitischen Göttern Beweis für die fremde Herkunft des Sopdu zu führen. So glaubt Völter[7] in Sopdu den alttestamentarischen Gott Schaddai, den Gott des Wassersegens und somit Spender der Fruchtbarkeit, wiederzuerkennen. Zu der Annäherung dieser beiden Götter gelangt Völter durch die relativ späte Verschmelzung des Sopdu mit Schu, der unter anderem als Repräsentant des Luft- und Wolkenraumes gilt. Nach Völter verschmilzt Sopdu mit diesem zu Sopdu-Schu und wird dadurch zum Gott des Luftraumes, der als solcher auch für den Wassersegen verantwortlich ist. In seiner Funktion als Gott des Luftraumes trägt Sopdu als Symbol die Vierfederkrone der Luft- und Windgötter. Völter zufolge sind Schu und Sopdu identisch, wobei der letztere eine Lokalform des Schu darstellt[8].

Der von Völter vorgenommene Identifikationsversuch kann jedoch nicht länger aufrechterhalten werden, da Sopdu ein Kriegsgott und als solcher der Hüter der ägyptischen Ostgrenze ist. In der Spätzeit wird Sopdu mit dem Kriegsgott, nicht aber mit dem Luftgott

Schu synkretistisch verbunden. Zudem findet sich in dem Quellenmaterial des Alten Ägypten kein einziger Hinweis auf den Aspekt des Sopdu als Gott des Luftraumes, der die von Völter vorgenommene Annäherung des Sopdu-Schu an den Gott Schaddai rechtfertigen würde.

Um den semitischen Herkunftsgedanken aus philologischer Sicht zu untermauern, wurde der Gottesname auf eine semitische Etymologie hin untersucht. Einen ersten Versuch in dieser Richtung unternahm Lina Eckenstein[9], die in dem Namen des Sopdu eine Entsprechung zu dem hebräischen Verbum shopet "richten" (phönizisch: sufet) sieht. Das Wort shopet, so führt Lina Eckenstein in ihrer Untersuchung aus, wird in der Bibel vielfach auf den Gott in der Bedeutung "der Richter" übertragen. Ferner will die Verfasserin den Namen des Sopdu in einigen palästinensischen Ortsnamen überliefert wissen, wie beispielsweise in Sephet ("der Ausblick", heutiges Safed) oder in dem antiken Tell es-Safi.
Bereits Bonnet[10] und zuletzt Giveon[11] bemerken expressis verbis, daß die von Lina Eckenstein vorgetragene These jeglicher Grundlage entbehrt.

Einen weiteren Versuch in dieser Richtung unternimmt Cazelles in seinem Buch "A la Recherche de Moïse"[12]. Dieser möchte Serâbîṭ el-Châdim mit dem in der Exodus-Geschichte genannten Berg Sinai, zu dem Moses seine Leute nach dem Auszug aus Ägypten führte, identifizieren. Demnach hätte Serâbîṭ el-Châdim zu dem sogenannten "Gottesland" (t3-nṯr) gehört. In diesem Zusammenhang führt Cazelles aus, daß die in den Berg-

werken der Sinai-Halbinsel beschäftigten Semiten in Sopdu den kanaanäischen Gott El wiedererkannten und diesem als Sopdu-El einen Kult im Tempel von Serâbîṭ el-Châdim errichteten. Als Begründung für die Identifizierung des Gottes mit El führt Cazelles den Namen des Sopdu selbst an. Cazelles zufolge schließt der Begriff spd neben der Bedeutung "scharf (an Zähnen)" auch den Wortsinn "scharf (an Geist)" mit ein[13]. Aber gerade die Weisheit (hkmt) des El rühmen phönizische Texte aus dem 14. vorchristlichen Jahrhundert.
Giveon[14] lehnt die Identifizierung des Sopdu mit El durch die Kanaanäer aus nachstehenden Gründen ab:

a) Nur drei von den insgesamt sieben Darstellungen des Sopdu im Tempel von Serâbîṭ el-Châdim zeigen ihn als Asiaten[15]. Es ist daher als unwahrscheinlich anzusehen, daß die vermuteten "asiatischen Züge" des Kultes Moses und sein Gefolge angezogen haben sollen.
b) Es gibt weder einen Tempel noch einen Schrein, der ausschließlich oder hauptsächlich dem Sopdu geweiht war.
c) Kein Dokument des Sopdu kann eindeutig in die Zeit Ramses' II. datiert werden. Nur eine einzige Inschrift ist möglicherweise der XIX.-XX. Dynastie zuzuweisen[16].
d) Sopdu ist nicht den Göttern Ba'al, Reschef, Astarte und Anat zuzurechnen, die seit dem Neuen Reich in Ägypten auftreten, auf der Sinai-Halbinsel aber nirgendwo bezeugt sind.

Mir wollen die Ziffern b) und d) als die triftigsten Gründe erscheinen, die gegen eine Gleichsetzung von

Sopdu und El anzuführen sind. Falls die semitischen Arbeiter ihren Gott El in Sopdu wiedererkannt hätten, so würden die Zeugnisse für diesen Gott sicherlich zahlreicher sein als dies tatsächlich der Fall ist. Hinzu kommt, daß man einem so bedeutenden kanaanäischen Gott, wie es El gewesen ist, sicherlich einen eigenen Tempel für dessen Kult errichtet hätte. Des weiteren hat Hathor de facto keine asiatischen Vorgänger auf der Sinai-Halbinsel gehabt, wo sie seit der XII. Dynastie als Hauptgottheit verehrt wurde. Bedeutende asiatische Göttinnen, wie Astarte und Anat, treten in Ägypten erstmals zur Zeit des Neuen Reiches auf und hätten spätestens dann den Kult der Hathor in den Bergwerksgegenden des Sinais überlagern bzw. verdrängen können. Der Tatbestand, daß auf der Sinai-Halbinsel keine semitischen Gottheiten anzutreffen sind, hängt damit zusammen, daß kultische Belange vom Staat, d.h. vom König, geregelt wurden. Die semitische Arbeiterschaft hat somit den offiziellen Götterkult auf der Sinai-Halbinsel keinesfalls beeinflussen können, da diese der ägyptischen Oberhoheit unterstand.

Cazelles' Begründung hinsichtlich des Gottesnamens ist gleichfalls nicht zu akzeptieren. Der Name des Sopdu umschließt die Bedeutung "der Spitze, Scharfe" und davon abgeleitet "der Tüchtige, Geschickte", nicht aber "der Weise" oder ähnliches, wie Cazelles glaubhaft machen möchte. Durch die ganze altägyptische Geschichte hindurch findet sich in den Quellen keinerlei Anhaltspunkt für eine Verbindung des Sopdu zur Weisheit. Wenn phönizische Texte den Gott El wegen seiner Weisheit rühmen, so würde sich bei einer Identifizierung des Sopdu mit diesem sicherlich auch in den ägyptischen Inschriften irgendein Hinweis finden, der auf eine Beziehung des Gottes zur Weisheit schließen ließe. Ein solcher Zusammenhang ist für Sopdu jedoch nicht nachzuweisen.

Anmerkungen zu Kapitel III :

1 RÄRG, 741

2 Borchardt, S´a3ḥu-re^{c}, Bl.5
A.Nibbi, JEA 62 (1976), t.X
Inscr.Sinai I, t.XLV (122)

3 A.Erman, ZÄS 20 (1882), 204-205

4 A.H.Gardiner, JEA 5 (1918), 222

5 R.Giveon hat nachgewiesen, daß zu keiner Zeit ein Tempel oder eine Kapelle des Sopdu auf dem Sinai existiert hat. Bei dem von Petrie fälschlicherweise als "Cave of Sopdu" benannten Tempelteil handelt es sich um den ursprünglichen Kultort der Hathor, der in späterer Zeit in die sogenannte "Cave of Hathor" verlegt wurde.
Cf. R.Giveon, Tel Aviv I (1974), 103; id., GM 20 (1976), 24; id., Soped in Sinai, in: FS Westendorf II, Göttingen 1984, 780 und id., in: LÄ V, 1108

6 W.Schenkel, in: LÄ II, 643
Cf. W.Helck, OrAnt 5 (1966), 1

7 D.Völter, Ägypten und die Bibel, Leiden 1904, 62
Id., Jahwe und Mose im Licht ägyptischer Parallelen, Leiden 1919, 1-10

8 Ibid., 10

9 L.Eckenstein, AE 3 (1917), 104

10 RÄRG, 742

11 R.Giveon, Soped in Sinai, in: FS Westendorf II, Göttingen 1984, 779

12 H.Cazelles, A la Recherche de Moïse, Paris 1974, 77-99

13 Ibid., 92

14 R.Giveon, op.cit., 783-784

15 In keinem Sinai-Denkmal tritt Sopdu eindeutig als Asiate auf. Nur in einer einzigen Szene aus dem "Schrein der Könige" begegnet er als Nomade mit Hirtenstab in der Hand; cf. Inscr. Sinai I, t.XLVII (124(a))

16 Inscr.Sinai I, t.LXXVI (296)

IV. DIE FRÜHZEIT BIS ZUR III. DYNASTIE

In der Frühzeit tritt der Name des Gottes Sopdu nur in einigen wenigen Titeln und in einem theophoren Personennamen in Erscheinung.
In den unterirdisch gelegenen Galerien der Djoser-Pyramide in Saqqâra fanden sich eine Dioritschale (121) und eine schwarzglasierte Schieferschale (122) aus der I. bis III. Dynastie[1]. Bei den genannten Stücken handelt es sich um zwei Dubletten, die auf den Außenseiten eine nahezu gleichlautende einzeilige Inschrift tragen und den Namen des Eigentümers mit Nj-prj-n-k3 wiedergeben:

Schale Nr. 121 : 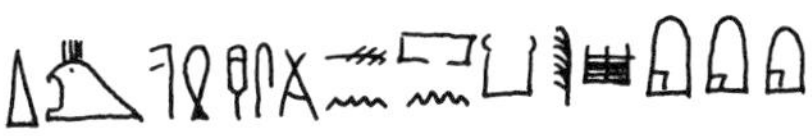

Schale Nr. 122 : 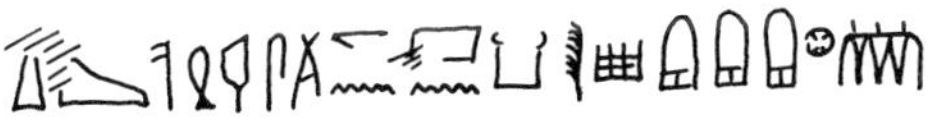

"Priester des Sopdu und einziger Freund, Nj-prj-n-k3, an der Spitze von Jpwt"

Der Eigentümer der Schalen führt den Titel eines ḥm-nṯr Spdw. Der Gottesname ist mit dem Ideogramm  und dem Bild des hockenden Falken geschrieben, dessen Haupt drei hohe Federn[2] auf dem Fragment Nr. 121 krönen. Das gleiche Erscheinungsbild wird man wohl auch für das zerstörte Falkenbild auf dem Pendant Nr. 122 erwarten dürfen.

Der dem Gottesnamen nachfolgende Titel ist ohne jeden Zweifel als ḥm-nṯr zu lesen. Bei dem zweiten Titel des Priesters bestehen jedoch Unsicherheiten hinsichtlich der Lesung. So weist Lauer[3] die Wortgruppe zwar als Bestandteil eines weiteren Titels des Nj-prj-n-k3 aus, ohne daß er jedoch dessen Lesung wiedergibt.

Die Hieroglyphe bzw. könnte man sowohl als das sḫm-Szepter[4] als auch als den mr-Meißel[5] lesen. Die nachstehenden Schriftzeichen (s + mr) sichern die Lesung des Titels als smr, wobei und nicht in der üblichen Schreibung , sondern in der umgekehrten Reihenfolge erscheinen.
Hinter verbirgt sich das Schriftzeichen [6] mit dem Lautwert w^c. Demnach ist der zweite Titel smr w^ctj zu lesen.

Der Name des Eigentümers der beiden frühzeitlichen Schalen lautet Nj-prj-n-k3 entgegen Lauers[7] Lesung, der auch Kaplony[8] in seiner Untersuchung der frühzeitlichen Steingefäße folgt, da unter der weggebrochenen w^c-Hieroglyphe noch das Schriftzeichen nj "zugehörig zu" deutlich zu erkennen ist. Weder die von Lauer vorgeschlagene Lesung als Pr.n-k3 noch Nj-prj-n-k3 finden sich in Rankes Verzeichnis der altägyptischen Personennamen aufgenommen. Wie Kaplony[9] bemerkt, soll der Eigenname Nj-prj-n-k3 sowohl aus den abydenischen Königsgräbern der II. Dynastie als auch aus der Stufenpyramide von Saqqâra bekannt sein. Bei den Belegen aus Saqqâra handelt es sich um die hier genannten Schalen Nr. 121 und 122.

Den Abschluß der Inschrift bildet der Ortsname Jpwt[10], dem in Nr.122 das Stadt-Determinativ und die Präposition ḫntj folgen. Lauer zufolge soll dem Ortsnamen auf dem Gegenstück Nr.121 ebenfalls der Zusatz ḫntj gefolgt sein, von dem allerdings nur noch - so Lauer[11] - der vertikale Strich auf der linken Seite zu erkennen ist. Zweifelsohne werden aber beide Ortsnamen trotz des fehlenden Zusatzes ḫntj und der unterschiedlichen Schreibung des Determinativs identisch sein.

Der Ortsname Jpwt ist noch ein weiteres Mal für die Frühzeit bezeugt.
Auf dem Rollsiegel des Prinzen Prj-nb[12] aus der Zeit des Horus Hetepsechemui oder der seines Nachfolgers Nebre^c begegnet Jpwt abermals in Verbindung mit einem Titel, der den Namen des Gottes Sopdu führt.

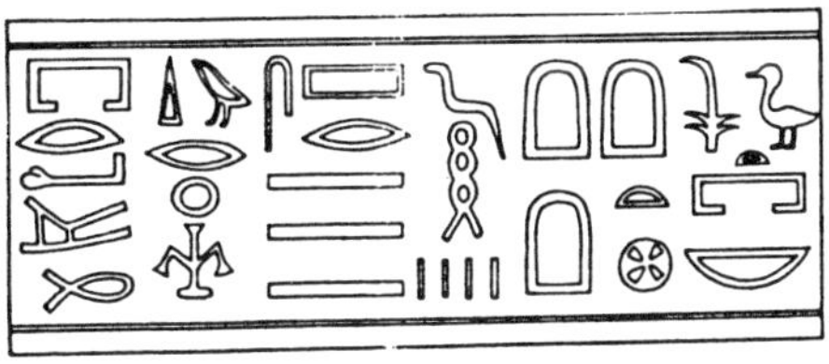

Prinzensiegel des Prj-nb
(aus: Kaplony, IÄF III, t.94 (367))

"Unterägyptisches Arbeitshaus (pr-šn^c)[13], Sachverwalter des Sopdu[14], sšrw- und ḏḥ3w-Abgaben[15] (aus) Jpwt, der Königssohn Prj-nb"

Bei scheint es sich um den bereits an anderer Stelle mehrfach genannten Ort (Var.:) Jpwt[16] zu handeln. Der Siegelinschrift des Prj-nb zufolge war dort ein unterägyptisches pr-šn^{c} gelegen. Ein Ort Jwpt ist nicht näher zu lokalisieren, doch ist zu vermuten, daß dieser in Residenznähe gelegen war, da in der Inschrift das unterägyptische pr-šn^{c} als eine staatliche Institution genannt ist. Ferner läßt der Titel des jrj-jḫt Spdw "Sachverwalter, Offiziant des Sopdu" in Jpwt einen Kultort des Sopdu vermuten, der möglicherweise bei Memphis zu lokalisieren ist. Dort war die Residenz während der II. Dynastie gelegen.

Kaplony[17] verbindet Jpwt mit  jpt "Harim" und siedelt es in Residenznähe an. Er stellt zur Diskussion, ob die dort befindlichen asiatischen Harimsdamen dem Schutz des "asiatischen" Gottes Sopdu unterstellt waren. Das pr-šn^{c} des Harims, das Kaplony mit dem pr-šn^{c} des Königshauses gleichsetzt und das in eine ober- und unterägyptische Abteilung untergliedert war, soll nach Kaplony von einem jrj-jḫt Spdw verwaltet worden sein. Da Sopdu jedoch Beziehungen zum königlichen Harim fremd sind, erweist sich diese Interpretation des gemeinsamen Auftretens von Jpwt und dem jrj-jḫt Spdw als hinfällig.

Die Schieferschale aus der II. Dynastie, die von Amélinau in Abydos gefunden wurde und sich heute in der ägyptischen Sammlung der Königlichen Museen zu Brüssel befindet[18], könnte ein Gegenstück zu den Schalen des Nj-prj-n-k3 aus den unterirdischen Galerien der Djoser-Pyramide darstellen. Von der Inschrift ist bis auf ḥm-nṯr Spdw nichts mehr erhalten.

In Personennamen ist der Gottesname nur ein einziges Mal für die Frühzeit bezeugt. Bei diesem Beleg handelt es sich um eine Kristallschale aus dem Grab Ḥelwân 185H4[19]. Das Stück datiert in die I. Dynastie und stellt somit das älteste sicher datierte Zeugnis für den Gott Sopdu dar. Das Relikt trägt den Horusnamen des Semerchet sowie den theophoren Personennamen Smr-Spdw, in dem man wohl auch den Eigentümer des Grabes Ḥelwân 185H4 vermuten darf. Auf der bei Saad[20] in Abbildung beigegebenen Fotografie ist die gedrungene Gestalt des hockenden Falken mit drei Federn als Kopfschmuck deutlich zu erkennen. Allem Anschein nach war diese Schale ein Geschenk des Horus Semerchet an seinen Untergebenen Smr-Spdw, dessen Name wohl am ehesten mit "der Gefährte des Sopdu"[21] zu übersetzen ist. Demgegenüber will es unwahrscheinlich anmuten, in diesem einen Titel wiederzuerkennen, da auf der Schale keine weitere Inschrift folgt und somit der Name des Eigentümers vakant wäre.

Im Zusammenhang mit der oben erwähnten Kristallschale aus der Zeit des Semerchet muß auf die von Godron[22] in seiner Dissertation vorgetragene Interpretation einer Darstellung auf einem Jahrestäfelchen aus Ebenholz eingegangen werden. Es datiert in die Zeit des Dewen und stammt aus dessen Grab in Abydos[23].

Godron deutet eine Szene auf diesem Täfelchen als Hinweis darauf, daß Sopdu bereits zu Beginn der ägyptischen Geschichte von der Sinai-Halbinsel nach Ägypten gebracht worden ist. Diese Szenenauslegung beruht auf Godrons Mutmaßung, daß es sich bei der im zweiten Register dargestellten Figur um den Gott Sopdu handelt. Wenn dieses tatsächlich zutreffend sein sollte, dann müßte nicht in der Kristallschale des Smr-Spdw, sondern in dem Jahrestäfelchen des Horus Dewen das älteste Zeugnis für den Gott Sopdu gesehen werden.

Jahrestäfelchen des Horus Dewen
aus Abydos
(aus: A.J.Spencer, Catalogue of Egyptian Antiquities in the Brit. Mus. V, London 1980, t.53 (459))

Während die Inschriften auf der linken Tafelseite unter anderem den Horusnamen des Dewen sowie die Titel zweier hoher Würdenträger namens Jtj-sn[24] und Ḥm3-k3 wiedergeben, können die Darstellungen im obersten Register der rechten Tafelhälfte eindeutig als Hebsed-Szenen ausgewiesen werden. Schwierigkeiten bereiten hingegen die Darstellung und Inschrift des zweiten Registers, deren Auslegung in der Ägyptologie immer wieder zu neuen Kontroversen geführt haben[25].

Die Szene interpretiert man nunmehr als die Darstellung der Zerstörung einer Festung und Gefangennahme der Einwohner. Demgegenüber birgt die der Szene beigeschriebene Inschrift noch heute Probleme in sich.

Godron[26] übersetzt die Inschrift mit "Frapper les 'Iwnwt. Les amener ainsi que Sopdu, qui préside au Mines (scil.: au Sinaî)" und sieht darin seine These bestätigt, daß Sopdu asiatischen Ursprungs ist und bereits zu Beginn der ägyptischen Geschichte nach Ägypten gelangte. In Übereinstimmung mit Petrie, Černý und anderen vertritt Godron die Ansicht, daß Sopdu in Serâbîṭ el-Châdim einen Tempel besessen hat, der den Namen Šsmt führte[27]. Hinsichtlich etymologischer Erwägungen bemerkt Godron, daß die Herkunft des Gottesnamens noch ungeklärt ist, daß es aber auf Zufall beruht, wenn der Gottesname an eine ägyptische Wurzel (scil. spd "spitz, scharf" und davon abgeleitet "tüchtig, geschickt") angeglichen wurde und späterhin zu Wortspielen führte, die in keinem Zusammenhang mit dem ursprünglichen Wortsinn standen. Alsdann bemerkt Godron, daß der Name des Gottes Sopdu gleichermaßen ägyptischen Ursprungs gewesen sein kann und dennoch als Bezeichnung einer auf der Sinai-Halbinsel beheimateten Gottheit diente[28].

Die in Rede stehende Szene deutet Godron als "das Bringen des Gottes Sopdu nach Ägypten", indem er die federgekrönte Gestalt mit Sopdu identifiziert, dessen charakteristisches Attribut die Doppelfederkrone ist. Insofern beruft sich Godron auf eine Fotografie, die in seinem Besitz ist und die mehr Details als die in den verschiedenen Publikationen veröffentlichten Zeichnungen wiedergeben soll.

Doch können die drei Federn allein nicht die Zuweisung der Figur an Sopdu rechtfertigen, denn es finden sich noch andere Gottheiten in anthropomorpher Gestalt mit Federkrone bezeugt[29].

Auf der Sinai-Halbinsel tritt Sopdu erstmals in der XII. Dynastie auf. Insofern erscheint es mehr als unwahrscheinlich, daß Sopdu in einem einzigen Beleg aus der I. Dynastie für diese Region bezeugt sein soll und erst wieder im Mittleren Reich auf den Sinai-Denkmälern erscheint.
Ferner ist nicht anzunehmen, daß ein asiatischer Gott nach Niederwerfung der Asiaten in das Nilland überführt wurde und in der neuen Heimat bereits zu Beginn der ägyptischen Geschichte ein derart großes Ansehen genoß, daß sich sein Name in theophoren Personennamen (Smr-Spdw) und Titeln (ḥm-nṯr Spdw, jrj-jḫt Spdw) wiederfindet.

Aus den zuvor genannten Gründen kann die von Godron vorgetragene Interpretation der Darstellung auf dem Jahrestäfelchen des Dewen nicht akzeptiert werden.

Nicht einzuordnende Siegel aus der Frühzeit

Möglicherweise findet sich der Name des Gottes Sopdu noch in einem weiteren frühzeitlichen Titel bezeugt. Bei Kaplony[30] findet sich das Kollektivsiegel des ^{c}nḫ-mrr-njswt und des M3^{c}-ḫrw-qd abgebildet. Nach Kaplonys Umzeichnung ist hinter der Schreibpalette ein dreiecksähnliches Schriftzeichen erkennbar, so daß der Titel zš Spdw "Schreiber des Sopdu" gelautet haben könnte. Da ein solcher Titel in Verbindung mit dem Namen des Gottes Sopdu bislang nicht eindeutig nachgewiesen werden konnte, muß dieser Beleg eines zš Spdw weiterhin fragwürdig bleiben.

Auf einem Verschluß mit Goldhorustitel erscheint vor und hinter dem Bild des Horusfalken jeweils das Ideogramm Δ [31].

Ein Tiersiegel aus einem Naqâda-Grab zeigt neben verschiedenen Vogeldarstellungen auch das Schriftzeichen des Dornes[32].

Anmerkungen zu Kapitel IV :

1 Lauer, Pyramide à Degrés IV, 18, 59-60, t.22 (121+122)
W.Helck, ZÄS 106 (1979), 120-132 zur Datierung der Gefäßaufschriften aus der Djoser-Pyramide

2 Lauer, op.cit., 59 spricht von zwei Federn, die das Falkenhaupt krönen. Hinsichtlich des Ideogramms  schreibt Lauer: "Son nom est écrit devant lui par le signe qui est clairement ici une pointe aïgue et non un triangle".

3 Ibid., 59

4 Gardiner, Eg.Grammar, Sign-List S42

5 Ibid., Sign-List U23

6 Ibid., Sign-List T21

7 Lauer, op.cit., 18, 59

8 Kaplony, IÄF I, 514 und ibid. II, 833 (882), wo er Nj-prj-n-k3 liest. Später revidiert er diese Lesung zugunsten von Prj-n-k3; cf. P.Kaplony, Steingefäße mit Inschriften der Frühzeit und des Alten Reichs (MonAeg 1, 1968), 47 n.99

9 Kaplony, IÄF I, 514-515

10  ist Determinativ zu  und macht somit das Stadt-Determinativ überflüssig. Bei den in Rede stehenden Belegen liegt die ältere Schreibung vor, die später durch  ersetzt wird; cf. Gardiner, op.cit., Sign-List O45 u. O46

11 Lauer, op.cit., 60, n.2
Möglicherweise deutet die Stellung des ḫntj, das normalerweise dem übergeordneten Substantiv vorangestellt ist, auf einen älteren Satzbau hin.

12 Kaplony, IÄF III, t.94 (367)

13 A.Bakir, Slavery in Pharaonic Egypt (CASAE 18, 1952), 41-47
Kaplony, op.cit., II, 833-834 (882)

14 Kaplony, op.cit., 833 (882) weist darauf hin, daß das Wb (IV, 111) die Form  erst seit dem Mittleren Reich belegt.

15 Sšrw ist hier als Arbeitsdienst zu deuten (WB IV, 296.8), während ḏḥ3w eine Art Abgabe darstellt (Wb V, 605.8); cf. Kaplony, op.cit., 834 (882)

16 Cf. Junker, Gîza II, 168 und ibid. III, 82

17 P.Kaplony, Steingefäße mit Inschriften der Frühzeit und des Alten Reichs (MonAeg 1, 1968), 47, n.99 u. 100

18 L.Speleers, Recueil des Inscriptions Égyptiennes des Musées Royaux du Cinquantenaire à Bruxelles, Brüssel 1923, 4, 105 (29) (= Brüssel E 3788)

19 P.Kaplony, MDAIK 20 (1965), 18-19, 21 (Abb.37) gibt in seiner Umzeichnung die Zeichengruppe  wieder und liest den Eigennamen unter Ergänzung von  als Smr-Spdw(?).

20 Z.Y.Saad, The Excavations at Helwan, Oklahoma 1969, 41-42, 118 (t.32)

21 Cf. Ranke, PN I, 307.20 (Smr.t-mn "die Freundin des (Gottes) Min"/AR). Der Eigenname Smr-Spdw ist bei Ranke nicht verzeichnet.

22 G.Godron, Etudes sur l'Horus Den et quelques Problêmes de l'Égypte Archaïque. Thèse pour le Doctorat d'Etat, Lyon 1981

23 E.Emery, Archaic Egypt, Harmondsworth 1961, 76 (Abb.37)
A.J.Spencer, Catalogue of Egyptian Antiquities in the British Museum V, London 1980, 64, t.49+53 (459 = BM 32650)

24 Zu Jtj-sn "ihr Fürst" cf. Ranke, PN I, 49.26 und ibid. II, 21 sowie Kaplony, IÄF I, 438

25 Zu den verschiedenen Übersetzungen cf. R.Weill, Recherches sur le Ier Dynastie et les Temps Préphararaoniques I (BdE 38, 1961), 16-37 und ibid., II, 90-92; K.Sethe, Die Entwicklung der Jahresdatierung bei den alten Aegyptern (UGAÄ 3, 1905), 66; J.R.Ogdon, GM 49 (1981), 63

26 G.Godron, op.cit., § 349

27 Ibid., § 629

28 Ibid., § 208

29 Kaplony, IÄF III, t.80 (302) mit der Darstellung eines Falkengottes (Horus ?) auf einem Siegel des Peribsen. Cf. I.Grumach-Shirun, in: LÄ II, 142-145

30 Kaplony, IÄF III, t.100 (433)

31 Ibid., t.132 (806)

32 Ibid., t.27 (634)

V. SOPDU IM ALTEN REICH

V.1. Pyramidentexte

Die Pyramidentexte[1] finden sich seit der Zeit des Königs Unas bis in die des ephemeren Königs Ibi aus der VIII. Dynastie in den königlichen Grabanlagen aufgezeichnet. Seit Phiops II. sind auch die Pyramiden der Königinnen mit diesem Textkorpus, das das königliche Totenritual umfaßt, ausgeschmückt. In folgenden Pyramidenanlagen sind die Pyramidentexte erhalten geblieben: Unas[2], Teti, Phiops I., Merenre^{c}, Phiops II.[3] und Ibi[4] sowie in den Grabbauten der Gemahlinnen Phiops' II., Udjebten[5], Neith[6] und Iput[7].

Die Textsammlung setzt sich aus Einzelsprüchen unterschiedlichen Alters und Provenienz zusammen und ist nach einem nicht näher erkennbaren Prinzip ausgewählt und zusammengestellt worden.

In den Pyramidentexten findet sich der Name des Gottes Sopdu nicht weniger als an 13 Textstellen genannt. Nach Sethes Kommentar zu den Pyramidentexten erscheint Sopdu als

- Äquivalent des Sonnengottes Re^{c}
- Vertreter Asiens
- Bruder des verstorbenen Königs NN
- Ebenbild des verstorbenen Königs NN durch Identifikation einzelner Körperteile

Zuweilen nimmt Sopdu den zusätzlichen Namen "Horus" an und erscheint unter dem Namen "Horus-Sopdu" als Sohn des Osiris und der Isis.

In den Pyramidentexten steht Sopdu mit den Zähnen in enger Beziehung. So heißt es in einem sogenannten "Himmelfahrtsspruch" unter anderem:

Pyr.148a "Dein Kopf ist Horus von der Unterwelt[8],
du Unvergänglicher (jḫm-sk).
b Dein Antlitz ist Mechenti-irti,
du Unvergänglicher.
c Deine Ohren sind das Zwillingspaar des
Atum, du Unvergänglicher.
Deine Augen sind das Zwillingspaar des
Atum, du Unvergänglicher.
d Deine Nase ist der Schakal (z3b)[9],
du Unvergänglicher.
Deine Zähne sind Sopdu,
du Unvergänglicher
etc. "

In dem Himmelfahrtsspruch wird davon berichtet, wie der verstorbene König als Stern zum Himmel aufsteigt. Dahinter verbirgt sich die Forderung des Toten nach einem höheren Dasein als einer der "unvergänglichen" Zirkumpolarsterne (jḫm-sk) am Himmelsfirmament. Um dieses Ansinnen zu unterstreichen, werden mehrere Körperteile des verstorbenen Königs, vom Kopf bis zu den Füßen, mit denen verschiedener Gottheiten identifiziert. Die Auswahl der einzelnen Götter stützt sich auf Eigenschaften und Wesensmerkmale, die den jeweiligen Göttern zugeschrieben werden. So steht das Gesicht für Mechenti-irti in Anspielung auf dessen Augenlosigkeit und die damit verbundene Augensage[10], die Nase für den Spürsinn des Schakals und die Zähne für die "Schärfe" des Sopdu.

In Pyr. 201d werden die Zähne des Sopdu ein weiteres Mal angeführt. Der Pyramidenspruch 222 umfaßt eine Litanei, die an den Sonnengott gerichtet ist und ihm das Kommen des Königs ankündigt. Der Wechselgesang setzt sich aus acht identisch aufgebauten Strophen zusammen. Sechs dieser Strophen rufen den Sonnengott unter seinen verschiedenen Namen (Ndj, Dndn, Sm3-wr, Zḫn(j)-wr etc.) an, während die beiden letzten Abschnitte Sopdu vorbehalten sind. Dieser wird einmal unter seinem Namen Spdw, das andere Mal in einem Wortspiel mit dem Eigennamen des Gottes als spd jbḥw "der Scharfe an Zähnen" angerufen. Wie in dem an anderer Stelle noch anzuführenden Pyr. 456b, so ist Sopdu auch hier in Parallelität zum Sonnengott gesetzt und erscheint auf gleicher Ebene mit diesem.

Der Beiname spd jbḥw ließ Sethe[11] zu der Auffassung gelangen, daß der Gott Sopdu, den die ältesten inschriftlichen Zeugnisse in der Gestalt eines hockenden Falken bezeugen, ursprünglich in einer Anzahl von Zähnen, vermutlich von einem Raubtier, verehrt worden sei. Diese offenbar älteste Verehrungsform des Gottes führt ihm den Namen Spdw "der Scharfe, der Spitze" zu. Doch bereits zu Beginn der geschichtlichen Zeit, wenn nicht bereits gegen Ende der prädynastischen Epoche, soll sich nach Sethe die Angleichung an den falkengestaltigen Himmels- und Königsgott Horus vollzogen haben. Demnach hat Horus die Urgestalt des Sopdu derart überlagert, daß dieser sich die Falkengestalt gänzlich zu eigen machte und das Bild des hockenden Falken Aufnahme in den Namen des Gottes fand.

Die Pyramidentexte bringen Sopdu ferner mit dem bis heute botanisch nicht identifizierten ksbt-Baum in Zusammenhang[12]. Bei diesem Baum handelt es sich um einen Fruchtbaum, von dem einzelne Teile in medizinischen Rezepten Verwendung fanden[13]. Nach der großen Gauliste im Edfu-Tempel[14] galt dieser Baum neben der Nilakazie als heiliger Baum des XIV. unterägyptischen Gaues. Sopdu steht nur in den Pyramidentexten mit dem ksbt-Baum in Verbindung, während Hymnen des Neuen Reiches Min-Amun mit den ksbt-Wäldern in Zusammenhang bringen[15].
Sethe möchte die ksbt-Wälder aufgrund der engen Bindung an Sopdu, der nachmals als Herr des Ostens gilt, im Osten lokalisieren[16].

Der enge Bezug des Gottes zum ksbt-Baum wird in den Pyramidentexten durch das Epitheton Spdw ẖrj ksbt.f deutlich zum Ausdruck gebracht[17]. Ein Pyramidenspruch behandelt den Himmelsaufstieg des Toten und besagt unter anderem:

Pyr. 480a "Geb ist es, der darüber spricht:
b 'Die Stätten meiner heiligen Stätten sind die Stätten des Horus und die Stätten des Seth,
c und die Gefilde der Binsen, sie preisen dich (dw3.sn ṯw)

d in diesem deinem Namen Dw3w ("der Morgendliche")
wie Sopdu, der unter seinem ksbt-Baum ist'
etc."

In diesem Ritualspruch wird der Verstorbene mit dem Gott Dua gleichgesetzt, dessen Name augenscheinlich der "Morgendliche" (Dw3w) bedeutet und der hier in einem Wortspiel (dw3.sn) verwendet wird. Des weiteren findet sich der Verstorbene mit Sopdu in Vergleich gesetzt.
In der jüngeren Variante Pyr. 994a-e steht Dua wiederum neben Sopdu. Letzterem sind dort noch die Götter Iahes (auch Rahes genannt) und Dedun zur Seite gestellt.
Währenddessen nennt Pyr. 1476a-c nur die Götter Iahes, Dedun und Sopdu. Abermals ist es Geb, der die Worte an den Verstorbenen richtet:

Pyr. 994a "Die heiligen Stätten des Horus,
die heiligen Stätten des Seth,
die Gefilde der Binsen,
b sie preisen diesen König NN
als Dua,
c als Iahes, der an der Spitze
von Oberägypten ist,
d als Dedun, der an der Spitze von
Nubien ist,
e als Sopdu, der unter seinem
ksbt-Baum ist
etc."

Während in Pyr. 480a-d und Pyr. 994a-e der verstorbene König mit Iahes (bzw. Rahes), Dedun und Sopdu verglichen wird, findet in der jüngeren Variante Pyr. 1476a-c geradezu eine Identifikation des Königs mit den genannten Göttern statt.

Pyr.1476a "Es ist König NN als Rahes, der an der Spitze von Oberägypten ist.
b Es ist König NN als Dedun, der an der Spitze von Nubien ist.
c Es ist König NN als Sopdu, der unter seinem ksbt-Baum ist etc."

Tritt uns Sopdu in den Pyr. 480d, 994e und 1476c nun aber tatsächlich als Repräsentant Asiens entgegen, wie es Sethe[18] in seinem zweiten Kommentarband zu den Pyramidentexten ausführt? Demzufolge sollen die vier Himmelsrichtungen durch die Götter Dua (Unterägypten), Iahes (Oberägypten), Dedun (Nubien) und Sopdu (Asien) versinnbildlicht sein. Es stellt sich aber die Frage, ob man in Dua nicht einen Ostlandsgott aufgrund seines Namens "der Morgendliche" sehen muß, der im Südosten von Heliopolis beheimatet war[19]. Somit könnte Sopdu an den genannten Stellen entgegen Sethes Ansicht den unterägyptischen Landesteil darstellen, während Dua den Osten repräsentiert. Für eine solche Interpretation spricht die Tatsache, daß Sopdu in der Spruchsammlung mit den Zähnen oder aber mit dem ksbt-Baum in enger Beziehung steht. Letzteres könnte auf eine Verbindung des Gottes zu einem alten Baumkult hinweisen. Wenn aber die Beziehungen des Sopdu zu Asien so alt sind, wie Sethe glaubhaft machen möchte, warum findet sich dann in den ältesten Zeugnissen, zu denen auch die Pyramidentexte zählen, kein einziger direkter Beweis dafür, während ein Bezug zum Osten bzw. zu den östlichen Gauen für den Gott Anedjti unzweifelhaft in den Pyramidentexten gegeben ist[20]? Aus diesen Erwägungen heraus erhebe ich Zweifel an Sethes Auslegung von Pyr. 480d, 994e und 1476c und möchte Sopdu an den genannten Stellen als Vertreter Unterägyptens verstanden wissen. Zur Beweisführung könnten auch die möglichen Beziehungen des Sopdu zu einem alten Baumkult herangezogen werden, da in Unterägypten zahlreiche Baumkulte, wie zum Beispiel in der memphitischen Gegend, nachweislich existiert haben.

Von dem ksbt-Baum ist auch im Pyramidenspruch 301 die Rede, dessen Schluß eine vierstrophige Litanei an den Sonnengott als Zẖn(j)-wr umfaßt und die Vereinigung des auferstandenen Toten mit dem Himmelsgott herbeiführen soll.
Obwohl Sopdu namentlich nicht erwähnt ist, weisen die in Pyr. 456b genannten ksbt-Wälder[21] auf ihn hin. Diese Mutmaßung erhärtet sich durch das gleichzeitige Auftreten der Göttin Chensit, deren Name Ḫnzjt/Ḫnzwt mit "Perücke" o.ä. zu übersetzen und in Pyr. 456e als Perücke des Sopdu aufgefaßt ist. In der Spätzeit gilt sie als Gefährtin des Sopdu und erscheint mit ihm zusammen auf einer Vielzahl von Denkmälern aus jener Zeit. Im Zusammenhang mit den Beziehungen des Sopdu zu anderen Göttern wird auf die Göttin Chensit noch zurückzukommen sein.

Wie bereits in Pyr. 201c-d, so ist Sopdu auch in diesem Beleg als Äquivalent des Sonnengottes gedacht, der hier unter seinem Beinamen Zḫn(j)-wr erscheint. Durch die enge Bindung an den Sonnengott wird die solare Rolle des Sopdu in den Vordergrund gerückt. Über Sopdu wird dort gesagt:

Pyr. 456b "Du fährst zu deinen Feldern, und
du durchfährst das Innere deiner
ksbt-Wälder.
c Deine Nase riecht die Wohlgerüche
von Schesemet
etc."

Im Zusammenhang mit dem Gott Sopdu wird hier das Land Schesemet genannt, das Sethe[22] im Osten lokalisiert und geradezu als Vertreter des Weihrauchlandes Punt ansieht. Das Land Schesemet wollen viele Wissenschaftler[23] mit der Sinai-Halbinsel identifizieren. Die Problematik hinsichtlich des Schesemet-Schmuckes und des gleichnamigen Landes ist bereits im Zusammenhang mit den Attributen des Gottes Sopdu aufgezeigt worden und erübrigt daher eine weitere Diskussion an dieser Stelle. Es ist jedoch darauf hinzuweisen, daß Sopdu nur in Pyr. 456c und auf einer Stele aus dem Wâdi Gasûs[24] mit dem Schesemet-Land in Verbindung steht und Sethes Anmerkung insofern irreführt, daß Sopdu der Gott dieses Landes sei. Horus des Ostens steht mit dieser Region ebenfalls in enger Verbindung. Daher führt er in den Pyramidentexten vielfach den Namen "Horus von Schesemet" (Ḥrw Šzmtj)[25].

In den Pyramidentexten findet sich der Name des Sopdu vielfach in Wortspielen wieder. So heißt es in einem Ritualspruch, der den Himmelsaufstieg des Königs zum Thema hat:

Pyr.1159a "Er ist geschickt (scil. wirkungsvoll/ spd.f) wie der große Scharfe (spd wr)."

Auch dem Auferstehungsritualspruch 578 liegt ein Wortspiel mit dem Namen des Sopdu zugrunde. Der König, der als Osiris auf dem Thron des Geb als dessen Erbe erscheinen soll, wird dabei mit Sopdu identifiziert.

Pyr.1534b "Du gehst gegen sie vor, machtvoll und geschickt (spdtj) wie alle meine Kinder (2x)
c in diesem deinem Namen Sopdu etc. "

Während in dem oben angeführten Spruch der König mit Sopdu identifiziert wird, gilt er in Pyr.1863b geradezu als dessen Bruder.

Pyr.1862b "Steh auf, o König, in den beiden Heiligtümern des Horizontes,
1863a daß du hören mögest die Rede des Re^{c} wie ein Gott, wie Horus der Schütze(?)[26],
b denn ich bin dein Bruder wie Sopdu etc. "

Ein besonderes Problem stellt die Verbindung Ḥrw + spd in Pyr. 330a+b, 632d und 1636b dar. Zum einen kann spd als Adjektiv ("der scharfe Horus") verstanden werden, zum anderen ist aber auch die Möglichkeit gegeben, daß Sopdu bereits im Alten Reich den zusätzlichen Namen "Horus" angenommen hat und nunmehr als Horus-Sopdu erscheint.

Schenkel[27] spricht sich im Lexikon der Ägyptologie gegen die letztgenannte Deutungsmöglichkeit aus unter Hinweis darauf, daß Horus-Sopdu erst in späterer Zeit bezeugt ist. Auch Sethe befürwortet die adjektivische Übersetzung; nur ein einziges Mal entscheidet er sich für die Wiedergabe mit Horus-Sopdu (Pyr. 330a+b). Die betreffende Textstelle gehört zu einer Litanei mit der Aufforderung an die Himmelsgottheiten, den König bei seiner Ankunft im Jenseits freundlich zu empfangen und anzuerkennen. Die Version aus der Unas-Pyramide gibt die zur Diskussion stehende Textstelle wie folgt wieder:

Pyr. 330a "Verkenne König NN nicht, o  [28],
denn du kennst ihn, und er kennt dich!
b Verkenne König NN nicht, o 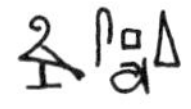 !
Man sagt zu dir 'Ärmlicher' (qsn)
etc."

Sethe vertritt die Ansicht, daß der Name Horus-Sopdu für den Dekan  Spdt steht, der in den Dekanlisten des Mittleren Reiches an Stelle der Sothis genannt ist und führt dazu aus: "Um einen Stern-Gott wird es sich ja, nachdem zuvor die Sonne Re (328a) und der Mond Thoth (329a) genannt worden waren, handeln müssen"[29].

Anthes[30] hat das Problem in den vergangenen Jahren erneut aufgegriffen und sich dafür ausgesprochen, in Ḥrw spd eine frühere Benennung für Ḥrw spd(tj) "Horus der Sothis" o.ä. zu sehen und als Stern zu deuten. Einen Bezug der fraglichen Stellen (Pyr. 330a+b; 632d; 1636b) zum Gott Sopdu schließt Anthes dagegen aus. Er hält die Zuweisung insofern für bedenklich, als Horus-Sopdu außer in den genannten Belegen sonst erst seit der XIX. Dynastie bezeugt ist und als "Angleichung des Horus an Sopdu oder auch als Anfügung des Sopdunamens an den Horusnamen in solcher späten Zeit wohl erklärt werden kann"[31].
In seinen Ausführungen beruft sich Anthes darauf, daß der Name des Sopdu in den Pyramidentexten, soweit sie veröffentlicht sind, üblicherweise mit dem Bild des hockenden Falken geschrieben wird. Dieses Ideogramm fehlt zwar in Pyr. 201c(W) und in Pyr. 1534c(P), doch weisen beide Belegstellen das auslautende -w auf. Nach Anthes sind die Stellen, in denen das Falkenbild und das Endungs-w fehlen, als Stern zu interpretieren.

Dem ist entgegenzuhalten, daß Sopdu sehr wohl bereits im Alten Reich den Horusnamen an sich gezogen haben kann, da er mit Horus auf das engste verbunden ist. Resultierend aus dem wachsenden Ansehen des Himmels- und Königsgottes Horus hat Sopdu sehr früh dessen Falkengestalt übernommen. Diese Wandlung vom Raubtier zum Falken vollzog sich so durchgreifend, daß Sopdu

seine ursprüngliche Gestalt völlig einbüßte und bereits auf frühzeitlichen Denkmälern als Falke erscheint. Die Falkengestalt verbindet ihn auf das engste mit Horus und könnte sein Auftreten als Horus-Sopdu in den Pyramidentexten rechtfertigen. Hinzu kommt, daß Spd in den betreffenden Ritualsprüchen stets ohne Stern-Determinativ geschrieben ist. Das fehlende Bild des Falken in Spd(w) könnte sich durch das Schriftzeichen des Horusfalken erübrigt haben.
Daß der Gott im Spruch 262 neben Re^{c} und Thoth genannt ist, liegt in seinem solaren Aspekt begründet, wird er doch in den Pyramidentexten vielfach als Äquivalent des Sonnengottes gesehen. Es ist dann auch nur eine Folgeerscheinung, wenn man die solare Rolle des Sopdu durch den Namen des Himmelsgottes Horus deutlicher in den Vordergrund stellen möchte.
Es widerspricht dem auch nicht, wenn Horus-Sopdu in Pyr. 632d und in der Variante Pyr. 1636b in einem Wortspiel mit Ḥrw jmj Spdt (mit Feminin-t und Stern-Determinativ) auftritt.

Pyr. 632a "Es kommt zu dir deine Schwester Isis,
erfreut aus Liebe zu dir.
b Du hast sie auf deinen Phallus gesetzt,
c damit dein Same in sie hineingeht,
bereitgemacht (spdt) wie Sothis.
d Horus-Sopdu ist aus dir hervorgegangen als Horus, der in der Sothis ist;
etc."

Es bleibt festzuhalten, daß die Pyramidentexte Hinweis darauf geben, daß Sopdu die Falkengestalt sekundär zugetragen worden ist. Das Epitheton spd jbḥw (Pyr. 201d) läßt vermuten, daß die Urgestalt des Gottes in der eines Raubtieres, eventuell der eines Krokodils oder einer Wildkatze, zu suchen ist. Infolge der zunehmenden Bedeutung des Falkengottes Horus übernahm Sopdu dessen Falkengestalt. Die Wandlung vom Raubtier zum Falken hat sich spätestens zu Beginn der I. Dynastie vollzogen, da der Name des Sopdu bereits auf einem Denkmal aus der Zeit des Horus Semerchet[32] mit dem Bild des hockenden Falken geschrieben ist. Die enge Beziehung des Sopdu zum Himmels- und Königsgott Horus wird dadurch kundgetan, daß der Gott in den Pyramidentexten den Horusnamen annimmt und als "Horus-Sopdu" erscheint.

V.2. Denkmäler

Der erste sicher datierte inschriftliche Beleg für Sopdu aus dem Alten Reich liegt in einem Verschlußsiegel aus der IV. Dynastie vor. Durch den Horusnamen K3-ẖt und den Geburtsnamen Mn-k3w-R^{c} kann das Siegel dem König Mykerinos zugewiesen werden. Vermutlich gehört das Objekt zu dem großen Fundkomplex von Lehmverschlüssen aus der IV. und V. Dynastie, die Emery während seiner Ausgrabungsarbeiten in der Alten Reichs-Siedlung Buhen bergen konnte. Das fragliche Siegel findet sich bei Kaplony[33] publiziert und wird dort als sechsgliedriges Horusnamenssiegel klassifiziert.

Die Inschriftenzeilen des Siegels sind hauptsächlich in vertikaler Schriftrichtung angeordnet und geben neben dem sich stetig wiederholenden Horusnamen K3-ẖt weitere Bestandteile der Königstitulatur (Herrinnenname, Goldname, Eigenname) wieder. Die Lesung der Siegelinschrift wird durch die vertikal und horizontal verlaufenden, zum Teil sogar sich überschneidenden Schriftzeichen erschwert, und vieles bleibt unverständlich.
Auf Kaplonys Übersetzung soll nicht näher eingegangen werden. Von besonderem Interesse ist jedoch in diesem Zusammenhang die von Kaplony als Zeile (c) gekennzeichnete Textzeile. Neben dem Horusnamen K3-ẖt taucht dort der Name des Gottes Sopdu auf. Kaplonys Umschrift der Zeile (c) lautet Ḥrw K3-ẖt Spdw [nb-] ḫ3s[w]t.

Eine Parallelstelle findet sich auf dem von Kaplony unter der Katalog-Nr. K.u.147 veröffentlichten Siegel, das keinen Königsnamen trägt. Kaplony gibt Buhen als Herkunftsort des Siegels an; demzufolge ist es der IV. oder V. Dynastie zuzuweisen[34]. Auf dem sehr fragmentarisch erhaltenen Stück sind nur noch wenige Schriftzeichen zu erkennen, darunter auch der Name des Sopdu unter der zerstörten Palastfassade. Wiederum trägt der Gott das Epitheton nb ḫ3swt.

Nach Kaplony ist Spdw nb ḫ3swt in beiden Fällen als Beiname des Königs zu verstehen. Demnach würde sich der König mit Sopdu identifizieren.
Es könnte aber auch ein mrj unter dem Gottesnamen zu ergänzen sein, das den König nach dem üblichen Schema als "[geliebt von] Sopdu, dem Herrn der Fremdländer" nennt. Ob jedoch tatsächlich ein mr-Zeichen an der angegebenen Stelle gestanden hat, ist aufgrund des fragmentarischen Erhaltungszustandes der beiden Siegel nur schwer zu entscheiden.
Es bleibt jedoch festzuhalten, daß Sopdu in der Mitte der IV. Dynastie erstmals unter dem Titel nb ḫ3swt bezeugt ist. Doch darf aufgrund des dem Gott in späterer Zeit beigegebenen Epithetons nb j3btt nicht der Rückschluß gezogen werden, daß der Titel nb ḫ3swt unweigerlich auf die Ostwüste respektive auf den Osten Bezug nimmt. Das Epitheton nb ḫ3swt kann sowohl auf die westlich als auch auf die östlich gelegenen Wüstenregionen hinweisen. Dieses Faktum muß man bei der Interpretation der Denkmäler berücksichtigen und darf das Erscheinen des Sopdu in den frühesten Zeugnissen nicht ohne weiteres mit dem Osten in Verbindung bringen, ein Trugschluß, dem auch Kaplony in seinem Kommentar zu dem Siegel K.u.147[35] erlegen ist.

Ein wesentliches Indiz, das ein besonnenes Vorgehen in der Zuweisung des Sopdu zum Osten rechtfertigt, stellt die Nennung des Gottes Thoth auf dem Siegel K.u. 147 dar. Dieser unterhält seit altersher enge Beziehungen zum Osten[36] und bestärkt insofern die These, daß Thoth auf dem genannten Siegel die östlichen, Sopdu hingegen die westlichen Fremdländer repräsentiert. Beide Götter sind von kriegerischem Wesen und finden sich seit dem Alten Reich vielfach nebeneinander auf Denkmälern bezeugt. Im Totentempel des Sahure^{c}, auf den im nächsten Abschnitt näher einzugehen ist, werden beide Götter ebenfalls gemeinsam in einer Inschrift genannt[37].

Im Totentempel des Sahure^{c} bei Abusîr erscheint Sopdu in zwei inschriftlichen und einem bildlichen Beleg. Bei dem letztgenannten Zeugnis handelt es sich um die älteste figürlich bezeugte Darstellung des Gottes und zeigt ihn in anthropomorpher Gestalt (t. I). Das Relief stammt vom Aufweg des Totentempels[38] und beschreibt das traditionelle Thema der Vorführung der Feinde durch Götter vor den König.
Das Relief ist in vier Register unterteilt. Die oberste Reihe zeigt jeweils zwei männliche und zwei weibliche Gottheiten im Wechsel, die aufgrund des fragmentarischen Erhaltungszustandes nicht identifiziert werden können[39]. Jede dieser Gottheiten führt zwei im darunter liegenden Register abgebildete Gefangene an einem langen Strick. Die den Szenen beigeschriebene dreizeilige Inschrift weist die Gefangenen als Znṯ(j)w[40], Jwnwt[41] und Mnṯ(j)w[42] aus. Bei den letztgenannten Völkerschaften handelt es sich um Semiten, doch sind unter den abgebildeten Feinden auch Libyer und Punt-Leute vertreten.

Ein mit Sternen verzierter Ornamentstreifen setzt die oberen zwei Register gegen die nachfolgenden beiden Reihen deutlich ab. Von der zweiten Götterprozession im dritten Register sind nur noch die beiden vordersten Gottheiten zu erkennen. Über ihren Köpfen findet sich jeweils eine kurze Beischrift. Bei dem die Prozession anführenden Gott handelt es sich um Seth, den alten Nationalgott Oberägyptens, der hier in seiner bekannten Tiergestalt unter dem Epitheton Nbwtj "der von Ombos" erscheint. Ihm folgt ein Gott, dem analog zu Seth nur der Beiname nb ḫ3swt "Herr der Fremdländer" beigegeben ist. Das Erscheinungsbild des Gottes gleicht dem eines Semiten, so der spitz zulaufende Backenbart, die nach hinten lang herabfallenden Haare und die gelbliche Hautfarbe. Ein Stirnband schmückt das Haupt des Gottes und dient zur Befestigung des Federpaares. Über dem kurzen glatten Schurz ist der bereits mehrfach genannte Schesemet-Schmuck zu sehen.
Beide Götter führen dem König Feinde zu, indem Seth jeweils einen Gefangenen aus Punt und Libyen an einem langen Strick hält, während der zweite Gott offenbar zwei asiatische Gefangene zuführt. Wenngleich der Name des letztgenannten Gottes nicht aufgeführt ist, besteht kein Zweifel, daß es sich um Sopdu handelt, der sich in der ältesten überlieferten figürlichen Darstellung aus dem Totentempel des Sahure[C] ganz im Habitus eines Asiaten unter dem Epitheton nb ḫ3swt und mit dem Schesemet-Schmuck zeigt.
Nach Bonnet[43] und anderen soll Sopdu sein fremdländisches Erscheinungsbild noch auf Denkmälern späterer Zeit bewahrt haben, allerdings weisen die in der Literatur genannten Belege Sopdu nicht zweifelsfrei als Semiten aus.

Ein weiteres Mal findet sich der Name des Sopdu auf einem Relief belegt, das den die Feinde niedertretenden König in der Gestalt eines Greifen zeigt[44]. Über dem Rücken des Fabelwesens stehen neben der zerstörten Kartusche die Namen des Thoth mit dem Epitheton "Herr der Jwnwt" und des Sopdu als "Herr der Fremdländer". Offensichtlich identifiziert sich der König mit Thoth und Sopdu, die durch ihre Epitheta als kriegerische Götter ausgewiesen werden. Beiden ist der Beiname nb ḫ3swt[45] eigen. Das Auftreten des Thoth als nb ḫ3swt mag in der geographischen Lage seiner Kultheimat (XV. unterägyptischer Gau) begründet liegen[46]. Sowohl Thoth als auch Sopdu gelten als bevorzugte Helfer des Königs im Kampf gegen die Feinde Ägyptens. Bereits zur Zeit des Cheops begegnet Thoth auf einem Felsbild in Maghâra[47] in der Szene des Erschlagens der Feinde durch den König, während Sopdu im Totentempel des Sahure^{c} dem König unterworfene Feinde zuführt[48].

Auch in dem dritten Beleg, den es für Sopdu zu benennen gilt, treten beide Götter nebeneinander auf[49]. Der Block hat die Rückkehr der Schiffe zum Thema. Über den Booten sind die Begrüßungsworte der adorierenden ägyptischen und asiatischen Seeleute eingemeißelt. Unter anderem heißt es dort vom König:

S3ḥw-R^{c} mrj Ḏḥwtj nb ḫ3swt
/////// mrj Spdw [nb ḫ3swt]

Von dem Namen des letztgenannten Gottes ist nur noch das hintere Endstück des hockenden Falken erkennbar. Mit größter Wahrscheinlichkeit ist der Gottesname wie in der Inschrift auf Blatt 8 mit  zu ergän-

zen, und analog zu dem Vorhergehenden dürfte auch an dieser Stelle dem Gottesnamen das Epitheton "Herr der Fremdländer" gefolgt sein.

Ebenfalls in die Pyramidenzeit datieren zwei Relieffragmente aus dem Re^{c}-Heiligtum und dem Totentempel des Niuserre^{c} von Abu Ghurâb.
Bei dem ersten Beleg handelt es sich um ein Fragmentstück aus der großen Festdarstellung vom Türdurchgang des Korridors, der das Sonnenheiligtum des Niuserre^{c} umläuft[50]. Das Relief zeigt den König in der Umarmung mit einem Gott, der den Backenbart eines Asiaten trägt (t.II,Abb.1). Aufgrund des äußeren Erscheinungsbildes und des Blütenkranzes, der an das Stirnband des im Sahure^{c}-Totentempel dargestellten Gottes erinnert, wird der Gott aus dem Re^{c}-Heiligtum des Niuserre^{c} in der Literatur mit Sopdu identifiziert[51].

Auch bei dem von Borchardt seinerzeit nicht erkannten Gott hinter Anubis in einer Götterprozession aus dem Totentempel des Niuserre^{c}[52] handelt es sich um Sopdu. In seinem Äußeren unterscheidet sich der Gott in nichts von dem üblichen Erscheinungsbild ägyptischer Götter. Der asiatische Vollbart aus dem Sahure^{c}-Tempel und dem Sonnenheiligtum des Niuserre^{c} - falls es sich dort tatsächlich um eine Darstellung des Sopdu handelt - ist dem gewöhnlichen Götterbart gewichen, und statt der nach hinten herabfallenden Haare trägt der Gott die übliche Perücke ägyptischer Götter (t.II,Abb.2). Einzig und allein der Schesemet-Gürtel, der mit verschiedenen Göttern in Beziehung steht, in der Tracht des Sopdu aber bildlich bezeugt ist, ermöglicht eine Zuweisung an Sopdu.

In PM III,2 findet sich auf Seite 418 der Hinweis, daß vom Aufweg der Unas-Pyramide mehrere Blöcke stammen, auf denen unter anderem die Darstellung einer Götterprozession zu finden ist. Zu den dort abgebildeten Göttern sollen auch Anubis, Horus Bḥdtj, Thoth und Sopdu zählen. Leider sind auf der bei Rachewiltz[53] veröffentlichten Fotografie nur noch die Füße der Figuren zu erkennen. Die beigeschriebenen Götterreden sind zu fragmentarisch erhalten, als daß sie Hinweis auf die Identität der Gottheiten geben könnten.

In der Mastaba G1010 des Westfriedhofs von Gîza entdeckte Reisner im Jahre 1904 die Reste einer hölzernen Schreibtafel[54], die infolge der Bildungsweise der Orts- und Götternamen sowie der fein ausgeführten Tierzeichnungen allgemein der V. Dynastie zugewiesen wird[55].
Das Holz der Tafel ist nahezu vollständig zerstört; von dem beschrifteten Stucküberzug sind nur noch Bruchstücke erhalten geblieben. Das sorgfältig eingerahmte Schriftfeld unterteilt sich in mehrere Abschnitte von unterschiedlicher Größe, jeweils durch drei vertikale Linien voneinander abgegrenzt. Den Anfang bilden neun leere senkrechte Zeilen, die vermutlich für die Aufnahme eines Titels und eines daran anschließenden Textes vorgesehen waren. Der Mittelteil setzt sich aus mindestens 43 senkrechten Zeilen zusammen, die elf Gruppen von Königs-, Götter- und Ortsnamen umfassen. Mit Ausnahme der letzten Gruppe werden alle übrigen jeweils viermal wiederholt.
Insgesamt werden sechs Könige der II. bis V. Dynastie in chronologischer Abfolge aufgeführt, beginnend mit

dem dritten König der V. Dynastie und endend mit dem Begründer der II. Dynastie[56]. Daran schließen sich die Namen von rund 27 Göttern und 28 Orten, hinter denen sich vermutlich Totenstiftungen verbergen[57], an. Den Abschluß bildet eine Art "Musterbuch" mit verschiedenen Vogel- und Fischzeichnungen.
In diesem Zusammenhang sind die aufgeführten Götter von besonderem Interesse. Neben großen Gottheiten wie Osiris, Anubis, Thoth, Neith und Nechbet wird auch Sopdu genannt. Sein Name steht an dritter Stelle hinter denen des Sokar und des Anti.
Die Gründe für die hier getroffene Auswahl sind ebenso unklar wie die Frage einer eventuellen Verbindung der einzelnen Abteilungen miteinander. Wildung[58] versucht die Auswahl der Königs-, Götter- und Ortsnamen und deren vierfache Wiederholung damit zu erklären, daß diese als repräsentativ für ganz Ägypten besonders herausgestellt werden sollen.
Wahrscheinlicher klingt allerdings die Deutung von Helen Jacquet-Gordon[59], wonach zwischen den aufgelisteten Namen insofern eine Verbindung besteht, als es sich möglicherweise um Landgüter handelt, die an die Totenstiftungen der hier namentlich genannten Könige angeschlossen waren, und aus denen die Tempel der aufgeführten Gottheiten eventuell ihre Einkünfte bezogen.

V.3. Stiftungsgüter

In den Pyramidenanlagen und Gräbern hoher Würdenträger des Alten Reiches finden sich auf den Wänden die Namen von Stiftungsgütern verzeichnet, die dort durch männliche und weibliche Gabenträger personifiziert in langen Prozessionen erscheinen. Die Güterprozessionen sind von großer Bedeutung, da sie Hinweise auf die Topographie Ägyptens in der ältesten Zeit beinhalten, gleichwohl die genaue Lokalisierung der Domänen größtenteils zweifelhaft ist[60].

Der Name des Gottes Sopdu erscheint erstmals gegen Ende der V. Dynastie in zwei Stiftungsgutsnamen.

Der erste Beleg stammt aus dem Grab des Ptḥ-ḥtp(w) (Saqq. D62)[61], das wahrscheinlich der Regierungszeit des Königs Djedkare^{c} zuzuweisen ist. Unter den Stiftungsgütern Unterägyptens findet sich die Domäne  Mr-Spdw-K3k3j "Sopdu liebt König Kakai" aufgeführt[62]. Die Schreibung des Königsnamens in der Kartusche läßt erkennen, daß es sich um ein Dorf handelt, das von dem König Neferirkare^{c} (Kakai) gegründet worden ist[63]. Der Name des Gottes Sopdu im Gutsnamen deutet darauf hin, daß die Gründung für einen Tempel dieses Gottes vorgenommen wurde, d.h., daß die erwirtschafteten Erträge der Domäne Mr-Spdw-K3k3j für einen Tempel des Sopdu vorgesehen waren. Leider läßt der theophore Stiftungsgutsname keinen genaueren Schluß zu, als daß mindestens ein Sopdu-Tempel existierte, dem die Erträge der Domäne zugeführt wurden.

Ebenso ist man hinsichtlich der Lokalisierung des Stiftungsgutes auf Spekulationen angewiesen. Das Auftreten der Domäne Mr-Spdw-K3k3j unter den unterägyptischen Stiftungsgütern erhebt nur die Lage in der unterägyptischen Landeshälfte zur Gewißheit. Eine Lokalisierung im Bereich von Memphis, wie sie Gauthier in seinem geographischen Werk vornimmt[64], ist nur mit Vorbehalt möglich.

Zu den unterägyptischen Stiftungsgütern, die sich unweit der Eingangstür des Totentempels der Unas-Pyramide zu beiden Seiten des Aufweges neben den oberägyptischen Domänen aufgelistet finden, gehört auch das Dorf  Mr-Spdw-^{c}nḫ-Wnjs "Sopdu wünscht, daß Unas lebe"[65]. Auch über die Lage dieses Tempelgutes, das unter Unas eingerichtet wurde, sind keine genaueren Angaben möglich.

Nach der Quellenlage bleibt folgendes festzuhalten: Aus den theophoren königlichen Stiftungsgütern kann auf die Existenz mindestens eines Sopdu-Tempels geschlossen werden. Dieser Tempel muß demnach spätestens in der Regierungszeit des Königs Neferirkare^{c} (Kakai) aus der V. Dynastie existiert haben. Man darf jedoch die Möglichkeit nicht unberücksichtigt lassen, daß die Domäne Mr-Spdw-K3k3j mehr als nur einen Sopdu-Tempel versorgt haben kann.
Unter Unas wurde ein zweites Dorf namens Mr-Spdw-^{c}nḫ-Wnjs gegründet. Ungewiß ist jedoch, ob die Domäne Mr-Spdw-K3k3j noch zur Zeit des Unas existierte, oder ob diese bereits infolge Neuorganisation oder aus anderen, uns unbekannten Gründen bereits unter Unas, dem letzten König der V. Dynastie, aufgegeben worden war und aus diesem Grunde in der Liste vom Aufweg der Unas-Pyramide nicht mehr erscheint.

Auch andere große Götter des ägyptischen Pantheons tauchen erst im Verlaufe der V. Dynastie in Stiftungsgutsnamen auf, so beispielsweise Ptah, Hathor, Bastet, Anubis und Upwawet, um nur einige zu nennen. Das Fehlen dieser Götter in den Güteraufzügen der IV. Dynastie und der davorliegenden Zeit ist zum Teil zufällig bedingt, zum anderen sicherlich aber auch auf die schlechte Quellenlage jener Zeit zurückzuführen. Eine maßgebende Rolle nimmt zudem das Gottkönigtum der IV. Dynastie ein.
Die theophoren Stiftungsgutsnamen sind für die Religionsgeschichte des Alten Ägypten von besonderem Interesse, da sie wertvolle Hinweise auf die Kulte der genannten Götter während der ersten großen Hauptepoche der altägyptischen Geschichte geben.

Anmerkungen zu Kapitel V :

1 K.Sethe, Die altägyptischen Pyramidentexte, 4 Bde, Leipzig 1908-1922 (abgekürzt Pyr.); Cf. id., Übersetzung und Kommentar zu den altägyptischen Pyramidentexten, 6 Bde, Glückstadt 1935-62 (abgekürzt Pyr., Übers.); Cf. R.O.Faulkner, The Ancient Egyptian Pyramid Texts and Suppl. of Hieroglyphic Texts, Oxford 1958

2 A.Piankoff, The Pyramid of Unas (BS 40.5, 1968)

3 G.Jéquier, Le Monument funéraire de Pepi II, 3 Bde, Fouill.Saqq. 1929

4 G.Jéquier, La Pyramide d'Aba, Fouill.Saqq. 1935

5 G.Jéquier, op.cit.

6 G.Jéquier, Les Pyramides des Reines Neit et Apouit, Fouill.Saqq. 1933

7 G.Jéquier, op.cit.

8 Ḥr(w) d3tj dient als Bezeichnung des nächtlichen Sonnengottes. In Pyr.1207a scheint jedoch der Morgenstern als Ḥr(w) d3tj angesprochen zu sein. A.Volten, MDAIK 16 (1958), 346 setzt ihn mit Osiris gleich.

9 Möglicherweise bezeichnet z3b hier ganz allgemein den Schakal, es können mit z3b aber auch Anubis und Upwawet gemeint sein.

10 H.Junker, Der sehende und der blinde Gott (SBAW 1942, Heft 7)

11 K.Sethe, Urgeschichte und älteste Religion der Ägypter, Leipzig 1930, §§ 19, 66 Cf. H.Kees, Der Götterglaube im Alten Ägypten, Darmstadt 1980[4], 44 n.8; 140 n.4

12 R.R.Moftah, Die heiligen Bäume im Alten Ägypten Diss.Göttingen 1959, 36

13 R.Germer, Untersuchungen über Arzneimittel im Alten Ägypten, Diss.Hamburg 1979, 335-337; Cf. H.v.Deines/H.Grapow/W.Westendorf, Übersetzung der medizinischen Texte, in: Grundriß der Medizin IV, Berlin 1958; 2.Erläuterungen, Berlin 1958 und H.Grapow, Die medizinischen Texte in hieroglyphischer Umschrift autographiert, in: Grundriß der Medizin V, Berlin 1958

14 Edfou I, 334

15 H.O.Lange, Ein liturgisches Lied an Min (SPAW 1927), 331

16 Pyr., Übers. II, 248 (Pyr.456b)

17 Pyr. 456b; 994e; 1476c K.Sethe, op.cit., § 66 deutet den Beinamen ẖrj ksbt.f und den Namen des heiligen Bezirkes Ḥwt-nbs als Hinweis auf besondere Beziehungen des Sopdu zu einem unbekannten Baumkult.

18 Pyr., Übers. II, 302 (Pyr. 480d)
19 B.Grdseloff, ASAE 41 (1942), 207-217 zum Gott Dua; cf. auch H.Kees, op.cit., 109 und E.Otto, in: LÄ I, 1147
20 Pyr. 220c; 1833d
21 Die Dreifachsetzung des Baum-Determinativs deutet auf eine Pluralform hin.
22 Pyr., Übers. II, 248 (Pyr. 456c)
23 A.H.Gardiner, JEA 5 (1918), 222
P.E.Newberry, Šsm.t, in: FS Griffith, London 1932, 321
24 A.Erman, ZÄS 20 (1882), 204-205
25 Pyr. 342c; 450b; 528b; 983a; 987b; 1085c; 1136a; 1409a; 1431a; 2062b
26 Zu Ḥrw mstj cf. R.O.Faulkner, op.cit., 271,n.4
27 W.Schenkel, in: LÄ III, 23, 25 n.53
28 In Pyr. 330a(T) steht Ḥrw jmj d3t, während Ḥrw Spd(w) nach Pyr. 331a(T) gerückt ist.
29 Pyr., Übers. II, 14 (Pyr. 330b)
O.Neugebauer/R.A.Parker, Egyptian Astronomical Texts I, London 1960, 25 bemerken, daß die ältesten Schreibungen des Dekannamens Spdt ohne das Feminin-t geschrieben sind. Während archaische Texte das Feminin-t stets weglassen, wird es in den Texten des Alten Reiches häufig unterdrückt.
30 R.Anthes, ZÄS 102 (1975), 1-10
31 Ibid., 2, n.4
32 Z.Y.Saad, The Excavations at Helwan, Oklahoma 1969, 41-42; 118 (t.32)
33 P.Kaplony, Die Rollsiegel des Alten Reichs IIB (MonAeg 3B, 1981), t.41-44 (31) und ibid. IIA (MonAeg 3A, 1981), 120-121
34 Ibid. IIB, t.134 (K.u.147) und ibid. IIA, 503-504
35 Ibid. IIA, 504 übersetzt nb ḫ3swt mit "Herr der (östlichen) Fremdländer".
36 Inscr.Sinai I, t.III (7), VI (10)
RÄRG, 806
37 Borchardt, S'a3ḥu-re^c, Bl.12 (Hildesheim 1943, 1946, 1948); Berlin 2183)
38 Ibid., Bl.5 (Berlin 21782)
39 Borchardt, op.cit., 83 möchte in den Gottheiten Horus Bḥdtj und Asch bzw. Dedun wiedererkennen. Bei den Göttinnen können nach Borchardt sowohl Neith, Buto, Hathor als auch die Göttin des Westens in Betracht kommen.
40 Allgemeine Bezeichnung für die Feinde Ägyptens
41 Nomaden ("Troglodyten"), die die südöstliche Wüstenregion bewohnen. Vereinzelt sind sie auf der Sinai-Halbinsel und in der Arabischen Wüste zwischen Nil und Rotem Meer, größtenteils aber in Nubien anzutreffen. Im Totentempel des Sahure^c bezeichnen die Jwnwt Semiten.

42 Bezeichnung für die im Nordosten Ägyptens wohnenden asiatischen Stämme

43 RÄRG, 741

44 Borchardt, op.cit., Bl.8 (Berlin 21832)
F.W.v.Bissing, ZÄS 75 (1939), 38 vertritt entgegen Borchardt und Sethe die Ansicht, daß es sich um die Darstellung eines Sphingen und nicht um die eines Greifen handelt.

45 P.Boylan, Thoth-The Hermes of Egypt, London 1922, 184

46 Thoth fand erst sekundär, doch bereits zu Beginn der historischen Zeit, Eingang in das mittelägyptische Hermupolis magna, wo anscheinend ein Paviangott beheimatet war, dessen Kult frühzeitig in dem des Thoth aufging.

47 Inscr. Sinai I, t.III (7)

48 Borchardt, op.cit., Bl.5

49 Ibid., Bl.12

50 F.W.v.Bissing/H.Kees, Das Re-Heiligtum des Königs Ne-Woser-Re (Rathures) III, Berlin 1928, t.25 (387)

51 F.W.v.Bissing/H.Kees, op.cit., 44, n.4

52 Borchardt, Ne-user-re^{c}, 93 (Abb.71)

53 B.de Rachewiltz, Archivio Internationale di Etnografia e Preistoria II (1959), t.V (9)

54 G.Reisner, ZÄS 48 (1910), 113-114
H.Jacquet-Gordon, Les Noms des Domaines Funéraires sous l'Ancien Empire Égyptien (BdE 34, 1962), 259-263
D.Wildung, Die Rolle ägyptischer Könige im Bewußtsein ihrer Nachwelt I (MÄS 17, 1969), 39-40, 94-95, 194-195, 204, t.II-III

55 Der letztgenannte Königsname ist der des Neferirkare^{c} aus der V. Dynastie. Somit kann die Tafel frühestens in die Zeit dieses Königs datiert werden. Nur W.Helck, ZDMG 103 (1953), 355 n.3 zweifelt die Datierung in die V. Dynastie an.

56 Bei den genannten Königen handelt es sich um Djoser-Teti und Hetepsechemui (B(w)ḏ3(?)w). W.Helck hat die Namensform Bḏ3w als Verlesung der hieratischen Ligatur des im Urtext voll ausgeschriebenen Ḥtp im Königsnamen des Ḥtp-sḫm.wj gedeutet (cf. W.Helck, ZDMG 103 (1953), 355 n.3 und id., Untersuchungen zu Manetho und den ägyptischen Königslisten (UGAÄ 18, 1956), 12). Differenzierung und Ergänzung von G.Fecht, ZDMG 110 (1961), 118. Gegen Helcks Deutung haben sich D.Wildung, op.cit., 39-40 und J.v.Beckerath, Handbuch der ägyptischen Königsnamen (MÄS 20, 1984), 49 n.1 ausgesprochen.

57 H.Jacquet-Gordon, op.cit., 260-263
58 D.Wildung, op.cit., 39
59 H.Jacquet-Gordon, op.cit., 260
60 In diesem Zusammenhang sei noch einmal ausdrücklich auf die grundlegende Untersuchung von H.Jacquet-Gordon, Les Noms des Domaines Funéraires sous l'Ancien Empire Égyptien (BdE 34, 1962) verwiesen.
61 PM III², 596-598
62 H.Jacquet-Gordon, op.cit., 384 (24)
B.Begelsbacher-Fischer, Untersuchungen zur Götterwelt des Alten Reiches (OBO 37, 1981), 279
63 Güter und Dörfer werden in der Schreibung dadurch kenntlich gemacht, daß der Königsname der Gutsbezeichnung in das Schriftzeichen ḥwt eingeschrieben ist, während die Dörfer den Königsnamen in der Kartusche tragen.
64 Gauthier, DG III, 53
65 H.Jacquet-Gordon, op.cit., 171 (13)
Gauthier, op.cit., führt diese Domäne nicht auf.

VI. SOPDU IM MITTLEREN UND NEUEN REICH

VI.1. Mittleres Reich

Unter der Regierung Sesostris' II. erscheint Sopdu im Wâdi Gasûs, nördlich von Qusêr am Roten Meer gelegen. Es handelt sich dabei um den ersten gesicherten Beleg für das Auftreten des Gottes in Oberägypten, da sich die Zeugnisse früherer Zeiten im memphitischen Raum konzentrieren. Erst in der XII. Dynastie, genauer gesagt seit Sesostris II., findet sich Sopdu außerhalb dieser Region in el-Lahûn, im Wâdi Gasûs und auf der Sinai-Halbinsel bezeugt. Was Ägypten selbst anbetrifft, so ist damit eine Nord-Süd-Tendenz in der Belegliste für den Gott Sopdu sinnfällig (theophore Eigennamen und Titel mit inbegriffen)[1].

Bereits seit vorgeschichtlicher Zeit existierte ein Karawanenweg, der von Koptos aus durch das in west-östliche Richtung verlaufende Wâdi Hammamât zum Wâdi Gasûs am Roten Meer führte. Von dort aus nahmen ägyptische Schiffahrtsexpeditionen Kurs auf das Weihrauchland Punt und die Sinai-Halbinsel. Zahlreiche Graffiti kennzeichnen die alten Karawanenwege. Verlassene Bergwerke und Steinbrüche, alte Arbeitersiedlungen und Brunnenanlagen bekunden neben Tempelruinen die Aktivität der Alten Ägypter im Wâdi Hammamât. Ihr besonderes Interesse galt vornehmlich den reichen Gold- und Halbedelsteinvorkommen sowie den Granitsteinbrüchen.

Zu den Funden aus dem Wâdi Gasûs zählen zwei Stelen aus der XII. Dynastie. Die eine datiert in das Jahr

28 Amenemhets II. und ist den Göttern Haroeris-Re^{c} und Min von Koptos geweiht[2].

Von besonderem Interesse ist die zweite Stele, die des Ḫnmw-ḥtp(w) aus dem Jahr 1 Sesostris' II. (t.III)[3].
Die Stele unterteilt sich in zwei Register. Im oberen Teil des Denkmals findet sich unter dem Bild der geflügelten Sonnenscheibe Sesostris II. vor einem Gott stehend abgebildet.
Das untere Register zeigt am linken Bildrand den Steleninhaber in kleiner Gestalt, vor dem noch der Titel sḏ3wtj-nṯr zu erkennen ist. Den Rest des Registers füllt eine mehrzeilige Inschrift aus, die den Namen des Steleninhabers und dessen Titulatur wiedergibt. Eine waagerechte Textzeile, die der zuvor genannten Inschrift vorangestellt ist, benennt Datum und Aufstellungsort des Gedenksteines mit "Jahr 1, Aufstellen seines Denkmals im Gottesland" (t3-nṯr)[4].

Für die vorliegende Untersuchung ist der im oberen Rund dargestellte Gott, der dem König das lebensspendende ^{c}nḫ-Zeichen darreicht, von besonderem Interesse.
Die Beischrift weist den Gott eindeutig als Sopdu aus. Wie bereits im Totentempel des Sahure^{c}[5], so tritt uns der Gott auf der Wâdi Gasûs-Stele ebenfalls in anthropomorpher Gestalt entgegen und trägt den Schesemet-Schmuck über seinem Schurz. Der offenbar spitz zulaufende Bart verleiht dem Gott ein fremdländisches Aussehen. Als Epitheta sind Sopdu die Titel nb j3btt "Herr des Ostens" und nb t3-Šzmt "Herr des Schesemet-Landes" beigegeben.

Die Stele des Ḫnmw-ḥtp(w) stellt den einzigen Beleg für das Auftreten des Sopdu als nb t3-Šzmt dar. Auf keinem anderen Denkmal früherer oder späterer Zeit führt Sopdu dieses Epitheton.

Da das Schesemet-Land bereits in Pyr. 456b-c im Zusammenhang mit Sopdu genannt wird, lokalisiert man diese Region im Osten Ägyptens[6]. Gardiner[7] geht sogar noch einen Schritt weiter und deutet Schesemet als den ursprünglichen Namen der Sinai-Halbinsel, nach dem als sekundäre Entwicklung das dort abgebaute Schesemet-Mineral und der gleichnamige Gürtel ihren Namen erhalten haben sollen.
Folgt man Gardiners These[8], dann ließe sich das Erscheinen des Sopdu am Roten Meer dadurch erklären, daß dort der Ausgangspunkt der Expeditionen zur Sinai-Halbinsel lag, wo der Name des Gottes vielfach auf den Denkmälern des Mittleren und Neuen Reiches bezeugt ist. Wenn aber die Beziehungen des Sopdu zur Sinai-Halbinsel mit der ursprünglichen Bezeichnung Šzmt und zum Schesemet-Schmuck tatsächlich so eng sind wie Gardiner in seiner Untersuchung ausführt, dann verwundert es umso mehr, daß Sopdu nicht öfter am Roten Meer als Ausgangspunkt der Sinai-Expeditionen bezeugt ist und auf keinem einzigen Sinai-Denkmal das Epitheton nb t3-Šzmt oder den Schesemet-Schmuck trägt. Daher muten Gardiners Darlegungen zum Schesemet-Land sehr zweifelhaft an.

Die Stele aus dem Wâdi Gasûs gewinnt aber nicht nur durch das Erscheinen des Sopdu als nb t3-Šzmt, sondern vor allem durch das Epitheton nb j3btt an Bedeutung. Unter Sesostris II. findet sich Sopdu erstmals als Herr des Ostens bezeugt, während ihn die Denkmäler der IV. und V. Dynastie - mit Ausnahme der Pyramidentexte - als nb ḫ3swt bezeichnen[9]. Ein direkter Bezug zum Osten wird jedoch nachweislich erst unter Sesostris II. hergestellt. In der Regierungszeit dieses Königs findet sich Sopdu auch erstmals auf der Sinai-Halbinsel bezeugt[10].

Der Titel nb ḫ3swt begründet in erster Linie das Erscheinen des Sopdu am Roten Meer. Im Wâdi Gasûs taucht er als Schutzpatron des Ostens neben Min auf. Diesem obliegt als Herr der Ostwüste zugleich die Wacht über die östlichen Karawanenwege[11]. Doch während Min seit Phiops I. durchgehend bis in griechisch-römische Zeit im Wâdi Hammamât bezeugt ist, taucht Sopdu nur ein einziges Mal in diesem Gebiet auf. Warum Sopdu nur auf einem Denkmal für die Region am Roten Meer bezeugt ist, muß letztendlich unbeantwortet bleiben.

In einer Inschrift aus dem Grab des Gaufürsten Ḏf3j-ḥꜥpj bei Asjût, der unter Sesostris I. in seinem Amte tätig war, taucht der Name des Sopdu wiederum neben dem des Gottes Thoth im Zusammenhang mit einer Konsekrationsformel auf. Die niedergeschriebenen Verfluchungen richten sich an all diejenigen, die sich an dem Grab des Ḏf3j-ḥꜥpj vergehen - all diese " ... verfallen dem Wüten des Thoth und des Sopdu, die unter den Göttern sind etc."[12]. Im Anschluß folgen weitere Drohungen.

Seit dem Alten Reich werden Sopdu und Thoth des öfteren gemeinsam auf Denkmälern genannt, resultierend aus dem kriegerischen Wesen, das beiden Göttern eigen ist. In den bereits an anderer Stelle ausführ-

lich behandelten Reliefs aus dem Totentempel des Sahure^{c} erscheinen beide Götter als nb ḫ3swt[13]. In dieser Funktion finden sich beide Gottheiten dann auch gemeinsam auf einem Denkmal aus Serâbîṭ el-Châdim bezeugt[14].
In der Grabinschrift des Gaufürsten Ḏf3j-ḥ^{c}pj tritt der kriegerische Charakter der beiden Götter deutlich hervor.

In einem Text mythologischen Inhalts kommt dagegen der beschützende Aspekt des Sopdu zum Tragen. Bei der Inschrift handelt es sich um den sogenannten "Nefertem-Hymnus"[15]. Obwohl der im Mittelpunkt stehende Gott nirgends direkt mit Namen genannt ist, hat Kees in diesem aufgrund der eingehenden Charakterisierung den Gott Nefertem wiedererkannt[16]. Aus späterer Zeit sind mehrere Varianten dieses dem Sargspruch 660[17] sehr nahestehenden Textes überliefert. Als Paralleltexte sind in chronologischer Abfolge zu nennen:

<u>XVIII. Dyn.</u>

- 2 Paralleltexte aus der südlichen Opferhalle des Hatschepsut-Tempels in Dêr el-Bâhari[18]
- Grab des Pwj-m-R^{c} (TT 39)[19]

<u>XXVI. Dyn.</u>

- Grab des Jbj (TT 36)[20]
- Steinplatte aus Horbeit[21]

Das älteste und zugleich auch einzige Textbeispiel des Mittleren Reiches stellt der Sarkophag des Ssnb-n.f aus Lischt dar. Dieses Stück findet sich bei Gauthier und Jéquier, Fouilles de Licht[22] veröffentlicht. Der Text ist bedauerlicherweise in sehr fragmentarischem Zustand erhalten. Das altertümliche Vokabular, das den Text charakterisiert, sowie sprachliche Kriterien führten Kees zu dem Schluß, die Textvorlage zu diesem Hymnus in das Alte Reich zu datieren.

Der Text gliedert sich in mehrere Abschnitte. Im ersten Teil dienen aneinandergereihte Appositionen zur Charakterisierung des Gottes. Dieser wird namentlich nicht aufgeführt; die Beschreibung trifft jedoch eindeutig auf Nefertem zu, von dem es heißt[23]:

> "Der gewachsen ist aus dem Leib dieser ehrwürdigen Feldgöttin[24], die der Leib des Ostens[25] ist, die Gehilfin des Anti, die Sopdu, den Herrn des Ostens behütet, die an Bord des Schiffes des Osiris ist ..."

Des weiteren wird über diesen Gott ausgesagt[26]:

> "Über den die beiden Herren des Ostens (scil. Anti und Sopdu) ihre Arme verschlungen halten ..."

Die Auswertung der zitierten Textstellen läßt folgendes Bild entstehen: Der junge Gott (scil. Nefertem) ist aus der Feldgöttin entsprossen und wächst nunmehr als Pflanze im Osten auf. Dort ist er dem Schutz der beiden Götter des Ostens, Anti und Sopdu, unterstellt.
Somit vereint Sopdu neben seiner kämpferischen Natur zugleich die eines Beschützers in sich. Als Herr des

Ostens wehrt er nicht nur die im Osten eindringenden Feinde ab, sondern ihm obliegt zugleich die Wacht über die Ostgrenze Ägyptens. Der beschützende Aspekt läßt Sopdu in dem Hymnus zum Beschützer des jungen Gottes Nefertem werden, der durch seine enge Bindung an den Osten zugleich solare Züge aufweist.

Aus verwandtem Vorstellungskreis stammt ein Text, der auf den Sarkophagen Kairo CG 28028 und 28029[27] überliefert ist. Beide Särge stammen aus Qurna und dürften der XII. Dynastie zuzuweisen sein. Wiederum stehen der kriegerische und der beschützende Aspekt des Gottes gleichermaßen nebeneinander. Die betreffende Belegstelle auf dem Sarkophag Kairo CG 28028 lautet in Übersetzung:

> "Zu dir kommt dein Schutz (gs-dpt)[28], dein Sohn Sopdu, spitz an Zähnen (spd jbḥw)[29], indem er den gefangenhält, der gegen dich in der Wüste (zmj̓t) des Ostens gehandelt hat ..."

Im Mittleren Reich findet Sopdu auch Zugang zu literarischen Werken. Als Beleg ist die Erzählung des Palastbeamten Sinuhe[30] zu benennen, die zu den beliebtesten Literaturwerken des Mittleren und Neuen Reiches gehörte, wie die zahlreichen Abschriften auf Papyri und Ostraka aus jenen Zeiten bekunden. Obwohl die Erlebnisse, die dem Helden der Geschichte auf seiner abenteuerlichen Flucht nach Asien widerfahren, in den Vordergrund gerückt sind, so darf darüber jedoch der Wert dieser Erzählung als zeitgenössisches Dokument der innen- und außenpolitischen Lage Ägyptens zu jener Zeit nicht außer acht gelassen werden.

Der Inhalt der Sinuhe-Geschichte darf als bekannt vorausgesetzt werden, so daß es einer Wiedergabe der Ereignisse, die die Flucht des Sinuhe nach Asien begleiten und seiner späteren Rückkehr nach Ägypten nicht bedarf.

Ein Abschnitt innerhalb dieses Hauptwerkes ägyptischer Erzählkunst par excellence trägt die Überschrift "Abschrift des Antwortschreibens auf diesen Erlaß" und nimmt Bezug auf die Aufforderung des Königs, daß Sinuhe nach Ägypten zurückkehren möge.
Den Anfang des Briefes bildet eine Eulogie auf den regierenden König Sesostris I. Im Anschluß an die üblichen Königstitel folgt eine Götteraufzählung, die den Wortlaut hat[31]:

> " ... geliebt von Re^{c}, gelobt von Month, dem Herrn von Theben, von Amun,dem Herrn der Throne der beiden Länder, von Sobek-Re^{c}, von Horus, von Hathor, von Atum und seiner Neunheit, von

, von der Herrin von Jm<ḥ>t[32], die sich mit deinem Haupt vereinigt (scil. Uto), von dem Götterkollegium über der Flut, von Min-Horus, der in den Fremdländern befindlich ist, von der Großen, der Herrin von Punt (scil. Hathor), von Nut, von Haroeris-Re^{c} sowie von allen Göttern von Ägypten und von den Inseln[33]. Sie mögen dir geben etc. "

Bereits Lefebvre[34] hatte den systematischen Aufbau der Götterliste herausgestellt. Die von ihm vorgeschlagene Unterteilung wurde in den siebziger Jahren dieses Jahrhunderts von Yoyotte[35] - und nachmals von anderen Ägyptologen, die zu differenten Ergebnissen gelangten - überarbeitet. Yoyotte unterteilt den Text Sinuhe B206-211, der sich der Anrufung des Sonnengottes Re^{c} anschließt, in zwei Abschnitte:

I.
- thebanische Götter (Month und Amun)
- die Lokalgötter Sobek von Semenu[36], Horus und Hathor von Gebelên
- die heliopolitanische Neunheit mit Atum an der Spitze

II.
- Repräsentanten verschiedener Länder, denen Sesostris I. seine Herrschaft über umliegende Länder verdankt und die stellvertretend für das Universum in seiner Gesamtheit stehen

Unter den zu Gruppe II gehörenden Göttern werden die Namen des Spdw, Nfr-b3w, Smsrw und Ḥrw j3btj wiedergegeben (B208). Hinter jede Gottesbezeichnung hat der Schreiber das Gottes-Determinativ gesetzt.
Diese Textstelle hat in den Kommentaren zu der Sinuhe-Geschichte vielerlei Diskussionen hervorgerufen. Viele Kommentatoren wollen die Gruppe als Name eines einzigen Gottes in seinen verschiedenen Aspekten verstanden wissen[37], während andere Wissenschaftler sich für drei oder gar vier Götter aussprechen[38].

Dem Eigennamen des Gottes folgt die Gottesbezeichnung Nfr-b3w, die ganz evident ein Beiname des Sopdu ist und sich nur an dieser Textstelle belegt findet.

Die Gottesbezeichnung Smsrw findet sich vereinzelt als Beiname des Sopdu bezeugt. Als Belegstellen sind zu benennen:

a) Sinuhe B 208 — 

b) Inscr.Sinai 198[39] (Tuthmosis III.) — 

c) Abydos[40] (Ramses II.) — Sopdu, der 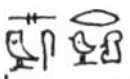 Asiens, indem er die Haarschöpfe der Mnṯ(j)w ergreift

d) Naos von Ṣafṭ el-Ḥenna[41] (Nektanebis) — 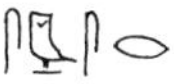

e) Dendera[42] — Sopdu, 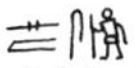 , der Asien schlägt

f) Esna[43] — Sopdu  ... , der die Wüstenländer der Mnṯ(j)w schlägt

Die Belege aus Abydos, Dendera und Esna weisen Smsrw eindeutig als Beinamen des Sopdu aus. Dabei ist die Gottesbezeichnung gelegentlich als Smsw "Ältester" mißverstanden worden (oAshmolean-Museum, Dendera, Esna).
Auch bei der auf dem Naos von Ṣafṭ el-Ḥenna abgebildeten Statue mit der Beischrift Smsr handelt es sich zweifellos um eine der vielen Statuen, die

Nektanebis in den Tempel von Ṣafṭ el-Ḥenna geweiht hat und Sopdu in seinen verschiedenen Erscheinungsformen zeigen.
In Inscr.Sinai 198 wird Tuthmosis III. mit Smsrw verglichen. Obwohl der Eigenname des Sopdu fehlt, ist davon auszugehen, daß die Gottesbezeichnung Smsrw auch hier als Beiname des Sopdu aufzufassen ist.
Dem Namen Smsrw sind gelegentlich Appositionen wie "der die Asiaten (Mnṯ(j)w) schlägt" oder "der Asien schlägt" beigefügt. Diese spiegeln den kriegerischen Aspekt wider, der dieser Bezeichnung zugrunde liegt.

Nachdem nun Gardiners[44] Ableitung der Gottesbezeichnung Smsrw vom Namen des auf Inscr.Sinai 1[45] dargestellten Königs durch Černýs[46] Neulesung dieses Namens als Sḫm-ẖt hinfällig geworden ist, gewinnt die von Kees[47] vorgeschlagene Deutung an Tragweite, wonach Smsrw von z(3) m zrw(j) "Riegel am Widdertor" abzuleiten ist. Dieses Tor wird bereits in den Pyramidentexten erwähnt und gilt dort ganz allgemein als mythisches Tor zur Abwehr der Fremdländer. Während das Tor in den ältesten Fassungen die Untertanen abhält[48], dient es in den jüngeren Varianten zur Abwehr von Libyen und der Fenchu[49]. Letztere bezeichnen die Phöniker, stehen in diesem Zusammenhang jedoch für die asiatischen Völkerschaften schlechthin.

In späterer Zeit ist die ursprüngliche Bedeutung von z(3) m zrw(j) nicht mehr verstanden worden und wurde als etwas, das zur Abwehr der Fremdländer diente, auf Sopdu übertragen. Dieser führt auf den ältesten Denkmälern das Epitheton "Herr der Fremdländer". Die Übertragung der Bezeichnung Smsrw, die anfangs nichts mit Sopdu zu tun hatte, muß im Mittleren

Reich erfolgt sein. Der lautliche Wandel von z (z(3) m zrw(j)) > s (Smsrw) deutet darauf hin, daß die Übertragung im Mittleren Reich, wenn nicht sogar bereits gegen Ende des Alten Reiches, stattgefunden hat[50]. Als Sopdu diesen Beinamen erhielt, ist die ursprüngliche Bedeutung der Bezeichnung schon nicht mehr verstanden worden.

Da sowohl Kees als auch Gardiner darauf hinweisen, daß in dem Beinamen Smsw bzw. Smsmw lediglich ein spätes Mißverständnis für Smsrw vorliegt, hat der Beiname dort, wo er nicht im Zusammenhang mit Sopdu auftritt, tatsächlich die Bedeutung "der Älteste", wie beispielsweise in der Verbindung Ḥrw Smsw[51].

Das vierte Element der Wortgruppe in Sinuhe B 208 möchte ich nicht als einen Beinamen des Sopdu deuten, da dieser erst in der Spätzeit als Ḥrw j3btt[52] bezeugt ist. Demzufolge ist die Gruppe in Spdw-Nfr-b3w-Smsrw und Ḥrw j3btj zu unterteilen. Aufgrund der seit alters engen Verbindung von Horus und Sopdu werden in der Sinuhe-Geschichte beide Götter nebeneinander genannt. Beide gelten als Kriegsgottheiten und stehen insofern mit den Fremdländern, gegen die Sesostris I. Feldzüge unternommen hat, in Beziehung.

VI.2. Neues Reich

In die Ramessidenzeit datiert ein Brief, der eine Eulogie auf Memphis und seine Götter umfaßt (pSallier IV vso 1,3-2,2)[53]. Die Absenderin, eine Sängerin der Hathor, Herrin der südlichen Sykomore, namens Sty-k3w, bittet in diesem Brief verschiedene Gottheiten einheimischer und fremdländischer Herkunft um ihre Gunstbezeigung.

Neben den Göttern Re^{c}, Amun-Re^{c}, dem Herrn der Throne der beiden Länder, dem großen Widder von Pry-nfr[54], und den Totengöttern Osiris und Anubis werden darüber hinaus vor allem der Hauptgott von Memphis, Ptah-südlich-seiner-Mauer und Sachmet, Herrin von ^{c}nḫ-t3.wj (scil. Memphis) angerufen. Beide Gottheiten erscheinen mehrfach unter ihren diversen Lokaltiteln. Ferner finden in der Götterliste die bekanntesten semitischen Götter Berücksichtigung,darunter Ba'alat, die Hauptgöttin von Byblos, die syrische Göttin Qadesch und der syrisch-palästinensische Gott der Seefahrt, Ba'al-Sapan. Seit der Zeit Amenophis' II. ist der Ba'al-Kult in Prw-nfr, der Hafenstadt von Memphis und Ausgangspunkt der asiatischen Unternehmungen, inschriftlich bezeugt[55]. Bereits in der Hyksoszeit haben semitische Götter mit dem wachsenden Zustrom asiatischer Bevölkerungselemente in das Ostdelta in Ägypten Fuß fassen können. Dort fanden sie alsbald infolge Angleichung und Vermischung mit einheimischen Göttern Zugang zum ägyptischen Pantheon. Es ist naheliegend, daß Prw-nfr - und somit auch Memphis selbst - als Hafenstadt und internationaler Umschlagplatz fremden Einflüssen gegenüber aufgeschlossen und alten Traditionen nicht so eng verbunden war, so daß dort ausländische Gottheiten eher Aufnahme fanden als anderenorts. Daher nimmt es nicht weiter wunder, wenn in pSallier IV vso 1,3-2,2 neben ägyptischen Göttern auch solche aus dem syrisch-palästinensischen Raum angerufen werden. Unter den genannten Göttern findet sich auch Sopdu bezeugt (pSallier IV vso 1,6). Die Nennung im Zusammenhang mit semitischen Göttern kann jedoch nicht als Kriterium für die fremdländische Herkunft des Gottes geltend gemacht werden, denn im Fortgang der Eulogie folgen die Namen ägyptischer Götter (Ptah, Hathor, Sobek etc.).

Aus dem Brief der Sty-k3w geht die Lage der Kultstätten der angerufenen Gottheiten nicht immer hervor. Dort, wo dies geschehen ist, weisen die Beinamen auf Memphis und Prw-nfr hin[56]. Somit liegt der Schluß nahe, daß die ohne Titel aufgeführten Gottheiten ebenfalls mit den genannten Örtlichkeiten in Zusammenhang standen und dort einen Kult besaßen. Darauf verweist auch der Schluß der Aufzählung " ... alle Götter und Göttinnen, die in der Umgebung (sw3w) von Memphis sind". Ob es sich dabei um einen eigenständigen Kult oder um einen Gastkult im Ptah-Tempel von Memphis handelte, bleibt ungewiß. Was den Gott Sopdu anbetrifft, so deutet der Beleg in pSallier IV vso 1,6 darauf hin, daß er in Memphis oder in dessen unmittelbarer Umgebung verehrt wurde.

Die Inschriften auf dem Würfelhocker des Mn(w)-msjw (XVIII. Dynastie/Tuthmosis III.) aus Medâmûd[57] stellen gleichfalls eine Verbindung zwischen Sopdu und Memphis her. In einem Textabschnitt rühmt sich Mn(w)-msjw unter anderem, daß der König ihn mit der Leitung der Restaurierungsarbeiten in den Tempeln betraut habe. Die Inschrift fährt fort mit der Benennung der Götter, in deren Tempeln Arbeiten dieser Art unter Leitung des Mn(w)-msjw durchgeführt wurden. Die Auflistung der Gottheiten und ihrer Kultorte erfolgt von Süd nach Nord, von Theben bis zum Libanon, falls in Zeile 23 tatsächlich Byblos als Kultort der Hathor genannt war. Unter den aufgeführten Göttern, bei denen es sich durchweg um einheimische Gottheiten handelt, findet sich auch Sopdu, der Herr von  J3ty-Spdw "die beiden Stätten des Sopdu" genannt. Nach dem Kontext der Inschriften bedeutet das aber nichts anderes, als daß in der Örtlichkeit J3ty-Spdw ein Tempel des Sopdu gelegen war, in dem Mn(w)-msjw auf Anweisung Tuthmosis' III. Restaurierungsarbeiten durchführen ließ. Da die Liste die jeweiligen Tempel von Süd nach Nord benennt und Sopdu, den Herrn von J3ty-Spdw zwischen Bastet, der Herrin von ^{c}nḫ-t3.wj und Horus, dem Herrn von Letopolis aufführt, muß der Ort folgerichtig zwischen Memphis und Letopolis zu lokalisieren sein. Daß in der memphitischen Gegend ein Kult bzw. eine Kultstätte des Sopdu gelegen war, wurde bereits in pSallier IV vso 1,6 angedeutet und findet in den Inschriften des Würfelhockers aus Medâmûd nochmals Bestätigung.

Der Ort J3ty - allerdings ohne den Gottesnamen als Zusatz - taucht noch in zwei Dokumenten späterer Zeit auf (cf.p.259).
Der erste Beleg findet sich auf dem Sarkophag des Ḥp-mnw, genannt J^{c}ḥ-msjw[58] aus der XXX. Dynastie(?). Dieser hat neben dem Amt eines "Priesters des Sopdu in J3ty" auch das eines "Priesters der Götter im Tempel des Sopdu in J3ty" inne. Die beiden aufgeführten sakralen Ämter des Ḥp-mnw lassen keinen

Zweifel daran, daß in J3ty noch in der Spätzeit ein Tempel des Sopdu existierte, in dem auch andere Götter einen Gastkult genossen.

Der zweite Beleg stammt aus einem Ritualbuch für den Osiris-Tempel von Abydos[59] aus der Ptolemäerzeit. Der Papyrus berichtet von dem Sieg über Seth und richtet sich unter anderem an die aus den vier Himmelsrichtungen kommenden Feinde. Als Schutzgottheit sowohl für den Westen[60] als auch für den Osten[61] wird Sopdu benannt. In Abschnitt 5 heißt es:

> "Wenn du aus dem Westen kommst,
> dann wehren dich ab [die Götter des Westens]:
> Ha, der große (Gott), der Herr des Westens,
> (und) Sopdu, der Herr des Ostens in J3ty,
> der große Gott, der an der Spitze von Ḥwt-bjk
> (scil. Edfu ?)[62] ist.
>
> Wenn du aus dem Osten kommst,
> dann wehren dich ab [die Götter des Ostens]:
> Sopdu, der Herr des Ostens, der große Gott,
> der die Fremdländer schlägt und die Asiaten
> niedertritt,
> die Macht des Ostens, Horus des Ostens ..."

Das überkommene Textmaterial bezeugt einen Kultort des Sopdu namens J3ty-Spdw/J3ty, der spätestens seit Tuthmosis III. existierte und bis in die griechische Zeit fortbestand. Der dortige Tempel, der dem Sopdu zu Ehren errichtet worden war, diente anderen, nicht namentlich bezeugten Göttern als Kultstätte. Der Ort war zwischen Memphis und Letopolis gelegen; eine genauere Lokalisierung ist nach dem derzeitigen Stand der Forschung nicht möglich. Sauneron[63] lokalisiert J3ty-Spdw/J3ty am westlichen Wüstenrand zwischen Gîza und Letopolis und sieht in diesem einen Grenzort zur Abwehr libyscher Eindringlinge. Die von ihm vorgeschlagene Identifikation dieses Ortes mit Ṣafṭ el-Laban ist jedoch nicht länger aufrechtzuerhalten, da sich Ṣafṭ aus dem Koptischen COBT herleitet[64], das der ägyptischen Etymologie sbtj "Mauer, Befestigung"[65] entspricht. Demnach steht Ṣafṭ el-Laban in keinerlei Zusammenhang mit J3ty-Spdw/J3ty.

Eine Stele aus dem Jahr 2 Amenophis' III.[66] legt ebenfalls Zeugnis von der Existenz eines Kultortes des Sopdu im memphitischen Raum ab. Drei der vier auf dem Denkmal dargestellten Gottheiten sind eindeutig als Anubis, Werethekau und Hathor zu identifizieren. Über die Zuweisung der die Reihe anführenden Gestalt herrscht jedoch Uneinigkeit in der Literatur. Auf der von Vyse[67] beigegebenen Umzeichnung sind Beischrift und die ursprünglich konisch zulaufende Kopfbedeckung des Gottes größtenteils weggebrochen. Ebenso fremdländisch wie der Kopfschmuck mutet das knielange Trägergewand des Gottes an. Vyse glaubt in dieser Gestalt den Gott "Moui(?), the lord of the east" wiederzuerkennen. Allerdings ist ein Gott dieses Namens der ägyptischen Religionsgeschichte fremd. Bei Lepsius[68] findet sich der Gott eindeutig als Sopdu ausgewiesen. Er trägt die charakteristische Doppelfederkrone und den gewöhnlichen Götterschurz. Die beigeschriebene Inschrift liest Lepsius 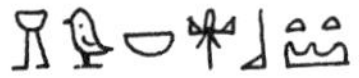 . Offenbar handelt es sich bei der Wiedergabe um eine Verlesung, die sich nur so erklären läßt, daß Lepsius die seinerzeit noch erhaltenen Seiten des Dorns als  gedeutet und zu 

vervollständigt hat. Man darf wohl mit Daressy[69] und Helck[70] den Gottesnamen an der fraglichen Stelle mit  wiedergeben. Demnach ist auch die Identifikation des ersten Gottes als gesichert anzusehen.

Es stellt sich nunmehr die Frage, warum gerade diese vier Gottheiten auf der Ṭura-Stele Amenophis' III. erscheinen.
Anubis besaß in Oberägypten mehrere Kultorte und galt als Gaugottheit des XVII. oberägyptischen Gaues. Zudem bestanden verschiedene Anubis-Kulte im memphitischen Raum, wo er unter dem Kultnamen "Anubis, der Herr des Geländes" (nb sp3)[71] verehrt wurde. Vermutlich griff der Anubis-Kult auch auf die Ostseite des memphitischen Gaues über und erklärt das Auftreten des Gottes als nb sp3 auf dem in Rede stehenden Denkmal.
Werethekau, deren Name sinngemäß mit "die Zauberreiche" wiederzugeben ist, kann in ihrer Eigenart als Personifikation der Zauberkraft an verschiedene wilde und gefährliche Göttinnen angeglichen werden. In unserem Beispiel nimmt Werethekau die Stelle der memphitischen Göttin Sachmet ein. Die Verbindung der Werethekau mit dieser Göttin tritt durch ihr Erscheinen als löwenköpfige Göttin mit Papyrusszepter ganz offenkundig hervor.
Auch Hathor wurde unter dem Titel "Herrin der südlichen Sykomore" in Memphis verehrt. Sie ist allerorts dort anzutreffen, wo Rohstoffe gewonnen werden, so auch im Steinbruchgebiet von Ṭura. Auf der Ṭura-Stele führt Hathor den Beinamen nb(t) Sḫt-R^{c} "Herr(in) des Feldes des Re^{c}". Sḫt-R^{c} ist der Name des Sonnenheiligtumes des Sahure^{c}, das in der Nähe von Abusîr gelegen war. Es galt als dem Re^{c} und der

Hathor geweiht. In diesen Kreis memphitischer Gottheiten reiht sich Sopdu ein.

In diesem Zusammenhang ist eine Muschelinschrift von besonderem Interesse, die sich während der Ausgrabungsarbeiten in Heliopolis (1903-1906) unter Leitung von Schiaparelli fand[72]. Janssen[73], dem der Hinweis auf diesen Beleg entnommen ist, datiert das Stück in das Neue Reich. Scamuzzi liest die kurze, linksläufige Inschrift  "Gefunden im Süden (im) Steinbruch (jkjw)[74] des Sopdu[75] durch den Gottesvater Ṯ3j-nfr".
Der Fundort Heliopolis könnte Hinweis darauf geben, daß es sich bei jkjw[76] um ein auf dem östlichen Nilufer gelegenes Steinbruchgebiet handelt, zum Beispiel um das des Gebel el-Aḥmar oder das von Ṭura. Da Sopdu auf der Ṭura-Stele Amenophis' III. genannt ist, wird vermutlich letzteres zutreffender sein.

In Unterägypten findet sich Sopdu nicht nur im memphitischen Raum zur Zeit des Neuen Reiches bezeugt, sondern er kommt ebenfalls auf einem Pfeiler Ramses' II. aus Tanis[77] vor, der zusammen mit einem weiteren Pfeiler desselben Königs in der Nähe des Sanktuars im Großen Tempel aufgefunden wurde. Die Stücke werden, wie alle ramessidischen Funde in Tanis, aus der Ramsesstadt stammen. Der Pfeiler umfaßt 16 Szenen, die den König bei der Vollziehung des Opfers vor verschiedenen Göttern zeigen. Unter den dargestellten Hauptgottheiten des ägyptischen Pantheons, darunter Re^{c}, Ptah, Chnum, Geb, Schu und Seth, befindet sich auch Sopdu. Er trägt den Titel "Sopdu, der Gute, die Macht (b3) des Re^{c}"[78]. Durch dieses

Epitheton vollzieht sich die Angleichung an den Sonnengott, und es trägt Sopdu einen solaren Aspekt zu. Auf dem Pfeiler Ramses' II. erscheint Sopdu neben den bedeutendsten Göttern Ägyptens.

Die Grenzstele vom Gebel Murr (Ismailia 2757)[79] ist gleichfalls Ramses II. zuzuweisen. Dieses Denkmal gehörte vermutlich zu einer Anzahl von Grenzstelen, die entlang des alten Pharaonen-Kanals aufgestellt waren.
Die Inschriften auf Vorder- und Rückseite sowie auf den beiden Seiten der Stele sind bis auf wenige Überreste größtenteils verschwunden. In der rückwärtigen Inschrift ist unter anderem der Name des Gottes Ba'al zu lesen.
Im oberen Rund der Stelenvorderseite bringt Ramses II. Sopdu ein Weihrauch- und Libationsopfer dar. An dem äußeren Erscheinungsbild des Gottes, der hier als Herr des Ostens erscheint, ist nichts Ungewöhnliches festzustellen. Clédat[80] will noch Spuren der dem Gott beigeschriebenen Götterrede erkennen und gibt diese mit dem Wortlaut "Ich gebe dir die Fremdländer des Ostens" wieder.

Eine weitere Grenzstele Ramses' II. (Ismailia 2758) fand sich in der Nähe von Schalûf, am Gebel Abu Hassa westlich des Kleinen Bittersees gelegen[81]. Die Stele folgt dem gleichen formalen Aufbau wie die Stele Ismailia 2757. Das oberste Register der Vorder- und Rückseite schmückt eine Opferdarstellung, der eine neun- bis zehnzeilige Inschrift folgt; die Seitenwände umfassen ebenfalls Schriftkolumnen. Auch die Inschriften dieses Denkmals sind nahezu vollständig weggebrochen. Auf der linken Seite der Stele

findet sich eine Rede des Seth an Ramses II. wiedergegeben, während die gegenüberliegende Seite eine Rede der Anat beinhaltet.
Die Grenzstele Ismailia 2758 schließt ein Problem in sich. In PM IV, 53 wird diese Stele als Beleg für den Gott Sopdu ausgewiesen. Clédat[82] liest den Gottesnamen mit Fragezeichen, schreibt aber an anderer Stelle seiner Untersuchung, daß in den Inschriften Seth, groß an Kraft, Sopdu und Anat, die Herrin des Himmels, genannt sind.
Die Ursache für diese Zuordnung liegt in der Textstelle  begründet, die dem dj ^{c}nḫ in Zeile 2 der linken Seitenwand folgt. Die Gruppe  hat Clédat ebenso wie die Verfasser des PM als den Eigennamen des Sopdu gelesen und daraus die Schlußfolgerung gezogen, daß dieser in dem nunmehr zerstörten Rund der Vorderseite, analog zu der Stele Ismailia 2757, dargestellt war.
Vielmehr wird aber Goyons Rekonstruktionsvorschlag den tatsächlichen Gegebenheiten am nächsten kommen, der in der zerstörten Götterfigur den Gott Seth wiedererkennt. Für die Richtigkeit dieser Zuweisung spricht zum einen der beigeschriebene Titel ^{c}3 pḥtj, der ein weiteres Mal in Zeile 1 der linken Seitenwand als Titel des Seth begegnet; zum anderen stellt man bei einem Vergleich der beiden Seiteninschriften fest, daß die linke Seite nur eine Götterrede, und zwar die der Anat, umfaßt. Analog dazu wird auch die Gegenseite nur die Rede des Seth wiedergegeben haben. Die oben zitierte Textpassage lautet demnach, trotz der fehlenden Innenzeichnung des dj-Zeichens: "Ich (scil. Seth) ließ die Großen der Neunbogen(-länder) zu dir kommen".

Das Epitheton nb ḫ3swt, das in der Inschrift hinter der Gottesfigur steht, kann nicht als Hinweis dafür geltend gemacht werden, daß dort ursprünglich Sopdu abgebildet war, denn dieser Titel ist anderen Göttern ebenfalls eigen. Neben Thoth und Min kann auch Seth in seiner Funktion als Herr der Wüste diesen Titel tragen. Demzufolge spricht nichts gegen eine Zuweisung der Gottesgestalt an Seth.

Bis zum Ende des Mittleren Reiches konzentrieren sich die Zeugnisse für den Gott Sopdu vornehmlich in der Deltaregion und hier insbesondere in dem memphitischen Raum. Eine Ausnahme bilden die zeitgenössischen Sinai-Denkmäler und die el-Lahûn-Papyri aus der XII./ XIII. Dynastie.

Mit Beginn des Neuen Reiches ist Sopdu nunmehr auch in den oberägyptischen Kultzentren anzutreffen - sei es auf Stelen von Privatleuten, sei auf auf königlichen Denkmälern. In der oberägyptischen Landeshälfte taucht Sopdu an folgenden Orten auf:

<u>Abydos :</u> Auf der Brüsseler Stele Nr. 2377[83] aus der XVIII. Dynastie erscheint Sopdu als nb T3-wr "Herr von Abydos".

Vermutlich ebenfalls abydenischer Herkunft ist die Kalksteinstele der Bürgerin Rnwt aus der XX. Dynastie[84]. Neben Osiris-Onuris und der Löwengöttin Mehit ruft die Steleninhaberin auch Sopdu an[85].

Infolge seiner engen Bindung an Horus, von dem er die Falkengestalt übernommen hat, erscheint der Gott Sopdu sowohl auf der Brüsseler Stele als auch auf der

Votivstele der Rnwt in menschlicher Gestalt mit Falkenkopf. Während er auf dem erstgenannten Denkmal die beiden hohen Federn trägt, zeigt er sich auf der Stele aus Moskau mit der Doppelkrone.

Medâmûd : Von hier stammt der eingangs erwähnte Würfelhocker des Bauleiters Tuthmosis' III., Mn(w)-msjw[86].

THEBEN-WEST

Drâ Abu 'n-Naga : Im Jahre 1860 entdeckte Mariette das Ziegelgrab Anjotefs V., des mutmaßlichen ersten Königs der XVII. Dynastie. Die beiden kleinen Sandsteinobelisken vom Grabeingang gingen auf dem Transport nach Kairo 1881 im Nil verloren und konnten bis heute nicht geborgen werden.
Auf dem kleineren der beiden Obelisken[87] heißt es vom König unter anderem: " ... geliebt von Sopdu, dem Herrn der Fremdländer". Auf zwei weiteren Seiten werden die Totengötter Anubis und Osiris angerufen.
Warum auf diesem Denkmal - zudem noch auf einem Monument der XVII. (thebanischen) Dynastie - gerade Sopdu genannt ist, bleibt ungewiß. Einen Hinweis hätte vielleicht der nunmehr zerstörte Gottesname auf der vierten Seite geben können. Es ist zu erwägen, ob es sich bei dem besagten Gott eventuell um Thoth gehandelt haben könnte. Mit diesem tritt Sopdu seit dem Alten Reich vielfach gemeinsam auf Denkmälern auf, resultierend aus ihrer beider Eigenart als kriegerische Gottheiten. Es könnte aber auch Ha, der Herr des Westens, in Betracht kommen.

Dêr el-Bâhari : Außerhalb des Nefertem-Hymnus, der an der Nord- und Südwand der Kultkapelle der Hatschepsut im Felsentempel von Dêr el-Bâhari[88] angebracht ist, findet sich Sopdu vermutlich auch unter den Szenenfolgen der sogenannten Nordhalle bezeugt. Die Darstellung zeigt das traditionelle Thema des Niedertretens der Feinde durch den König (scil. Hatschepsut) in Greifengestalt[89]. Die der Handlung beiwohnenden Götter sind nur noch schemenhaft zu erkennen. Der Name des im oberen Register dargestellten Gottes ist zerstört; die Gestalt im unteren Register weist Naville dem Gott Sopdu zu. Die Rekonstruktion des Gottesnamens zu  durch Naville über der nunmehr zerstörten Gestalt ist jedoch sehr zweifelhaft, da der Name nicht in den Kontext der Beischrift paßt, die die Rede des Gottes wiedergibt. Einzig und allein die beiden hohen Federn, von denen man noch Überreste zu erkennen glaubt, und die Erwähnung der "Mnṯ(j)w von Asien" innerhalb der Götterrede machen die Identifikation des Gottes mit Sopdu wahrscheinlich.

Auch das mumifizierte Falkenidol im Hathor-Schrein[90] weist Naville als Bild des Gottes Sopdu aus. Es kann sich dabei jedoch auch ganz allgemein um ein Falkenbild handeln, ohne daß es einem bestimmten Gott zugewiesen werden kann.

Königsgräbertal (Bibân el-Mulûk) : Im Grab Nr.62 (Tut^{c}anchamun) fanden sich zwei vergoldete Traggestelle mit den falkengestaltigen Götterbildern des Sopdu (mit Doppelfederkrone und Flagellum auf dem Rücken)[91] und eines Falkengottes, der in der Literatur die Bezeichnung Gmḥsw[92] trägt.
Im Grab Nr.11 (Ramses III.) findet sich ein Pfeiler mit der Darstellung des Königs, wie er ein Weinopfer

vor Thoth und ein Salbenopfer vor Sopdu darbringt[93]. Letztgenannter trägt statt der charakteristischen Doppelfederkrone nunmehr die Sonnenscheibe als Manifestation des Sonnengottes auf dem Kopf. Die Beischrift nennt den Gott  "Sopdu, der Erhabenste der Mächte von Heliopolis".

Dêr el-Medîna: Aus der einstigen Arbeitersiedlung der thebanischen Totenstadt stammt die Ohrenstele, die der Diener an der Stätte der Wahrheit[94], Wnn-nfrw, aus Dankbarkeit für die ihm zuteil gewordene Gunst einem bestimmten Gott geweiht hat. Anscheinend war der Stifter vormals blind und ist durch einen glücklichen Umstand wieder sehend geworden.
Die Gestalt des Gottes, vor dem Wnn-nfrw niederkniet, ist nur noch von den Schultern abwärts erhalten. Nach Tosi und Roccati[95], die den Katalog der Dêr el-Medîna-Denkmäler des Turiner Museums zusammengestellt haben, soll es sich bei dem dargestellten Gott um Sopdu handeln. Sie geben die erste und den Anfang der nachfolgenden Zeile der zugehörigen Beischrift mit 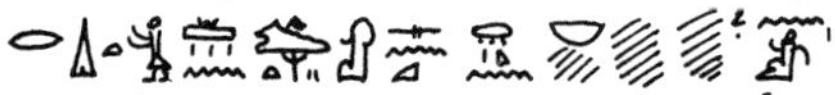 "Dare lodi a Soped, baciare la terra al Signore [dell' Oriente: si i propizio] a me ..." wieder.
Mir erscheint diese Zuweisung jedoch unwahrscheinlich. Vielmehr möchte ich in der zerstörten Gottesgestalt den Totengott Anubis wiedererkennen, von dessen Ohren noch Spuren sichtbar sind. Dazu würde auch die Schreibung des Gottesnamens in Gestalt eines liegenden Schakals mit Flagellum auf einer Gaustandarte passen (cf. Gauemblem des XVII. oberägyptischen Gaues). Zudem weist die Finsternis, von der im Text die Rede ist, ebenfalls auf einen Totengott hin, denn dieser steht aufgrund seiner Verbindung

zum Totenreich auch mit der Finsternis in engem Kontakt. Die Zuweisung an Thoth, die Assmann[96] und Gunn[97] und mit ihnen viele andere befürworten, ist somit hinfällig. Thoth und die Finsternis sind zwar eng miteinander verflochten, doch spricht die Schreibung des Gottesnamens gegen eine solche Zuweisung; bei dem dargestellten Tier auf der Standarte kann es sich keinesfalls um einen Ibisvogel handeln.

Medînet Habu : Im Großen Tempel von Medînet Habu findet sich Sopdu gleich dreimal bezeugt. In Schrift und Bild tritt er auf der Außenfassade des Süd- und Nordturmes des I. Pylons auf, beide Male in der Szene des Erschlagens der Feinde durch den König. Dieser Bildtypus, dessen formale Vorläufer bis in spätvorgeschichtliche Zeit zurückreichen und der zu allen Zeiten der ägyptischen Geschichte bezeugt ist, findet sich im Neuen Reich in zahlreichen Belegen in Tempelreliefs und auf königlichen Stelen wieder. Vor dem König steht zumeist ein Gott, der dem siegreichen König Waffen überreicht oder ihm unterworfene Feinde zuführt. Neben Amun, Month und den Wüstengöttern Ha und Dedun unterstützt auch Sopdu in seiner Funktion als "Herr der Fremdländer" bzw. "Herr des Ostens" den König in seinem Kampf gegen die Feinde Ägyptens.

Die Szene vom Südturm zeigt Ramses III. beim Niederwerfen der Anführer aller Länder vor Amun-Re^{c}, dem Hauptgott des Tempels von Medînet Habu[98]. In der Pyloninschrift heißt es in Zeile 15/16 unter anderem: "Ich (scil. Amun-Re^{c}) gebe dir Month und Seth mit dir (sowie) Chons und Horus-Sopdu als Schutz (für) deinen Leib ..."[99].

Auf dem gegenüberliegenden Pylonturm ist die gleiche Szene anzutreffen. Während in der Darstellung vom Südturm die Göttin Waset dem König die feindlichen Gefangenen zuführt, nimmt in der Parallelszene Sopdu[100] ihre Stelle ein.

Der dritte Beleg aus Medînet Habu stammt aus der zweiten Hypostylhalle (Raum 18) des Großen Tempels und datiert wie die schon zuvor genannten Belege ebenfalls in die Regierungszeit Ramses' III.[101]. Das Relief zeigt den König, wie er zwei auf Thronsesseln sitzenden Ka-Gottheiten ein Speiseopfer darbringt. Bei den Gottheiten handelt es sich um den Ka des Re^{c} und um den Ka des Sopdu (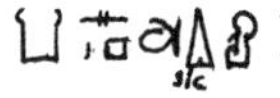).

THEBEN-OST

Karnak : Im Großen Amun-Tempel von Karnak sind im Raum XIX, südlich des Granitsanktuars gelegen, an den Wänden noch Überreste des früheren Dekors erhalten. Unter den Reliefs findet sich an der Südwand die Szene der Erhebung von vier Götterstatuen vor der Königin Hatschepsut[102]. Das Ritual wird von zwei Priestern (oder von einem Priester und einer Gottesgemahlin) vollzogen, indem sie den jeweiligen Gott auf einem ṯst-Zeichen emporheben. Die Kulthandlung wird an den Göttern Dedun von Nubien, Sopdu von Asien, Sobek von Libyen und Horus von Ober- und Unterägypten durchgeführt[103].
Die Szene ist im Re^{c}-Harachte-Tempel am Heiligen See von Karnak, der von dem Kuschitenkönig Taharqo erbaut wurde, vollständig erhalten[104].

In den Korridoren V und VI des Festtempels Tuthmosis' III., die mit Szenen des Sedfestes ausgeschmückt

sind, erscheint Sopdu in zwei Szenen.
Im Korridor V überreicht Tuthmosis III. in Begleitung von einem falkenköpfigen(?) Gott und von Sopdu, hier als "Herr des Ostens" und "Herr der Wüste" (nb zmjt) bezeichnet, Amun-Re^{c} Säcke mit wertvollen Edelsteinen, darunter auch Türkis, Lapislazuli und Malachit (šzmt)[105].

Im oberen Register des Korridors VI bringt der König gefolgt von der Göttin Ṯnnṯ(?)[106] und Sopdu dem ithyphallischen Gott Amun-Re^{c} viermal seine Verehrung dar. In seiner Rede verheißt Sopdu dem König "die beiden Seiten der Wüste des Ostens" (^{c}wj zmjt j3btt)[107]. Der Gott zeigt sich in dem üblichen Erscheinungsbild (menschengestaltig mit Doppelfederkrone und w3s-Szepter in der einen Hand haltend).

In die XIX. Dynastie (Ramses II.) datiert die topographische Liste von der südlichen Außenmauer der großen Hypostylhalle des Karnak-Tempels. Die Liste ist Bestandteil einer Serie von Schlachtszenen, die den Feldzug Ramses' II. gegen Syrien in seinem 2. Regierungsjahr zum Thema haben. Zu beiden Seiten des Durchgangstores zur Hypostylhalle sind topographische Listen angebracht[108]. Zu diesen Listen gehört die Szene des Niederschlagens der Feinde vor Amun. Auf der rechten Seite führen Amun und die thebanische Göttin Waset die Reihen mit Namensringen an[109]. Auf der linken Seite des Durchgangstores werden Ramses II. die Namensringreihen von Amun und Sopdu zugeführt. Die Ringe tragen jeweils das Haupt eines bärtigen Semiten. Sopdu erscheint hier unter dem Beinamen "Sopdu im Osten"[110].

Luxor : Der Beleg für den Tempel von Luxor ist gleichfalls einer topographischen Liste entnommen. Wie im Karnak-Tempel, so finden sich auch hier die topographischen Listen zu beiden Seiten des Durchgangstores an den Außenmauern des Großen Hofes aufgeführt[111]. Die Reliefs datieren in die Regierungszeit Ramses' II.
Von den Szenen und Gefangenendarstellungen der rechten Seite ist bis auf die unterste Reihe, die Namensringe enthält und über die gesamte Wandbreite verläuft, nichts mehr erhalten. Auf der gegenüberliegenden Seite ist die Gestalt des Sopdu über der untersten Namensringreihe zu sehen. Dieser führt dem König zwei Reihen mit je acht Gefangenen zu. Nach der Umzeichnung von Müller[112] trägt der Gott kurzes Haar und einen Spitzbart; die Doppelfederkrone fehlt. Die Beischrift zu dieser Szene hat den Wortlaut: "[Sopdu, der Herr] des Ostens, der große Gott, der Oberste der Fremdländer, er gibt jedes Fremdland [unter deine Sohlen]".

Wie ein Vergleich mit anderen topographischen Listen zeigt, wird auch in der Liste des Luxor-Tempels das Erschlagen der Feinde ursprünglich im oberen Teil der nunmehr zerstörten Wandfläche abgebildet gewesen sein. Diese Szene stellt zusammen mit der Zuführung der Feinde durch Götter eine Bildeinheit dar.

Gebel es-Silsila : In der Felsenkapelle Haremhabs am Gebel es-Silsila findet sich Sopdu zweimal bezeugt. Der erste Beleg stammt vom Türdurchgang, der in das Sanktuar führt und Osiris und Sopdu im obersten Wandregister zeigt. Im darunterliegenden Register sind

Isis (mit Skorpion auf dem Kopf) und Horus Bḥdtj dargestellt[113]. Der Skorpion auf dem Kopf der Göttin läßt zunächst vermuten, daß es sich hier um Selkis handelt. Das gleichzeitige Auftreten des Osiris und des Horus weisen jedoch darauf hin, daß hier die Göttin Isis gemeint ist. Diese hat das gleiche äußere Erscheinungsbild wie Selkis, die mit Isis als Sarggöttin synkretistisch verschmolzen ist[114]. Durch die Gleichsetzung mit Selkis tritt Isis auch als Skorpion auf, trägt dann aber für gewöhnlich den Namen Hedjedet.

Das Auftreten des Sopdu neben Osiris läßt die Frage aufkommen, ob in diesem Beleg eine Verbindung zwischen Sopdu und der Osirislegende infolge seiner synkretistischen Verschmelzung mit Horus anklingt.

Ein weiteres Mal findet sich Sopdu innerhalb einer Prozession von sitzenden Gottheiten bezeugt, die dem König ein gutes Jahr verheißen[115]. Die Prozession unterteilt sich in drei Register zu je 12 Feldern (3x12 = 36 Götter = 36 Dekaden = 360 Tage). Angeführt wird die Liste von dem thebanischen Reichsgott Amun. Ihm folgt die gesamte Neunheit von Heliopolis mit Onuris an Stelle des oft mit ihm gleichgesetzten Schu. Ferner sind die Kataraktengötter Chnum, Satis und Anukis vertreten sowie Horus und verschiedene andere Horusgötter. In dem letzten Wandregister folgen die Wüstengötter Ha und Sopdu als Repräsentanten des Westens und des Ostens. Dedun von Nubien und Anubis(?)[116] schließen die Götterprozession. Offensichtlich folgt die Auflistung der einzelnen Götter keinen festgesetzten Gesichtspunkten.

NUBIEN

Bis weit in den Süden reichen die Zeugnisse für Sopdu. Zur Zeit des Neuen Reiches ist die Präsenz des Gottes bis nach Nubien bezeugt.

Kalâbscha : Anno 1829 brachte Rosellini eine Sitzstatue Tuthmosis' III., die am Ufer von Kalâbscha gefunden wurde, nach Florenz[117]. Der Kopf des Denkmals, das den König im Hebsedgewand zeigt, ist weggebrochen, so daß nur noch der Rumpf erhalten ist. Ein Inschriftenband mit der Königstitulatur ziert den Rückenpfeiler sowie die beiden Seiten rechts und links des Thronsessels. Im Zusammenhang mit der Königstitulatur tauchen verschiedene Götternamen auf. Tuthmosis III. gilt als beliebt von Chnum und Satis-Schesemtet sowie von Sopdu und Neith.

Bereits Habachi[118] hatte sein Augenmerk auf diesen Torso gerichtet, werden auf dem Denkmal doch neben den Kataraktengöttern Chnum und Satis auch solche Gottheiten erwähnt, die auf nubischen Denkmälern nur selten bezeugt sind.
Die Göttin Schesemtet kommt nur ein einziges Mal in Nubien, eben auf der besagten Sitzstatue Tuthmosis' III., vor. Newberry[119] schließt nicht aus, daß die Göttin Schesemtet neben ihrem Kult in Ṣaftḥ el-Ḥenna gleichfalls in Nubien Verehrung fand, und daß sie in ihrem Ursprung mit der Kataraktengöttin Satis identisch ist. Curto u.a.[120] fassen die Zeichengruppe als Namen der Satis auf.

Der Argumentation Habachis[121] folgend vertrete ich die Ansicht, daß wir es hier mit zwei Göttinnen zu tun haben. Diese These erhärtet sich durch das zweimalige Erscheinen des Zeichens t hinter dem Namen der Satis und dem der Schesemtet sowie durch die Erwähnung des Sopdu. Man wird davon auszugehen haben, daß die beiden Göttinnen entweder miteinander identifiziert oder aneinander assimiliert worden sind.

Neith ist außer auf der Sitzstatue Tuthmosis' III. noch ein weiteres Mal als "Herrin des südlichen Elephantine" für Buhen bezeugt[122].

Auch Sopdu findet sich noch ein weiteres Mal für Nubien belegt. Es handelt sich um ein Kultbild Amenophis' III., das sich am Gebel Barkal fand. Auf diesem Denkmal wird im folgenden noch näher einzugehen sein.

Entgegen den Angaben in PM VII, 90 und 92 wird Sopdu weder im Tempel von Ellesiya noch in der Felsgrotte des Wsr-Stt in Qasr Ibrîm dargestellt; in beiden Fällen handelt es sich um Horus Nḫnj.

Napata : Aus der Metropole des Kuschitenreiches stammt das südlichste Zeugnis für den Gott Sopdu.
Im Tempel vom Gebel Barkal fanden sich zwei Falkenstatuen aus schwarzem Granit[123], die der Regierungszeit Amenophis' III. zuzuweisen sind. An der Basis beider Statuen ist das Gestell angedeutet, das Hinweis darauf gibt, daß es sich bei diesen Stücken um Kultbilder handelt, die bei Prozessionen getragen wurden. Ursprünglich befanden sich die beiden Götterbilder vermutlich im Tempel von Soleb, bis sie von einem der Kuschitenkönige nach Napata verschleppt wurden.

Die Falkenstatuen sind den Göttern Horus Nḫnj und Sopdu zuzuweisen[124]. Die Statue des Sopdu trägt auf der Basisoberseite die Inschrift "der gute Gott, Nb-m3^{c}t-R^{c}, mit Leben beschenkt, geliebt von Sopdu". Auf der Vorderseite des Sockels findet sich eine weitere Königstitulatur. Unter Amenophis IV. ist der Name Jmn-ḥtp(w) ausgekratzt und in Nb-m3^{c}t-R^{c} geändert worden.

SYRIEN

Sidon : Ein Altarbruchstück aus Sidon mit dem Namen des Sopdu wird in PM VII, 383 der Ramessidenzeit zugewiesen. Von dem Thronnamen selbst sind nur noch die Zeichen 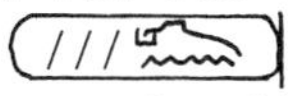 erhalten. De Rougé[125] möchte das Stück aufgrund stilistischer Merkmale der XX. Dynastie zuweisen.
Der Altar war dem Sopdu geweiht, dessen Namen mit dem Horusfalken mit Widdergehörn und Sonnenscheibe geschrieben ist. Der nachfolgende Titel ist sicherlich zu nb j3btt zu ergänzen und erklärt die Präsenz des Gottes in Syrien.

Zweifel ergeben sich jedoch hinsichtlich der Datierung. Es liegt die Vermutung nahe, daß das Altarbruchstück dem König Achoris (Thronname: H̱nm-m3^{c}t-R^{c} stp-n-H̱nmw) aus der XXIX. Dynastie zuzuweisen ist. Von diesem König fand sich noch ein weiteres Altarbruchstück mit seinem Namen in Sidon[126]. Falls das erstgenannte Altarbruchstück tatsächlich Achoris zuzuweisen ist, könnten beide Fragmente vom gleichen Denkmal stammen.
Die Schreibung des Gottesnamens in der Form  ist für das Neue Reich ungewöhnlich und spricht eher für

eine Zuweisung in die Spätzeit, d.h., in die Zeit des Achoris. Dieser führte während seiner ganzen Regierungszeit Krieg gegen das Perserreich, zu dem ja auch Sidon gehörte. Demnach können Denkmäler mit seinem Namen allenfalls in späterer Zeit dorthin verschleppt worden sein.

Wie schon im Mittleren Reich, so taucht Sopdu auch im Neuen Reich in magischen Texten auf.

Im pBerlin 3027 ("Buch der Zaubersprüche für Mutter und Kind")[127] aus der ersten Hälfte der XVIII. Dynastie werden in einem heilsamen Zauberspruch einzelne Körperteile des erkrankten Kindes mit denen verschiedener Gottheiten identifiziert. Unter anderem heißt es dort:

> "Einer Deiner Arme ist [der Arm] des Horus,
> und der andere der des Seth.
> Eine Deiner Hände ist [die Hand] des Sopdu,
> und die andere die der Nut ... etc."

In die Ramessidenzeit datiert pMag.Leiden I 343 + 345[128], dessen Herkunftsort in der Literatur mit Memphis angegeben wird. Einer der Zaubersprüche, die in diesem Papyrus aufgenommen sind, beinhaltet eine stereotype Formel, die siebenmal über einem (oder mehreren) Knoten[129] aus ỉnsj-Stoff zu sprechen ist. Dem Mythos nach sollen neun Götter über einem solchen Knoten für ihr eigenes Schicksal rezitiert haben. Bei diesen Göttern handelt es sich um Re^{c}, Schu, Sopdu, Chnum, Horus, Seth, Thoth, Isis und Nephthys. Jedem der genannten Götter ist ein Spruch zugewiesen, der sich jedesmal wiederholt. Als Beispiel soll hier der dem Sopdu zugeordnete Spruch in der englischen Übersetzung von Massart[130] dienen, der da lautet: "I have spoken for thy own sake, O M born of N, according to that which Sopd hath said for himself".

Derselben Zeit gehört auch pMag.Harris 501 (BM 10042)[131] an. In den Ritualsprüchen taucht der Gott als Anubis-Sopdu, der Sohn des Re^c (VII,8) und der Nephthys (VII,7-8) auf[132]. Es sind heliopolitanische Götter, die hier als Elternpaar des Sopdu benannt sind.
Im Abschnitt VIII,5-9[133] identifiziert sich der Rezitator mit verschiedenen kriegerischen Göttern, darunter Amun, Onuris, Month, Seth und Sopdu.
Alle drei Abschnitte sind Bestandteil eines zusammenhängenden magischen Textes. Die Zaubersprüche sollen gegen Krokodile wirksam sein und sind daher für die auf dem Nil fahrenden Schiffer bestimmt.

Aus einem Hymnus an Schu, den Sohn des Re^c, ist der Abschnitt II,2 III,3[134] entnommen, in dem dieser Gott unter verschiedenen Epitheta angerufen wird. Schu sind dort unter anderem folgende Titel beigegeben:

- der mit den beiden hohen Federn (1.8)
- der mit deinen(!) spitzen Hörnern (1.18)
- der mit den spitzen Hörnern (1.20)
- Herr des Gemetzels (1.36)

In den Zeilen 29-30 des Hymnus wird weiterhin ausgeführt: "Du tötest die Mn$\underline{t}$(j)w Asiens in diesem deinen Namen 'ältester Jüngling' ($\underset{\cdot}{h}$wn smsm) ... ".

Die genannten Titel gleichen denen des Sopdu. Vermutlich wurde die Assimilation des kriegerischen Gottes Schu an Sopdu bereits gegen Ende des Neuen Reiches eingeleitet, von der erste Anklänge im pMag.Harris 501 zu finden sind. In der Spätzeit ist die synkretistische Verschmelzung beider Götter endgültig vollzogen.

Das "Buch des Schutzes" (pBM 10689 vso)[135] aus der XX. Dynastie(?) legt ebenfalls Zeugnis für die Bedeutung des Sopdu in der Magie ab. Das Buch setzt sich aus mehreren Abschnitten zusammen. Den Hauptteil bilden 36 Zeilen mit der Formel "X reinigt dich, Y beschützt dich". Das Schriftstück sollte Schutz für jemanden erwirken, indem man ihn der Obhut einer großen Anzahl von Göttern empfahl. An erster Stelle sind die Hauptgottheiten des ägyptischen Pantheons (Re^{c}, Atum, Horus, Seth) placiert.
In pBM 10689 vso B 16,9 werden die Kriegsgötter Sopdu und Onuris angerufen, indem es von diesen heißt:

> "Sopdu, der Herr des Ostens, reinigt dich,
> Onuris, beschützt dich".

Der Vollständigkeit halber sei noch auf die beiden Votivellen aus der XVIII. Dynastie (Haremhab)[136] und XIX./XX. Dynastie[137] hingewiesen, die nach Lepsius' Angaben auf dem Gräberfeld von Saqqâra gefunden wurden.
Den 28 abgeteilten Feldern entspricht eine Aufzählung von 28 Götternamen. Die Liste der Götter ist bis auf geringe Abweichungen auf beiden Ellen nahezu identisch.

Neben dem Sonnengott Re^{c} und den Vertretern des memphitischen Götterkreises sind die Horuskinder genannt. In der zweiten Hälfte der Götteraufzählung, die von Thoth angeführt wird, folgen die Namen des Sopdu (Feld 22), Onuris und Anti sowie eine Anzahl wenig bekannter Gottheiten. Zu der letztgenannten Gruppe gehört M33.n-jt.f, der Gott des achten Tages des Mondmonats. Die Abfolge der in der zweiten Hälfte genannten Götter läßt keine bestimmte Intention erkennen.

Anmerkungen zu Kapitel VI :

1 Eine Ausnahme bildet eine Schieferschale aus Abydos (I.-III. Dynastie) mit dem Titel eines ḥm-nṯr Spdw; cf. L.Speleers, Recueil des Inscriptions Égyptiennes des Musées Royaux du Cinquantenaire à Bruxelles, Brüssel 1923, 4, 105 (29)
2 A.Erman, ZÄS 20 (1882), 201-204 (Durham Univ. Oriental Museum, vormals Alnwick Castle 1934) Cf. A.Nibbi, JEA 62 (1976), 50, t.IX
3 A.Erman, op.cit., 204-205 (Durham Univ.Oriental Museum, vormals Alnwick Castle 1935) Cf. A.Nibbi, op.cit., t.X
4 C.Kuentz, BIFAO 17 (1920), 178-183 Auf der Stele des Ḫnmw-ḥtp(w) bezeichnet t3-nṯr die Arabische Wüste, insbesondere das Gebiet zwischen Koptos und Qusêr (cf. C.Kuentz, op.cit., 180).
5 Borchardt, S'a3ḥu-re^{c}, Bl.5
6 Pyr., Übers. II, 248 (Pyr. 456c) P.E.Newberry, Šsm.t, in: FS Griffith, London 1932, 321
7 A.H.Gardiner, JEA 5 (1918), 222
8 A.H.Gardiner, op.cit.
9 P.Kaplony, Die Rollsiegel des Alten Reichs IIB (MonAeg 3B, 1981), t.41-44 (31) und ibid., t.134 (K.u. 147) Borchardt, op.cit., Bl.5, 8, 12
10 Inscr.Sinai I, t.XXII (80)
11 Die Verbindung des Min zur Ostwüste erklärt sich aus der geographischen Lage seines Kultortes Koptos, von dem mehrere Karawanenwege zum Osten abzweigten. Eine Parallele findet sich bei Thoth, dessen Beziehungen zum Osten sich gleichfalls aus seiner Kultheimat im XV. unterägyptischen Gau herleiten (cf. RÄRG, 806)
12 Urk. VII, 53.13
13 Borchardt, op.cit., Bl.12
14 Inscr.Sinai I, t.XXXIX (115)
15 H.Kees, ZÄS 57 (1922), 92-120
16 Kees stützt sich bei seiner Deutung auf eine Vignette, die der jüngeren Textvariante auf der Steinplatte aus Horbeit beigegeben ist. Diese zeigt die Lotosblüte mit den beiden Federn.
17 M.Münster, Untersuchungen zur Göttin Isis (MÄS 11, 1968), 81-85
18 E.Naville, The Temple of Deir el-Bahari IV (EEF 16, 1901), t.110, 112, 113
19 N.de Garis Davies, The Tomb of Puyemrê at Thebes (RPTMS 2, 1922), t.50

20 K.P.Kuhlmann/W.Schenkel, Das Grab des Ibi, Obergutsverwalter der Gottesgemahlin des Amun (Theban.Grab Nr.36) (AV 15, 1983), t.55
Der Text aus dem Grab des Ibi scheidet als selbständige Überlieferung aus, da es sich offensichtlich um eine Kopie aus dem Tempel von Dêr el-Bâhari handelt.

21 E.Naville, ASAE 10 (1910), 191-192 mit 2 Tafeln

22 H.Gauthier/J.Jêquier, Mêmoires sur les Fouilles de Licht (MIFAO 6, 1902), t.XXIII

23 H.Kees, op.cit., 98-99

24 Die wörtliche Übersetzung lautet " ... dieses ehrwürdigen Feldes ...".

25 H.Kees, op.cit., 99 deutet den Ausdruck "Leib des Ostens" als poetische Bezeichnung für die fruchttragende Erdoberfläche.

26 H.Kees, op.cit., 101-102

27 G.Daressy, RecTrav 14 (1893), 34-38 (LVI) Berichtigungen von P.Lacau, Sarcophages Antérieurs au Nouvel Empire I (CG), Kairo 1904, 75-78 (28028 u. 28029)

28 Wb V, 200-201

29 G.Daressy, op.cit., 36 liest die Textstelle auf dem Sarkophag Kairo CG 28029 als  , das von P.Lacau, op.cit., 78 zu  berichtigt wird.

30 J.W.B.Barns, The Ashmolean Ostracon of Sinuhe, London 1952; hieroglyphische Wiedergabe von A.M.Blackman, Middle Egyptian Stories (BAe 2, 1932), 1-41

31 A.M.Blackman, op.cit., 3 (Sinuhe B 206-211)

32 Nach A.M.Blackman, op.cit., 33a n.6a-b muß der Ortsname zu  emendiert werden. Er verweist insofern auf A.H.Gardiner, RecTrav 33 (1911), 230; cf. H.Goedicke, JEA 51 (1965), 33; Gauthier, DG I, 73

33 Die jww nyw w3d-wr werden vielfach mit den Mittelmeerinseln identifiziert. Hier steht der Begriff offenbar für all die Länder, mit denen Ägypten seinerzeit in Kontakt stand.

34 G.Lefebvre, Romans et Contes Égyptiens de l' Époque Pharaonique, Paris 1949, 18 n.81

35 J.Yoyotte, Kêmi 17 (1964), 69-73; cf. H.Goedicke, op.cit., 29-47 und J.W.B.Barns, JEA 53 (1967), 7-14

36 In oAshmolean vso 23 führt Sobek den Zusatz nb Swmnw, der in pBerlin 3022 (B 207) fehlt. Vermutlich handelt es sich um einen späteren Nachtrag. Der Ort selbst ist nicht vor der Regierungszeit Amenemhets' II. bezeugt.

37 J.W.B.Barns, op.cit., 7 und id., The Ashmolean Ostracon of Sinuhe, London 1952, 22 (Nr.24) In oAshmolean findet sich die Gruppe Nfr-b3-R^{c} - Smsm

38 G.Lefebvre, op.cit., 18
H.Goedicke, op.cit., 33
G.Maspero, Mémoires de Sinouhit (BdE 1, 1908), Index, 115, 134, 153, 155

39 Inscr.Sinai I, t.LXIV (198)

40 J.de Rougé, RecTrav 11 (1889), 90 (XXXVIII)

41 Naville, Saft el Henneh, t.5,4

42 Mariette, Dend. III, 12

43 S.Sauneron, Le Temple d'Esna II, Kairo 1963, 80 (1.52) (= Chnum-Hymnus B)
G.Daressy, RecTrav 27 (1905), 190 (1.52)

44 A.H.Gardiner, JEA 29 (1943), 75-76

45 Inscr.Sinai I, t.I (1)

46 Inscr.Sinai II, 53

47 H.Kees, ZÄS 79 (1954), 36-40

48 Pyr. 1726a-b

49 R.O.Faulkner, The Ancient Egyptian Pyramid Texts, Supplement of Hieroglyphic Texts, Oxford 1969, 31 (Nt, 735-8; JP II, 719+29-30 = Spruch 665C), 63 (JP II, 709+2-5; Aba, 537-42 = Variante zu Spruch 665C)

50 W.Schenkel, Frühmittelägyptische Studien, in: Bonner Orientalische Studien, Neue Serie, Bd 13, Bonn 1962, 62-64

51 Pyr. 301b; CT VII, 445b

52 Naville, Saft el Henneh, t.1,7 (Hymnus)

53 pSallier IV, j. BM 10184 vso 1,1-4,8 (= LEM 88-92)

54 Zu Prw-nfr (Variante: Pry-nfr) cf. W.Spiegelberg, REA I (1927), 215-217 und S.R.K.Glanville, ZÄS 68 (1932), 28-30

55 pErmitage 1116 A vso 42

56 Ptah führt u.a. die Titel "der an der Spitze von T̲nnt ist" (vso 1,8) und "der unter seinem Moring̲a-Baum ist" (vso 1,8). Des weiteren heißt es von Amun-Re^{c} "der große Widder von Pry-nfr" (vso 1,5). Die Epitheta weisen auf Memphis und auf dessen Hafenviertel Prw-nfr hin.

57 E.Drioton, Rapport sur les Fouilles de Médamoud (FIFAO 4.2, 1927), 52-54 (fig. 24-25) (= Kairo Inv.Nr. 2125)

58 M.Kamal, ASAE 38 (1938), 1-15

59 Urk. VI, 33 (pLouvre 3129 E 50-52)

60 In pKairo 58935 tritt Sopdu ein weiteres Mal als zuständige Schutzgottheit für den Westen und den Osten auf; cf. W.Golénischeff, Papyrus Hiératiques I (CG), Kairo 1927, 222 (1.37-38)

61 Chensit wird neben Sopdu als Schutzgöttin des Ostens genannt.
62 Es gab sicherlich mehrere Ḥwt-bjk "Tempel des Falken", so daß es fraglich ist, ob hier tatsächlich Edfu gemeint ist.
63 S.Sauneron, Kêmi 11 (1950), 119
64 J.Yoyotte, RdE 15 (1963), 106-113
Demnach ist auch das Zusammentreffen von Saft el-Henna und Sopdu zufallsbedingt.
65 Wb IV, 95-96
Gardiner, AEO II, 213* (444)
66 PM IV, 74
67 H.Vyse, Operations carried on at the Pyramids of Gizeh in 1837 with an account of a voyage into Upper Egypt III, London 1842, 97-98, t.4
68 LD III, 71b
69 G.Daressy, ASAE 11 (1911), 259
70 Urk. IV, 1680 (571)
71 H.Kees, ZÄS 58 (1923), 79-101 zu nb sp3
72 E.Scamuzzi, Fossile Eocenico con iscrizione geroglifica rinvenuto in Eliopoli, Bollettino della società piemontese di archeologia e di belle arti, Nuova serie, anno primo, Turin 1947, 11-14 (fig. 103) (= Turin Inv.Nr. 2671)
73 J.M.A.Janssen, Annual Egyptological Bibliography. - Bibliographie égyptologique annuelle 1948, Leiden 1949, 195 (628)
74 Das zerstörte Schriftzeichen ist nach E.Scamuzzi, op.cit., 12 als  zu ergänzen und jkjw zu lesen. Die vollständige Schreibung findet sich in pKahun XXXI, 25 und pBerlin 3022, 14-15 = pBerlin 10499, 40 (Sinuhe).
Das t von jt-nṯr ist im Druck bei Scamuzzi an die falsche Stelle geraten.
75 Die Schreibung des Gottesnamens begründet sich aus dem Hieratischen; cf. Möller, Paläographie I, 54 (567)
76 G.Maspero, Mémoires de Sinouhit (BdE 1, 1908), XXXIX u. 64 weist 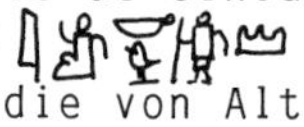 als Name der Steinbruchregion aus, die von Alt-Kairo bis Abu Za'abal reicht und den Gebel el-Aḥmar mit einschließt. A.H.Gardiner, RecTrav 32 (1910), 17 hat jedoch nachgewiesen, daß es sich hierbei um keinen Eigennamen, sondern um die Bezeichnung für "Steinbruch" handelt.
77 W.M.Fl.Petrie, Tanis I 1883-1884 (EES 2, 1885), 18, 27, t.XI (64A-D)
78 In der Sinuhe-Geschichte führt Sopdu den Beinamen Nfr-b3w (Sinuhe B 208)
79 G.Goyon, Kêmi 7 (1938), 115-119; t.XVIII-XX (Ismailia 2757)
80 Nach J.Clédat, BIFAO 16 (1919), 208 soll die Inschrift den Namen der Göttin Anat wiedergegeben haben.

81 G.Goyon, Kêmi 7 (1938), 119-122, t.XXI-XXIII (Ismailia 2758)
82 J.Clêdat, op.cit., 208
83 J.Speleers, Recueil des Inscriptions Égyptiennes des Musées Royaux du Cinquantenaire à Bruxelles, Brüssel 1923, 36, 131 (121)
84 S.Hodjash/O.Berlev, The Egyptian Reliefs and Stelae in the Pushkin Museum of Fine Arts Moscow, Leningrad 1982, 100/101 (100 = Inv.Nr. 1.1.a.5621 (4135))
85 Das Schriftzeichen für Osten liegt hier in der Verschreibung  vor.
86 E.Drioton, Rapport sur les Fouilles des Médamoud (FIFAO 4.2, 1927), 52-54 (fig. 24+25)
87 A.Mariette, Monuments divers recueillis en Égypte et en Nubie, Paris 1889, t.50a
88 E.Naville, The Temple of Deir el-Bahari IV (EEF 16, 1901), t.110, 112, 113
89 Ibid. VI (EEF 29, 1908), 7, t.CLX
90 Ibid. IV (EEF 16, 1901), t.CIV
91 PM I^2, 585 (Kairo JdE 60748)
92 Nach Wb V, 172.3 bezeichnet Gmḥsw den Himmels- und Sonnengott, später aber auch andere Götter (Ptah, Sokar, Osiris).
93 PM I^2, 525
94 Der Titel des Steleninhabers lautet 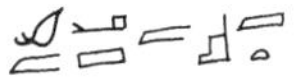 wobei  für m3^{c}t "Wahrheit" steht. Die Wiedergabe 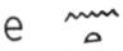 im Turiner-Katalog ist falsch.
95 M.Tosi/A.Roccati, Stele e altre epigrafi di Deir el-Medina n. 50001 - n.50262, Catalogo del Museo Egizio di Torino, Serie Seconda - Collezioni I, Turin 1972, 86, 282 (50051 = 1543)
96 J.Assmann, Ägyptische Hymnen und Gebete, München 1975, 367 (166)
97 B.Gunn, JEA 3 (1916), 92 (XIII); cf. G.Maspero, RecTrav 2 (1880), 119; G.Lefbvre, Kêmi 15 (1959), 8
Demgegenüber folgen A.Baruco/F.Daumas, Hymnes et Prières de l'Égypte Ancienne (LAPO 10, 1980), 479 (149) der Ansicht von M.Tosi und A.Roccati und sprechen sich für eine Zuweisung an Sopdu aus.
98 The Epigraphical Survey, Medinet Habu II (OIP 9, 1932), t.101
99 W.Edgerton/J.A.Wilson, Historical Records of Ramses III - The Texts in Medinet Habu (SAOC 12, 1936), 105-110
Die Verfasser übersetzen " ... while Khonsu, Horus and Soped are the (magical) protection of thy body ...".
100 The Epigraphical Survey, op.cit., t.102
LD III, 210a; LD, Text III, 171
Nach PM II, 489 soll es sich bei dem dargestellten Gott um Onuris handeln.

101 The Epigraphical Survey, Medinet Habu VI (OIP 84, 1963), t.420 mit der Szenenüberschrift "Speiseopfer vor den Kas des Re^{c}".

102 P.Barguet, Le Temple d'Amon-Rê à Karnak (RAPH 21, 1962), 145, t.XV(D)

103 Von den Göttern ist nur noch die Gestalt des Dedun erhalten.

104 R.A.Parker/J.Leclant/J.C.Goyon, The Edifice of Taharqa by the Sacred Lake of Karnak (London 1979), 65-69, t.26

105 P.Barguet, op.cit., 167
Urk. IV, 875-876 (B2)

106 Tnnt "die Erhabene" ist die Göttin von Hermonthis. Nach Urk. IV, 876 soll es sich um einen Gott handeln.

107 LD III, 35d
Urk. IV, 574 (W), 876 (B3)

108 J.Simons, Handbook for the Study of Egyptian Topographical Lists relating to Western Asia, Leiden 1937, 71-75 (XXIII+XXIV)

109 In der Darstellung vom Südturm des I. Pylons in Medinet Habu führt die Göttin Waset die Gefangenenreihen an; cf. The Epigraphical Survey, Medinet Habu II (OIP 9, 1932), t.101

110 LD III, 144; LD, Text III, 19, n.2
J.H.Breasted, The Battle of Kadesh, Chicago 1903, t.VII liest den Gottesnamen 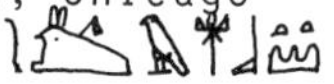
"Sopdu, Horus des Ostens".

111 J.Simons, op.cit., 67-70 (XX + XXI)
Nach PM II, 333 führt Ha, der Gott des Westens, die Gefangenenreihen an.

112 W.M.Müller, Egyptological Researches II, Washington 1910, 97 (fig. 26)

113 PM V, 213

114 G.Goyon, BIFAO 78 (1978), 439-457
M.Münster, Untersuchungen zur Göttin Isis (MÄS 11, 1968), 147-148

115 PM V, 213

116 J.F.Champollion, Notices Descr. I, 264 liest von dem Gottesnamen noch die Schriftzeichen .

117 S.Curto/V.Managioglio/C.Rinaldi/C.Bongrani, Kalabsha, Orientis Antiqui Collectio V, Rom 1965, 82-84 (fig.25), t.XX (Florenz 1789 = Cat.Schiaparelli Nr. 1503)

118 L.Habachi, MDAIK 24 (1969), 176 (fig.2); er vertritt die Ansicht, daß die Statue ursprünglich anderenorts - vielleicht in Buhen oder Semna - aufgestellt war und erst später nach Kalabscha gebracht worden ist.

119 P.E.Newberry, Šsm.t, in: FS Griffith, London 1932, 319, n.9

120 S.Curto u.a., op.cit., 84, n.167

121 L.Habachi, op.cit., 177
Die Namensschreibung der Göttin Schesemtet resultiert aus einer Kursivschreibung.

122 D.Randall-Maciver/C.L.Wooley, Buhen I, Eckley B. Coxe Junior Expedition to Nubia VII, Philadelphia 1911, 76

123 PM VII, 219

124 LD III, 90d-f; LD, Text V, 271
G.Roeder, Ägyptische Inschriften aus den Staatlichen Museen zu Berlin, Leipzig 1924, 12 (Berlin 1622)

125 E.de Rougé, BE 24 (1911), 216

126 PM VII, 384

127 Hieratische Papyrus aus den Königlichen Museen zu Berlin III, Leipzig 1911 = Osnabrück 1970[2], t.XVII-XXIV (pBerlin 3027)
A.Erman, Zaubersprüche für Mutter und Kind (APAW 1901), 46
F.Lexa, La Magie dans l'Égypte Antique II, Paris 1925, 32-33 (XI,2)

128 A.Massart, OMRO 54 (1954), NS-Supplement (pMag. Leiden 343, vormals Sammlung Anastasi; pMag. Leiden I 345, vormals Sammlung Cimba)

129 Der Gebrauch von Knoten in der ägyptischen Magie ist bekannt. Ihnen sollen magische Kräfte innewohnen, die auf feindliche Mächte bannend wirken.

130 A.Massart, op.cit., 99; cf. F.Lexa, op.cit., 55-56

131 H.O.Lange, Der magische Papyrus Harris, Kopenhagen 1927 (pBM 10042)

132 Ibid., 61 (VII,7-8; VII,8)

133 Ibid., 69-70 (VIII,5-9)

134 Ibid., 19-24 (II,2-III,3)

135 A.H.Gardiner, Hieratic Papyri in the British Museum, 3 Series Chester Beatty Gift I, London 1935, 110-113, t.60-61 (IX) (pBM 10689 vso B 12,1 - 18,10)

136 R.Lepsius, Die alt-aegyptische Elle und ihre Eintheilung (ADAW 1865), 19, t.I (1)

137 Ibid., 19, t.II (2)

VII. EL-LAHÛN

In den Jahren 1888-89 konnte Petrie eine große Anzahl von Papyri in der Arbeiter- und Beamtensiedlung Sesostris' II. bergen, die nach ihrem Fundort als "el-Lahûn-Papyri" (oftmals fälschlich "Kahûn-Papyri" genannt/heute University College London) bezeichnet werden[1].
Zehn Jahre später (1899) wurde ein weiterer umfangreicher Papyrusfund auf einem Kôm in der Nähe des Tempels von el-Lahûn freigelegt (heute Ägyptisches Museum Kairo und Papyrus-Sammlung der Staatlichen Museen Berlin). Die Fragmente dieses zweiten Fundes wurden von Frau Kaplony-Heckel[2] im Jahre 1971 katalogisiert. Die wichtigsten Dokumente des Petrie-Fundes hatte Griffith[3] bereits 1898 herausgegeben.

Die datierten Texte weisen die Papyri in die Regierungszeit Sesostris' III. bis in die des Sechemkare[c] aus der XIII. Dynastie[4].
Die Textsammlung enthält ein umfangreiches Tempelarchiv, darunter Priesterlisten, Listen von Einkünften und Zuteilungen, Festkalendarien, Tempelinventare mit Statuenlisten, Geschäftsbriefe und vieles andere mehr. Unter den Akten finden sich sodann die berühmten "Hausurkunden" (jmjt-pr) des Mittleren Reiches, damit zusammenhängende oder ähnliche Rechtsurkunden, ferner medizinische und mathematische Fragmente sowie einige wenige literarische Texte.

In diesem vielfältigen Textmaterial tritt der Name des Sopdu mehrfach hervor, insbesondere in theophoren Personennamen und in Titeln. Unter diesen sind auch solche, die nur in el-Lahûn vertreten sind. Sie tauchen an keinem anderen Ort und zu keiner anderen Zeit auf.

An theophoren Personennamen sind überliefert[5]:

Z3-Spdw	pBerl.10.001; *10.063; 10.119B; *10.024; 10.382; 10.412d; pKahun t.XXVIa,40
Z3t-Spdw	pBerl.10.122Aa; pKahun t.XII,8; IX,3.17.28
Z3t-wsr-Spdw[6]	pKahun t.XIV,64
Spdw-ḥtp(w)	pBerl.*10.001; 10.120d
Spdw-m-mrt.j[7]	pKahun t.XIII,16

Eine Angabe von Hayes[8] zufolge soll der Gott auch bildlich in el-Lahûn bezeugt sein. Demnach wurden zwei bemalte Kalksteinfragmente mit der Darstellung einer unterägyptischen Götterprozession im Pyramidentempel Sesostris' II. geborgen. Unter den Göttern sollen unter anderem - von links nach rechts - Apis von Memphis, Sopdu (im Habitus eines Asiaten mit gelblicher Hautfarbe) sowie ein widderköpfiger Gott (vielleicht der Widder von Mendes) abgebildet sein.
Leider habe ich keine Abbildung dieser Prozession finden können, die es mir ermöglicht hätte, diesem Hinweis nachzugehen und ihn zu überprüfen. Doch mutet es nicht weiter sonderbar an, daß ein Gott, dessen Name so häufig in den el-Lahûn-Papyri im Zusammenhang mit Eigennamen und Titelbezeichnungen erscheint, auch im Bildrepertoire des Tempels Aufnahme fand.

Der Gott selbst wird in zwei Papyrusfragmenten namentlich erwähnt, jeweils mit dem ihm seit Sesostris II. eigentümlichen Titel "Herr des Ostens" sowie in Verbindung mit "seiner Neunheit".
So steht in einem Brief des Nnj, adressiert an den Hausvorsteher (jmj-r3 pr) Jj-jb[9], geschrieben:

> "Alle Angelegenheiten meines Herrn (LHG) sind wohlbehalten und heil an all ihren Plätzen durch die Gunst des Sopdu, des Herrn des Ostens, zusammen mit seiner Neunheit (psḏt.f) und allen Göttern, wie (es) der Diener dort wünscht ..."

In dem Brief des Jj-m-j^{c}t-jb an den Vorsteher des Gotteshauses (jmj-r3 ḥwt-nṯr) Ptḥ-pw-w3ḥ[10] heißt es:

> "Alle Angelegenheiten meines Herrn (LHG) sind wohlbehalten und heil an all ihren Plätzen durch die Gunst des Atum, des Herrn von Heliopolis, zusammen mit seiner Neunheit, Re^{c}-Harachte, Sopdu, dem Herrn des Ostens, zusammen mit seiner Neunheit und deinem Stadtgott (scil. Sobek), der dich liebt ..."

Während im erstgenannten Beispiel Sopdu allein auftritt, erscheint sein Name im zweiten Beleg neben dem zweier heliopolitanischer Gottheiten und neben dem des Sobek, der im Faijûm verehrt wurde.

In den Petrie-Papyri wird mehrfach der Titel eines w^{c}b ḥrj z3w n Spdw nb j3btt[11] genannt. Für die vorliegende Untersuchung soll es genügen, nur die interessantesten Textstellen aus den jeweiligen Papyri herauszustellen.

In das Jahr 24, II. šmw-Monat, Tag 13 eines ungenannten Königs - es kommt nur Amenemhet III. in Betracht - datiert die Hausurkunde des Jḥj-snb/ᶜnḫ-rn[12], in der eine Besitzübertragung verfügt wird:

"Testament (jmjt-pr), gemacht von dem vertrauenswürdigen Siegler (sḏ3wtj kf3-jb) des Leiters der Arbeiten[13], Jḥj-snb, Sohn der Špsjt, genannt ᶜnḫ-rn (aus) dem nördlichen Bezirk (wᶜrt mḥtj). All mein Besitz auf dem Lande und in der Stadt ist für meinen Bruder, den wᶜb-Priester der Phylen des Sopdu, des Herrn des Ostens (wᶜb ḥrj z3w n Spdw nb j3btt)[14], Jḥj-snb, Sohn der Špsjt, genannt W3ḥ ..."

Auf dem Recto schließt sich die Hausurkunde des zuvor genannten W3ḥ an. Sie datiert in das Jahr 2, II. 3ḫt-Monat, Tag 18 und ist der Regierungszeit Amenemhets IV. zuzuweisen. Die Rechtsurkunde des W3ḥ[15] nimmt Bezug auf die Verfügung seines Bruders. Auch in diesem Fragment taucht das Priesteramt des Sopdu auf. Dort heißt es:

"Testament (jmjt-pr) des wᶜb-Priesters der Phylen des Sopdu, des Herrn des Ostens, W3ḥ. Ich mache eine Urkunde zugunsten meiner Ehefrau, der Frau von gs-j3b(j), Šftw[16], die Tochter der Z3t-Spdw, genannt Ttj ..."

Unter den Petrie-Papyri finden sich noch drei weitere Papyrusfragmente, die von Interesse sind. Bei diesen handelt es sich gleichfalls um Rechtsurkunden, die als wpwt "Hausstandslisten" bezeichnet werden. Die Fragmente wurden zusammengerollt und versiegelt aufgefunden. Glücklicherweise trägt die Urkunde pKahun t.IX, 1-15 als einzige dieser Dokumente eine vollständige Datierung, so daß das Schriftstück in die Regierungszeit Amenemhets V. oder in die seines Vorgängers Amenemhet-sonbef, der wie Amenemhet V. den Thronnamen Sḫm-k3-R^{c} führt, zuzuweisen ist.

Die drei Urkunden umfassen eine Auflistung der zum Haushalt einer Familie gehörigen Leute über drei Generationen hinweg. Da die Personennamen und beigeschriebenen Herkunftsbezeichnungen größtenteils identisch sind, sei an dieser Stelle das umfangreichste Fragment (pKahun t.IX, 1-15)[17] auszugsweise in Übersetzung beigegeben:

> "Jahr 3, IV. 3ḫt-Monat, Tag 25 unter der Majestät des Königs von Ober- und Unterägypten, Sḫm-k3-R^{c}[18], er möge leben immerdar bis in Ewigkeit. Abschrift der Hausstandsliste des Soldaten Snfr.w(j), Sohn des Ḥrj, sein Vater war unter der zweiten angesiedelten Generation [aus dem nördlichen Bezirk][19].
> Seine Mutter Špsjt, Tochter der Z3t-Spdw, w^{c}b-Priesterin aus gs j3b(j)
> Mutter seines Vaters, H3-rḫ-nj, die Witwe eines Nekropolenarbeiters (aus) dem nördlichen Bezirk[20]
> Schwester seines Vaters, K3t-snwt, die Witwe eines Nekropolenarbeiters (aus) dem nördlichen Bezirk

Schwester seines Vaters, Jst, die Witwe eines Nekropolenarbeiters (aus) dem nördlichen Bezirk
Schwester seines Vaters Z3t-Snfr.w(j), Witwe eines Nekropolenarbeiters (aus) dem nördlichen Bezirk
Es war ein Eintreten (vor Gericht) mit der Hausstandsliste meines Vaters aus dem Jahre 2 ..."

Aus den drei Hausstandslisten ergibt sich für die Familie des Snfr.w(j) folgende Genealogie :

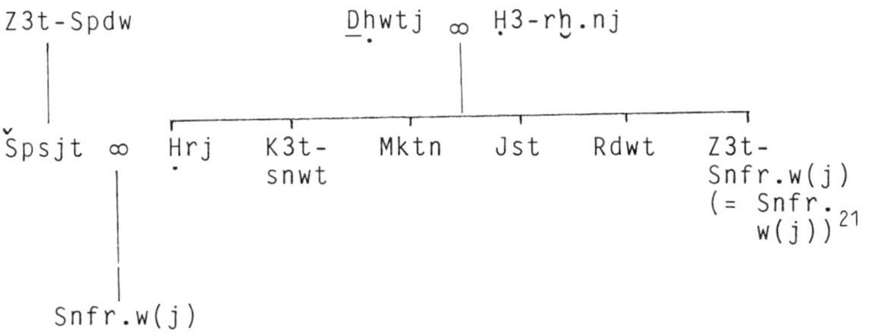

Falls die Textstelle pKahun t.IX,2 tatsächlich mit "... sein Vater (scil. Ḥrj) war unter der zweiten angesiedelten Generation aus dem nördlichen Bezirk" zu übersetzen ist, so läßt das den Schluß zu, daß Ḏḥwtj, der Vater des Ḥrj und demnach Snfr.w(j)'s Großvater, der ersten angesiedelten Generation aus dem nördlichen Bezirk angehörte und zu einem ungewissen Zeitpunkt nach el-Lahûn übersiedelte. Einen ungefähren Anhaltspunkt für die zeitliche Ansetzung dieser Umsiedlung erhält man dadurch, indem man von dem Jahr 3 Sechemkare^{c}'s (1778/77 v.Chr.)[22] zwei Generationen (= 40 Jahre) zurückrechnet. Man kommt dann in das Jahr 1821 v.Chr., demzufolge sich Ḏḥwtj in der Regierungszeit Amenemhets III. in el-Lahûn niedergelassen hätte.

Ḏḥwtj gehörte, ebenso wie sein Sohn und sein Enkelsohn, der Soldatenkaste an. Nachweislich wurden in Friedenszeiten neben Bauern auch Soldaten und Angehörige des Priesterstandes zum Pyramidenbau herangezogen.
Mit Sesostris II. setzte die Trockenlegung und Kolonisierung der Sumpflandschaft des Faijûms ein, indem er die Wasserwirtschaft durch den Bau eines Dammes bei el-Lahûn unter Kontrolle zu bringen versuchte. Seine Pyramide ließ er am Eingang des Faijûms errichten und gründete zu diesem Zwecke die Arbeiter- und Beamtensiedlung el-Lahûn.
Die Erschließung des Faijûms konnte erst unter Amenemhet III. abgeschlossen werden, der noch in griechisch-römischer Zeit in dieser für die Ökonomie Ägyptens so bedeutenden Landschaft verehrt wurde. Neben einer Sommerresidenz bei Hawâra, dem "Labyrinth" Herodots (II, 148), errichtete Amenemhet III. unweit davon eine zweite Pyramide. Die rege Bautätigkeit, die die Regierungszeit dieses Königs auszeichnet, hatte zur Folge, daß alle nur zur Verfügung stehenden Arbeitskräfte - seien es Bauern, Priester oder Soldaten - im ganzen Land mobilisiert und zum Ausbau des Bewässerungssystems sowie zu der Errichtung der Baudenkmäler herangezogen wurden. Unter den Arbeitskräften hat sich vermutlich auch der Soldat Ḏḥwtj befunden, der sich schließlich mit seiner Familie in el-Lahûn niederließ.

Bereits Griffith hat das Erscheinen des Gottes Sopdu in el-Lahûn zu erklären versucht. Seine Behauptung stützt sich darauf, daß die Familie, deren Rechtsangelegenheiten in den Papyri niedergelegt sind, aus dem Ostdelta respektive aus dem XX. unterägyptischen Gau stammte und sich zu einem ungewissen Zeitpunkt in der Pyramidenstadt Sesostris' II. niederließ[23]. Diese Familie, so führt Griffith weiter aus, brachte ihren Lokalgott Sopdu mit in die neue Heimat und erwies ihm dort weiterhin Verehrung. Für diese Erklärung sprechen das Priesteramt des Sopdu, die zahlreichen theophoren Personennamen, die Örtlichkeit gs j3bj und der "nördliche Bezirk". All diese Punkte wertet Griffith als Beweis für die Herkunft der Familie des Ḏḥwtj aus dem XX. unterägyptischen Gau.

Dem von Griffith vorgeschlagenen Ansatz ist jedoch entgegenzuhalten, daß

a) die geographischen Tempellisten der Ptolemäerzeit erstmals den XX. unterägyptischen Gau aufführen und somit davon auszugehen ist, daß der Gau auch erst in dieser späten Zeit eingerichtet worden ist;
b) $w^{c}rt$ mḥtj "nördlicher Bezirk" und gs j3bj "östliche Hälfte" zu allgemein gehaltene Begriffe sind, als daß sie als Hinweis auf den XX. unterägyptischen Gau gelten können.

Die Bezeichnung $w^{c}rt$ mḥtj steht für einen im Norden gelegenen Verwaltungsbezirk, der vermutlich den memphitischen Gau und das gesamte Delta umfaßte, während sich der "Bezirk des Südens" ($w^{c}rt$ rsj) vom Faijûm bis nach Nubien erstreckte. Aufgrund der Ausdehnung des oberägyptischen Territoriums war dieses offenbar in die beiden Verwaltungsabschnitte $w^{c}rt$

rsj (scil. Mittelägypten) und w^{c}rt tp-rsj (scil. Thebais und die sechs daran angrenzenden Gaue) unterteilt[24].

Griffith[25] deutet gs j3bj als eine der beiden Regionen Unterägyptens, die links und rechts von der Mitte des Deltas gelegen waren. Es kann jedoch kein Zufall sein, wenn in den el-Lahûn-Papyri aus der zweiten Hälfte des Mittleren Reiches hinter gs j3bj jeweils das Stadt-Determinativ gesetzt ist[27], und es muß demnach eine Bedeutung haben. Das Stadt-Determinativ deutet darauf hin, daß es sich bei gs j3bj um eine Stadt handelt, deren Name höchstwahrscheinlich J3b(t)j "die des Ostens", "die Östliche" (mit gs als bedeutungslosem Zusatz) zu lesen und im Ostdelta zu lokalisieren ist. Es ist nicht auszuschließen, daß dieser Ort auf dem Gebiet des späteren XX. unterägyptischen Gaues gelegen war und dort bereits in der XII. Dynastie ein Kult des Sopdu bestand, da der Gott seit dieser Zeit als "Herr des Ostens" bezeugt ist.

Der in den Papyri vielfach genannte Priestertitel eines w^{c}b ḥrj z3w n Spdw nb j3btt gibt Grund zu der Annahme, daß in el-Lahûn ebenfalls ein Kult des Sopdu in der zweiten Hälfte des Mittleren Reiches bestand. Griffiths Theorie, eine aus dem Ostdelta gebürtige Familie habe den Kult des Sopdu nach el-Lahûn überführt, ist illusorisch, weil der Götterkult vom König, d.h. vom Staat, gelenkt wurde. Da in der Textsammlung an vielen Stellen die "Frau von gs j3bj" angeführt wird, stellt sich in diesem Zusammenhang die Frage, ob ein Priester, der in den Diensten des Sopdu stand, dem Gott zuliebe eine Frau aus einem anderen Kultzentrum des Gottes (scil. J3b(t)j) geheiratet hat.

Ich möchte die von Griffith vorgetragene Überlegung hinsichtlich einer möglichen Übersiedlung einer Familie aus dem Ostdelta nicht als völlig irrelevant hinstellen. Es gilt diesen Ansatz jedoch insofern zu berichtigen, als daß die Familie aus einem Kultzentrum des Sopdu, wie beispielsweise J3b(t)j, in einen anderen Kultort des Gottes (scil. el-Lahûn) übersiedelte. Der Grund für den Ortswechsel wird sicherlich aus dem Pyramidenbau unter Sesostris II. und Amenemhet III. herzuleiten sein. Für die Familie des Ḏḥwtj ist der Zeitpunkt für die Übersiedlung nach el-Lahûn - falls eine solche überhaupt je stattgefunden hat - eventuell in die Regierungszeit Amenemhets III. zu datieren, aus der der größte Teil des Papyrusfundes[27] stammt.

Abschließend sei noch darauf hingewiesen, daß in den el-Lahûn-Papyri Sopdu erstmals mit seiner Neunheit in Erscheinung tritt[28]. Demnach besaß Sopdu einen Götterkreis ähnlich dem des Atum und des Ptah. Im Gegensatz zur Neunheit von Heliopolis oder der von Memphis kann die Neunheit des Sopdu jedoch namentlich nicht näher konkretisiert werden. Man ist insofern Vermutungen überlassen.

Anmerkungen zu Kapitel VII:

1 Der Name der Arbeiter- und Beamtensiedlung el-Lahûn lautete ägyptisch  , Var.  R3-ḥnt; kopt. λεϩωνε , arab. اللاهون . Die Bezeichnung des Ortes als "Kahûn" geht auf eine Verlesung des arabischen Namens zurück.

2 U.Kaplony-Heckel, Ägyptische Handschriften I, Katalog der orientalischen Handschriften in Deutschland XIX,1, Wiesbaden 1971

3 F.Ll.Griffith, The Petrie-Papyri. Hieratic Papyri from Kahun and Gurob, London 1898

4 Nur wenige Papyri datieren in das Neue Reich.

5 Die Petrie-Papyri werden nach den bei Griffith veröffentlichten Tafeln mit Angabe der betreffenden Zeile zitiert. Erschlossene Personennamen sind durch Sternchen (*) kenntlich gemacht.

6 Nur für el-Lahûn belegt

7 Nur für el-Lahûn belegt

8 W.C.Hayes, The Scepter of Egypt I, New York 1953, 200

9 pKahun t.XXIX, 32-36

10 pKahun t.XXIX, 3-7

11 pKahun t.XII, 4.7; XIII, 13.20.25

12 pKahun t.XII, 3-4 (Amenemhet III.)

13 F.Ll.Griffith, op.cit., 31 liest mit E.v.Bergmann, RecTrav 7 (1886), 187 sꜥḥw kf3-jb n ḫrp-k3t und übersetzt diesen Titel mit "the devoted servant of the superintendent of works". Cf. Wb V, 120.10

14 F.Ll.Griffith, op.cit., 32 übersetzt "the uab in charge of the corps of Sepdu, lord of the East", während er an anderer Stelle den Titel mit "the priest, the superintendent of priestly orders of Sepdu, lord of the East" wiedergibt und bemerkt: "The title wꜥb ḥr s3 n Spdw therefore probably means "uab, overseer of the corps" of uabu - stonemasons &tc. - dedicated to Sepd". Dabei wirft Griffith die Frage auf, ob das Ideogramm Δ im Namen des Gottes eine spezielle Bedeutung im Zusammenhang mit dem Pyramidenbau hat (cf. Ibid., 33).

15 pKahun t.XII, 7-8

16 Ranke, PN I, 327.12 liest šfwt(?).

17 pKahun t.IX, 1-15
Offensichtlich gehören zu den Hausstandslisten noch eine Anzahl kleinerer Fragmente mit Worten und Schriftzeichen, die bereits in pKahun t.IX, 1-14 enthalten sind. Griffith hat diese Fragmente als Kah.I.6. bezeichnet, sie jedoch nicht veröffentlicht.

18 Der Königsname ist in pKahun t.IX, 1 als K3-sḫm-Rʿ verschrieben.
19 Die zerstörte Textstelle ist nach pKahun t.IX,16 ergänzt worden.
20 Die Pluralstriche in ḫrtj-nṯr weisen darauf hin, daß der Titel nicht nur auf die Mutter des Ḥrj zu beziehen ist, sondern auch auf die drei Schwestern; cf. F.L.Griffith, op.cit., 21
21 pKahun t.IX, 21
22 J.v.Beckerath, Untersuchungen zur politischen Geschichte der Zweiten Zwischenzeit in Ägypten (ÄF 23, 1964), 31-33; cf. id., Handbuch der ägyptischen Königsnamen (MÄS 20, 1984), 160
23 F.Ll.Griffith, op.cit., 19, 21
24 W.C.Hayes, JNES 12 (1953), 31-33 entgegen H.Kees, ZÄS 10 (1934), 86-91 und W.Helck, Wirtschaftsgeschichte des Alten Ägypten im 3. u. 2.Jhtsd.v. Chr., in: HdO I, 5.Abschnitt, Leiden 1975, 146
25 F.Ll.Griffith, op.cit., 21
26 pKahun t.IX, 3.17; XII, 8; XIII, 21
27 Ausgenommen pKahun t.XIII, 19-38; XXVIa, 30-48; XXIX, 29-45, deren Datierung nicht gesichert ist, sowie pKahun t.XII, 6-14 (Amenemhet IV.) und pKahun t.IX, 1-15 (Sechemkareʿ)
28 pKahun t.XXIX, 6-7.35

VIII. SOPDU AUF DER SINAI-HALBINSEL

VIII.1. Geschichte

Im Gegensatz zum Reichtum des Landes an kostbaren Gesteinen mangelte es Ägypten an wertvollem Bauholz und Metallen. Daher zogen seit alters ägyptische Expeditionen in den Wintermonaten zur Sinai-Halbinsel aus, um von dort den Türkis (mfk3t)[1] zu holen.
Funde von Kupferschlacke, Kupfererzsplittern, Holzkohle, zerbrochenen Schmelztiegeln und anderem Zubehör im Wâdi Naṣb deuten auf eine teilweise Kupferversorgung aus dem Sinai in früher Zeit hin, doch findet sich in den Inschriften kein Beweis dafür[2].

Auf der Sinai-Halbinsel existierten mehrerenorts Türkisbergwerke, so im Wâdi Umm Themâim, im Wâdi Kharig sowie im bereits zuvor genannten Wâdi Naṣb. Die Zentren der Türkisgewinnung waren jedoch Maghâra und Serâbîṭ el-Châdim. Während erstgenanntes hauptsächlich im Alten Reich - wie die inschriftlichen Quellen belegen - ausgebeutet wurde, bildete die Hochebene von Serâbîṭ el-Châdim den Kernpunkt des Türkisabbaues zur Zeit des Mittleren und Neuen Reiches.

Die Felsinschriften von Maghâra geben darüber Auskunft, daß die Ausbeutung der dortigen Türkisvorkommen bereits unter Nebkâ, dem Begründer der III. Dynastie[3], ihren Anfang nahm und bis in die Zeit Phiops' II. kontinuierlich fortgesetzt wurde[4]. Der Abbruch der Sinai-Expeditionen gegen Ende des Alten Reiches findet seine Erklärung in dem wachsenden

Widerstand der südlichen und nördlichen Nachbarn, die sich gegen die Ausbeutung durch die Ägypter zur Wehr setzten. Das Aufbegehren dieser bis dahin unter ägyptischer Oberhoheit stehenden Völkerschaften resultierte ebenfalls aus der Schwächung der ägyptischen Staatsmacht im Landesinneren sowie der Verschlechterung der Wirtschaftslage. Der Widerstand der einheimischen Bevölkerung auf der Sinai-Halbinsel führte zum Verlust der Kontrolle Ägyptens über die dortigen Schürfgebiete. Gegen Ende der Regierungszeit Phiops' II. kam der Außenhandel letztendlich völlig zum Erliegen. So finden sich beispielsweise in Byblos, dem bedeutensten Bauholzlieferanten Ägyptens, keine ägyptischen Funde aus jener Zeit bezeugt. Die desolate innenpolitische Lage des Nillandes führte dazu, daß es sich der aufständischen Nachbarn im Süden (Nubien) und im Norden (Sinai/Palästina) nicht mehr erwehren konnte. Der Zusammenbruch des Alten Reiches war eingeleitet.

Erst die Könige der XII. Dynastie nahmen die Expeditionen zur Sinai-Halbinsel nach Wiederherstellung der inneren Ordnung und der Wiedervereinigung der beiden Landeshälften erneut auf.

VIII.2. Denkmäler

Auf dem Sinai tritt Sopdu erstmals in der XII. Dynastie in Erscheinung. Das früheste der Nachwelt überkommene Dokument (80) stammt aus Serâbîṭ el-Châdim und datiert in ein Jahr x Sesostris' II.

Die nachstehende Auflistung vermittelt einen Überblick über das Vorkommen des Gottes Sopdu auf der Sinai-Halbinsel. Die einzelnen Denkmäler werden in chronologischer Abfolge angeführt; die Abkürzungen M und S stehen für Maghâra bzw. Serâbîṭ el-Châdim.

	Sinai-Nr.	Datierung	Fundort
MR	80	Jahr x Sesostris II.	S
	115	Jahr 18[5] Amenemhet III.(?)	S
	28	Jahr 42 Amenemhet III.	M
	124(a)	Amenemhet III.[6]	S
	125(a-c)	Amenemhet IV.	S
	123B	Amenemhet IV.(nur erschlossen)	S
	33	Jahr 6 Amenemhet IV.	M
	35	Jahr 6 Amenemhet IV.	M
	121	Jahr 8 Amenemhet IV.	S
	122	Jahr 9 Amenemhet IV.	S
NR	44	Jahr 16 Hatschepsut/ Tuthmosis III.	M
	184	Jahr x Hatschepsut/ Tuthmosis III.	S
	211	Jahr 36 Amenophis III.	S
	212	Jahr 36 Amenophis III.	S
	231	XVIII.Dynastie[7]	S
	296	XIX.-XX.Dynastie	S
	<328>	Datierung unsicher[8]	S

Vereinzelt finden sich in den Inschriften - darunter auch Mannschaftslisten - Personennamen mit dem Namensbestandteil "Sopdu". Die Belege datieren allesamt in das Mittlere Reich.

Sinai-Nr.	Datierung	Personen-namen	Fund-ort
85	Jahr 4 Amenemhet III.	Z3-Spdw	S
120	Jahr 6 Amenemhet III.	Spdw-...	S
105	Jahr 30 Amenemhet III.	Spdw-...	S
118	Jahr 4 Amenemhet IV.	Z3-Spdw	S
40	MR[9]	Nḫt-Spdw(?)	S

Den obigen Tabellen ist zu entnehmen, daß der Gott vorwiegend in Serâbîṭ el-Châdim bezeugt ist. Dieses trifft sowohl für die Zeit des Mittleren Reiches als auch für das Neue Reich zu.

Aus Maghâra datieren hingegen nur drei Denkmäler aus dem Mittleren Reich, aus dem Neuen Reich gar nur ein einziges. Bei diesem handelt es sich um eine Stele (44) aus dem Jahr 16 der Königin Hatschepsut und ihres Mitregenten Tuthmosis III.[10].

Die weitaus größte Anzahl der Belege stammt aus Serâbîṭ el-Châdim. Das älteste Zeugnis (80) datiert in die Zeit Sesostris' II., das späteste (296) aus der XIX.-XX. Dynastie.
Ebenso wie in den Denkmälern aus Maghâra, so wird auch in den Anrufungsformeln der Stelen aus Serâbîṭ

el-Châdim der Name des Sopdu neben denen der anderen im Sinai-Gebiet verehrten Gottheiten Thoth und Hathor sowie neben dem des im Sinai verehrten Königs Snofru angeführt. Bei Auszählung der einzelnen Belege ist leicht festzustellen, daß Sopdu vorwiegend neben der Göttin Hathor angerufen wird. Das ist nicht weiter verwunderlich, gilt doch Hathor in ihrer Eigenart als Herrin des Türkis bzw. des Türkislandes[11] als Hauptgöttin des Sinais. Ihr war auch der Tempel von Serâbîṭ el-Châdim geweiht.

Auf den Denkmälern erscheint Sopdu als "Herr des Ostens" bzw. als "Herr der Fremdländer". Letzteres Epitheton hat er mit Thoth[12] und Horus[13] gemeinsam. In diesem Zusammenhang mag es von Bedeutung sein, daß Thoth und Horus den Titel nb ḫ3swt nur in Maghâra[14] tragen, wohingegen Sopdu diesen Beinamen nur in Serâbîṭ el-Châdim und auch nur im Mittleren Reich führt[15]. Demgegenüber tritt er an beiden Stätten als nb j3btt auf. Das Epitheton "Herr der Fremdländer" ist bereits auf Denkmalern des Alten Reiches für Sopdu belegt[16]; als "Herr des Ostens" offenbart er sich jedoch erst seit dem Mittleren Reich[17].

Außer diesen beiden Epitheta findet sich der Gott nur ein einziges Mal unter einem anderen Beinamen angerufen. Auf dem südlichen Pfeiler (184) in der sogenannten "Halle des Sopdu", datiert in die Regierungszeit der Königin Hatschepsut und ihres Mitregenten Tuthmosis III., wird Sopdu in der Einleitungsformel eines Opfergebetes als "Sopdu mit hohen Federn" angerufen. Der Beiname q3j-šw.tj[18] gehört zu den Epitheta, mit denen Sopdu nur selten bezeugt ist.

In zwei weiteren Opferformeln wird Sopdu neben der Göttin des Türkis und anderen Gottheiten angerufen. Zum einen handelt es sich um die Stele des D̠3f (121) aus dem 8. Regierungsjahr Amenemhets IV.[19], zum anderen um eine Statue aus der XVIII. Dynastie (231)[20], die sich heute im Royal Scottish Museum Edinburgh (Inv.-Nr.1905.284.4-5) befindet.
Den Totengebeten soll ein eigenes Kapitel gewidmet sein, so daß es an dieser Stelle keiner eingehenderen Beschreibung bedarf.

In den überkommenen Darstellungen[21], die den Gott Sopdu zeigen, tritt dieser dem Betrachter in anthropomorpher Gestalt entgegen, in den Händen jeweils ein ᶜnḫ-Zeichen und ein w3s-Szepter haltend. Zwei hohe Federn, in einem Fall sogar vier[22], krönen sein Haupt. Diese Darstellungsweise findet sich seit der V. Dynastie bezeugt und gilt neben der Falkengestalt als die übliche Erscheinungsform des Gottes.
Auf der Stele des Vorstehers des Schatzhauses Sbk-ḥtp(w), genannt P3-nḥsj (211), tritt die Sonnenscheibe zwischen die beiden Federn als Manifestation des solaren Aspektes des Sopdu.
Auf der Stele 212, datiert in das Jahr 36 Amenophis' III., ist von der Götterfigur, die vor Hathor steht, nur noch die Federkrone zu erkennen. Trotz des fragmentarischen Erhaltungszustandes der Figur und der beigeschriebenen Inschrift ist davon auszugehen, daß es sich bei dem dargestellten Gott um Sopdu handelt, der in der für die Sinai-Halbinsel üblichen anthropomorphen Erscheinungsform die Opfergaben des Königs Amenophis III. entgegennimmt[23].

Besondere Aufmerksamkeit kommt der Szene 124(a) im "Schrein der Könige" zu. Hinter dem König Nj-M3ᶜt-

R^c (Amenemhet III.) zeigt sich Sopdu in einem recht eigentümlichen Habitus. Die Darstellung zeigt den Gott als bärtigen Mann, der mit einem kurzen Schurz (kein Götterschurz!) bekleidet ist. Um das kurze Haar legt sich ein Stirnband. Dieses dient allem Anschein nach zur Befestigung der beiden Federn, von denen der obere Teil weggebrochen ist. In den Händen hält der Gott ein ^{c}nḫ-Zeichen und einen Hirtenstab[24]. Die Beischrift weist die Figur eindeutig als Sopdu aus, so daß an der Identifizierung keine Zweifel gehegt werden können. Offensichtlich ist Sopdu in dieser Szene als Nomade gedacht.
Währenddessen weist die Szene 125 (a-c)[25] im "Schrein der Könige" keine Besonderheiten zu dem auf den Sinai-Denkmälern üblichen Erscheinungsbild des Sopdu auf. Unter den Zeugnissen aus Serâbîṭ el-Châdim und Maghâra finden sich keine Belege, die Sopdu zweifelsfrei als Semiten darstellen. Auf der Stele 211 aus dem Jahr 36 Amenophis' III. trägt Sopdu einen nach unten spitz zulaufenden Bart. Dieser Beleg wurde in der Diskussion über die Herkunft des Gottes als weiterer Beweis für seinen semitischen Ursprung geltend gemacht[26]. Doch zeigen sich auf den Sinai-Denkmälern auch solche Götter mit einem Spitzbart, deren ägyptische Herkunft nicht in Frage gestellt ist[27]. Demnach ist es nicht auszuschließen, daß Sopdu auf der Stele 211 den gewöhnlichen Götterbart trägt, der sich unten in einen Zopf zusammenrollt.

Der Block 328[28] mit unbekannter Herkunft zeigt neben dem Kopf des Amun einen falkenköpfigen Gott. Sowohl Černý[29] als auch Giveon[30] weisen den Falkenkopf mit Doppelfederkrone und der Beischrift nb jrt jḫt[31] dem

Gott Sopdu zu. Unter der Beischrift ist noch ein  zu sehen, in dem Černý das Ideogramm des Gottesnamens des Sopdu wiederzuerkennen glaubt.
Einen weiteren Anhaltspunkt für die Zuweisung an Sopdu gibt die Darstellung des Falken mit der Doppelfederkrone selbst als auch das gemeinsame Auftreten mit Amun, der hier als "[Amun-Re^{c},] der Herr der Throne [der beiden Länder]" erscheint. Ein möglicher Zusammenhang zwischen Sopdu und Amun ist insofern gegeben, als Sopdu auf der Stele 212 nach der Textwiedergabe bei Lepsius mit Amun-Re^{c} identifiziert wird[32].

Es liegt durchaus im Bereich des Möglichen, daß es sich bei dem auf dem Block 328 dargestellten Falkengott um Sopdu handelt. Andererseits zeigt er sich sowohl in Maghâra als auch in Serâbît el-Châdim ausschließlich in anthropomorpher Gestalt. Demnach würde die Darstellung des Sopdu mit Falkenkopf einzigartig auf der Sinai-Halbinsel sein.
Zudem spricht gegen eine solche Zuweisung, daß der Titel nb jrt jḫt nirgendwo als Götterbeiname, sondern nur als Titel des Königs belegt ist. Des weiteren deutet die entgegengesetzte Blickrichtung der Götter auf eine antithetische Darstellung hin, indem der König unter dem Titel nb jrt jḫt zwei Gottheiten Opfer darbringt. Vielfach haben die Götterreden den Wortlaut dj.n(.j) n.k ^{c}nḫ wḏ3 snb mj R^{c} oder ähnlich[33]. Das Schriftzeichen, das unter der Beischrift nb jrt jḫt noch zu sehen ist, wäre demnach dj, nicht aber Spdw zu lesen. Für diese Szeneninterpretation spricht die entgegengesetzte Blickrichtung der beiden erhaltenen Götter; allerdings stellt die Schriftrichtung der Gruppe nb jrt jḫt die Zuweisung an den König in Frage, da der Titel eindeutig dem Falkengott

zugeschrieben ist. Vielleicht ist aber auch das hinter der Figur stehende ^{c}ḫm "Falke" auf den Falkengott zu beziehen.
Falls die Darstellung auf dem Block 328 nicht als Beleg für Sopdu zu werten ist, welcher Gott könnte sich dann hinter dem Falkengott verbergen? Als erstes gilt es Horus zu nennen, der auf den Sinai-Denkmälern mehrfach erwähnt und dargestellt ist. Horus zeigt sich auf den Stelen in Menschengestalt mit Falkenkopf und Doppelfederkrone[34] bzw. Sonnenscheibe[35].
Als weiteres ist der Gott von Athrîbis, Chentechtai, anzuführen, der im Sinai-Gebiet vorkommt[36]. Seit dem Beginn des Neuen Reiches begegnet dieser als Horus-Chentechtai in Gefolgschaft verschiedener Götter, darunter auch Amun-Re^{c}.
Im Hinblick auf diesen Sachverhalt möchte ich in der Falkengestalt auf dem Block 328 den Gott Horus-Chentechtai wiedererkennen.

VIII.3. Der Tempel von Serâbîṭ el-Châdim

Lange Zeit herrschte in der Ägyptologie die irrtümliche Meinung vor, daß dem Gott Sopdu ein Heiligtum in Serâbîṭ el-Châdim geweiht war. Dieser Trugschluß resultierte aus einer Bezeichnung Petries, der eine Anzahl von Räumen im Hathor-Tempel nach dem Gott Sopdu benannt hatte. In seiner Beschreibung des Tempelareals konstatiert Petrie: "The mention of the god Sopdu on these columns is the authority for attributing this lesser shrine to that god"[37]. In diesem Punkt hat Petrie jedoch geirrt. Giveon hat nach jahrelanger Grabungstätigkeit an diesem Ort den Nachweis dafür erbringen können, daß es auf dem Sinai zu keiner Zeit einen Tempel oder eine Kapelle gegeben hat, die ausschließlich oder aber auch nur vorwiegend dem Gott Sopdu geweiht war[38].

Die ältesten Teile des Tempels von Serâbîṭ el-Châdim sind den Fundobjekten zufolge die sogenannte "Kapelle des Sopdu", die "Halle des Sopdu" sowie die davorgelegene Vorhalle, im Plan von Černý[39] mit U, V und W bezeichnet. Die Räume V und W bilden zusammen mit der Kultnische U eine Einheit und waren - wie sich nunmehr herauskristallisiert hat - anfangs der Göttin Hathor geweiht. Noch zur Zeit des Mittleren Reiches wurde der Hathor-Kult in die größere Kapelle T ("Höhle der Hathor") transferiert. Dieses Heiligtum war ursprünglich als Beamtengrab geplant.

Der älteste Baukomplex mag möglicherweise bereits in der XI. Dynastie angelegt worden sein, doch datiert kein einziger Beleg aus der Fülle des überlieferten Quellenmaterials früher als die XII. Dynastie.
Hathor selbst, der dieser Tempel geweiht war, ist gleichfalls erst seit dieser Zeit auf der Sinai-Halbinsel bezeugt. Sie gilt von nun an als die Schutzgöttin der Minenfelder auf der Sinai-Halbinsel[40]. Auf den Sinai-Denkmälern finden sich Hathor und Sopdu oftmals gemeinsam abgebildet.
Innerhalb des Tempels von Serâbîṭ el-Châdim ist Sopdu mehrfach in Schrift und Bild bezeugt. In den Räumen, die Petrie dem Gott aufgrund seines dortigen Erscheinens zuweisen wollte, ist dieser nur ein einziges Mal bezeugt. Auf dem südlichen Pfeiler (184/XVIII. Dynastie) in der "Halle des Sopdu" (V) wird Sopdu zusammen mit Hathor angerufen. Demnach

kann dieser Beleg nicht als stichhaltiger Beweis für einen Kult des Sopdu in diesem Bereich des Tempels von Serâbîṭ el-Châdim gewertet werden.

Eine Felsinschrift (296) aus der XIX.-XX. Dynastie bezeugt den Namen des Gottes ein weiteres Mal. Das Dokument ist jedoch oberhalb des Daches der "Kapelle des Sopdu" angebracht und steht daher mit dem Heiligtum in keinem architektonischen Zusammenhang. Wiederum findet sich der Name der Göttin Hathor neben dem des Sopdu genannt.

Zeugnisse aus dem Mittleren Reich sind dagegen im "Schrein der Könige" bezeugt. Dieser wurde unter Amenemhet III. gegründet und liegt außerhalb des eigentlichen Tempelbezirkes. Auch in den dortigen Szenenfolgen erscheint Sopdu neben einer Vielzahl anderer Götter. Zu nennen sind hier vor allem Hathor, Ptah sowie der im Sinai verehrte König Snofru.

Aus den Fundumständen kann der Schluß gezogen werden, daß im Tempelbereich von Serâbîṭ el-Châdim zu keiner Zeit ein Kultraum oder eine Kapelle existiert hat, die ausschließlich dem Kult des Sopdu diente. Der Tempel war in erster Linie der Hathor als Herrin des Türkis und damit Schutzherrin der Türkisbergwerke geweiht[41]. Hathorkulte sind vielerorts bezeugt; genauso zahlreich sind auch die Epitheta der Göttin. In ihren Titeln "Herrin von Punt", "Herrin von Byblos" oder "Herrin von Kusch" und vielen anderen mehr gibt sich ihre Beziehung zu fremden Ländern kund. In dieser Eigenart gelangt Hathor auf die Sinai-Halbinsel und führt fortan den Titel "Herrin des Türkis" entsprechend dem dort gewonnenen Mineral. Sie avanciert zur Schutzgöttin des Minengebietes im Sinai und verdrängt sogar Thoth[42], den alten Lokalgott von Maghâra, indem sie ihre Vormachtstellung mehr und mehr behaupten kann.

Wie steht es aber nun mit Sopdu? Wie erklärt sich sein Auftreten auf der Sinai-Halbinsel?
Černý[43] sucht eine Erklärung dafür in der Lage seines Kultgebietes, dem XX. unterägyptischen Gau, zu finden. Zwei Lösungsmöglichkeiten bietet er für das Erscheinen des Sopdu an:

1.) Sopdu war ursprünglich ein im Sinai oder anderswo im Osten beheimateter Gott, der sekundär von dort in den XX. unterägyptischen Gau gebracht wurde

oder aber

2.) Sopdu war von Anfang an der Lokalgott des XX. unterägyptischen Gaues und gelangte von dort aus auf die Sinai-Halbinsel.

In beiden Fällen hätte der Gott Sopdu sein Auftreten in Maghâra und Serâbîṭ el-Châdim dem Umstand zu verdanken, daß der XX. unterägyptische Gau am Eingang des Wâdi Tumilât den Ausgangspunkt der Sinai-Expeditionen bildete und die ägyptischen Expeditionsmannschaften diesen als erstes bzw. als letztes betraten. Černý berücksichtigt aber in seinen Überlegungen nicht, daß der XX. unterägyptische Gau erst sehr spät gegründet worden und in den Tempellisten der griechisch-römischen Zeit erstmals erwähnt ist, demnach also auch gar nicht für die Gegebenheiten im Mittleren und Neuen Reich herangezogen werden kann, da sich die ptolemäischen Verwaltungseinheiten doch sehr von denen früherer Zeiten unterschieden.

Vielmehr begründet sich das Auftreten des Sopdu in den Bergwerksgebieten des Sinais in seinen Titeln "Herr der Fremdländer" und "Herr des Ostens". Auf dem Sinai erscheinen Thoth[44] und Horus ebenfalls als "Herr der Fremdländer". Dieses Epitheton nimmt Bezug auf den kriegerischen Wesenszug[45] der Götter, und es liegt nahe, daß sie in ihrer Funktion als Garanten der Sicherheit Ägyptens in den Grenzgebieten vertreten sind. Durch ihre Anwesenheit wird die Präsenz der ägyptischen Oberhoheit über diese Gebiete symbolisiert.

Gegen die asiatische Herkunft des Gottes Sopdu sprechen die Tatbestände, denn auf der Sinai-Halbinsel hat der Gott nachweislich weder einen Tempel noch einen Kultraum besessen, der ausschließlich seinem Kult vorbehalten war. Zudem tritt Sopdu auf keinem Sinai-Denkmal und in keinem Epitheton, das ihn als "Herr von Asien" oder dergleichen bezeichnet, eindeutig als Semite hervor.

Anmerkungen zu Kapitel VIII :

1 Zur Bedeutung von mfk3t "Türkis" cf. J.R.Harris, Lexicographical Studies in Ancient Egyptian Minerals (VIO 54, 1961), 106-110
2 R.Giveon, in: LÄ V, 949, n.10
Inscr.Sinai II, 5-7
3 Zur zeitlichen Einordnung des Königs Nebkâ cf. Inscr.Sinai II, 53
4 Die letzte Inschrift aus dem Alten Reich datiert in das Jahr der 2.Zählung unter Phiops II.; cf. Inscr.Sinai I, t.IX (17).
5 In PM VII, 348 irrtümlich dem Jahr 12 Amenemhets III.(?) zugewiesen.
6 Da die Kartusche den Thronnamen Amenemhets III. (Nj-M3^{c}t-R^{c}) trägt, dürfte die Szene auch diesem König zuzuweisen sein.
7 In PM VII, 363 Sethos I. zugewiesen.
8 Inscr.Sinai II, 43 als Darstellung des Sopdu in Falkengestalt ausgewiesen.
9 Das Graffito des Nekropolenarbeiters Nḫt-Spdw muß nach paläographischen Gesichtspunkten dem Mittleren Reich zugeordnet werden.
10 Statt Mn-ḫpr-R^{c} führt Tuthmosis III. auf der Stele Sinai 44 den Thronnamen Mn-ḫpr-k3-R^{c}. Der Gebrauch dieses Thronnamens scheint auf eine bestimmte Zeit der Regierung des Königs beschränkt gewesen zu sein. Cf. K.Sethe, Das Hatschepsut-Problem noch einmal untersucht (ADAW, 1932), 86-88 (§§ 103, 103a).
11 Inscr.Sinai I, t.XI (27); XII (28); X (29); XIII (39); LXIX (241)
12 Inscr.Sinai I, t.VI (10)
13 Inscr.Sinai I, t.XII (28)
14 Beide Götter sind mit diesem Beinamen jeweils nur ein einziges Mal in Maghâra bezeugt.
15 Inscr.Sinai I, t.XXII (80); XXXIX (115); XLVIII (121)
16 P.Kaplony, Die Rollsiegel des Alten Reichs IIB (MonAeg 3B, 1981), t.134 (K.u.147)
Borchardt, S'a3ḫu-re^{c}, Bl.5
17 pKahun t.XII,4; XIII,13.20; XXIX,6.35
CT IV, 90b
18 Diesen Beinamen führen Götter mit hohen Federkronen, wie Amun, Osiris und Onuris; aber auch der König ist mit diesem Titel bezeugt.
19 Inscr.Sinai I, t.XLVIII (121)
20 Inscr.Sinai I, t.LXVII (231)

21 Inscr.Sinai I, t.XIV (44); XLV (122); XLVII (124(a)); XLVII (125(a-c)); LXVI (211+212); bis auf die Stele Sinai 44 stammen alle Belege aus Serâbîṭ el-Châdim.
22 Inscr.Sinai I, t.XLV (122)
23 Černý bemerkt in Inscr.Sinai II, 167, n.d: "In front of the figure of Sopdu, which has almost entirely disappeared, are two vertical lines in which 'Sopdu, lord of the east' is apparently identified with 'Amon-Re^{c}, lord of the Thrones of the two lands' ". In PM VII, 350 als Amun-Re^{c} identifiziert.
24 Inscr.Sinai I, t.XLVII (124(a))
Die Darstellung nimmt vielleicht Bezug auf die im Sinai lebenden Beduinenstämme; cf. Inscr.Sinai I, t.LXXXV (405).
25 Inscr.Sinai I, t.XLVII (125(a-c))
26 RÄRG, 741 mit Verweis auf L.Eckenstein, AE 3 (1917), 107
27 Inscr.Sinai I, t.XLVII (125(a-c))
28 Inscr.Sinai I, t.LXXX (328)
29 Inscr.Sinai II, 200 (Datierung unsicher)
30 R.Giveon, Soped in Sinai, in: FS Westendorf II, Göttingen 1984, 777
31 Wb I, 124.12 als Titel des Königs
32 Inscr.Sinai I, t.LXVI (212)
33 Cf. Inscr.Sinai I, t.XLV (122)
34 Inscr.Sinai I, t.LXVII (233)
35 Inscr.Sinai I, t.LXVIII (247); LXX (252)
36 Inscr.Sinai I, t.XLV (122)
Die Stele wurde im Sanktuar des Hathor-Tempels von Serâbîṭ el-Châdim gefunden und ist aufgrund des Textinhaltes und des Stiles der Zeit Amenemhets IV. zuzuweisen.
37 W.M.Fl.Petrie, Researches in Sinai, London 1906, 89; der von Petrie als "lesser shrine" bezeichnete Raum ist eher als Kultnische zu benennen.
38 R.Giveon, Tel Aviv I (1974), 103; id., GM 20 (1976), 24 und id., Soped in Sinai, in: FS Westendorf II, Göttingen 1984, 778
39 Inscr.Sinai I, t.XCII (Plan)
40 Auf der Sinai-Halbinsel trägt Hathor erstmals den Titel "Herrin des Türkis"; cf. Inscr.Sinai I, t.XII (33). Auf einem Relief des Horus Sanacht ist erstmals das Wort mfk3t bezeugt; ein Gottesname ist nicht erhalten (cf. Inscr.Sinai I, t.I (4)).
41 R.Stadelmann, Syrisch-palästinensische Gottheiten in Ägypten (PÄ 5, 1967), 2 n.2 zu den Spekulationen hinsichtlich einer ursprünglich auf der Sinai-Halbinsel verehrten palästinensischen Ortsgöttin, die schließlich in Hathor aufgegangen sein soll. Cf. R.Giveon, Impact of Egypt on Canaan (OBO 20, 1978), 62-64.

42 Thoth steht dem König beim Erschlagen der Feinde hilfreich zur Seite; cf. Inscr.Sinai I, t.III (7); VI (10)

43 Inscr.Sinai II, 42

44 Einen Zusammenhang zwischen dem Auftreten des Thoth im Sinai und einem dort praktizierten Mondkult besteht nicht; cf. L.Eckenstein, AE 1 (1914), 9-13; R.Stadelmann, op.cit., 1-2, n.2

45 RÄRG, 806, wo Thoths Epitheton nb ḫ3swt auf seine Beziehungen zum Ausland und zum Kampfʿ zurückgeführt wird. Im Totentempel des Sahureʿ tritt Thoth als "Herr der ʿJwnwt" neben Sopdu auf; cf. Borchardt, S´a3ḥu-reʿ, Bl.8

IX. DIE ZEUGNISSE DER SPÄTZEIT BIS IN DIE RÖMERZEIT

Das Gros der überkommenen Zeugnisse für den Gott Sopdu datiert aus der letzten großen Epoche der altägyptischen Geschichte. Neben seinem Erscheinen auf Statuen und in Papyri ist Sopdu in nahezu allen bedeutenden Tempeln Ägyptens in Schrift und Bild bezeugt, so im Tempel von Esna, wo er neben dem Titel "Sopdu, der Älteste (Smsw)[1], der die Mnṯ(j)w schlägt" auch den des "Herrn in M3ʿt-ḫrw in Pr-Spdw"[2] führt. Darüber hinaus begegnet er in Karnak[3] und im Kleinen Tempel von Medînet Habu. Dort kommt der Gott mehrfach in dem Szenenbild des Erschlagens der Feinde durch den König vor. Aus der Zeit des Taharqo stammen die beiden Reliefs vom Ost- und Westturm des Zweiten Pylons[4]; in die Zeit des Nektanebis datiert der Beleg von der Außenfront der Kolonnadenhalle[5]. Wie bereits in den Schlachtszenen des Neuen Reiches, so steht auch hier Sopdu in kleiner Gestalt dem König im Kampf gegen die Feinde Ägyptens hilfreich zur Seite. Zumeist findet sich in den Szenenbildern auch der thebanische Reichsgott Amun dargestellt, der dem König mehrere Reihen mit Städteringen zuführt. In diesem beliebten Bildmotiv, das seit dem Neuen Reich zumeist großformatig auf den Pylonwänden anzutreffen ist, begegnet Sopdu gleichfalls in den Tempeln von Edfu, Dendera und Philae.

Hauptquellen für das Studium der Inschriften aus griechisch-römischer Zeit bilden die Tempel von Edfu und Dendera. Das Textmaterial der griechisch-römischen Zeit birgt wichtige Informationen in sich, die zum besseren Verständnis der Religion des Alten Ägypten dienlich sind und mit deren Hilfe selbst

Rückschlüsse auf die religiösen Vorstellungen der frühen Zeiten gezogen werden können, denn die Texte verzeichnen mitunter solche Epitheta, die vordem nirgends bezeugt sind.

Die geographischen Listen beider Tempel führen nicht nur mehrfach den XX. unterägyptischen Gau und dessen Metropole Pr-Spdw an, sondern benennen zudem den Titel des Hohenpriesters, die dort verehrte Hathorform und vieles andere mehr. Auf die Nomoslisten der griechisch-römischen Zeit wird im Zusammenhang mit den Betrachtungen zum XX. unterägyptischen Gau noch zurückzukommen sein.

Soweit die Belege der Spätzeit und der griechisch-römischen Epoche nicht schon bereits an anderer Stelle (theophore Personenamen, Opferformeln, Naoi von Ṣafṭ el-Ḥenna etc.) genannt wurden, sollen in den nachstehenden Abschnitten nur die wichtigsten und interessantesten Stücke jener Zeit herausgegriffen werden.

Dendera

Aus dem mittleren der drei südlichen Osiris-Zimmer[6] auf dem Dach des Hathor-Tempels von Dendera stammt die Szene einer Prozession von Schutzgottheiten der ober- und unterägyptischen Gaue vor Osiris. Die falkenköpfige Gottheit des XX. unterägyptischen Gaues, gefolgt von der löwenköpfigen Schutzgöttin des benachbart gelegenen Gaues von Bubastis, hält in der erhobenen Hand einen Krug, in dem Osiris Türkis (mfk3t) aus Ḥwt-q3 (= Ort im XX. unterägyptischen Gau) dargebracht wird. Die Inschrift über dem Kopf des Gottes beinhaltet die "Rede des Sopdu, des Herrn des Ostens; Horus ist es, der Sohn des Osiris, der

als König auf dem Thron seines Vaters erscheint, der Ägypten schützt und die Heiligtümer der Götter trefflich macht ...".
Infolge seiner engen Bindung an Horus wird Sopdu nunmehr zum Sohn des Osiris und hält somit Einzug in den Osiriskreis. In einem Text aus Edfu[7] wird Sopdu als "Falke des Goldes, der Sohn der Isis, Sopdu, der Mächtige" gepriesen.

Auf der von Chassinat[8] als "Couloir mystérieux" bezeichneten Außenwand der Kapelle C erscheint das Kultbild des Sopdu mit der Doppelfederkrone und der Sonnenscheibe als Manifestation des Sonnengottes Re[c].

Die Szene von der Westwand(!) des Durchganges zur ersten Ostkrypta[9] zeigt Sopdu in anthropomorpher Gestalt und mit dem Ideogramm  auf dem Kopf in Begleitung der Göttin Chensit (ohne Attribut) und zweier weiterer Götter. Die Inschrift benennt Sopdu als den "Ältesten, der Asien schlägt, der die Rebellen durch seine Furcht niederwirft".
Auf der Ostwand hingegen findet sich Ha, der Gott des Westens, neben der Göttin Wadjit, dem Gott von Mendes (B3-nb-Ḏdt) und dessen Gefährtin Hatmehit abgebildet. Es verwundert, daß Sopdu nicht auf der Ostwand neben den beiden mendesischen Göttern in ihrer Eigenschaft als Repräsentanten des Ostdeltas hervortritt, ist er doch anderenorts vielfach mit den genannten Gottheiten bezeugt[10].

Im Raum XIX[11] erscheint Sopdu in Begleitung der Hathor vor dem König und Harsomtus. Der Text gibt den Namen des Sopdu in der Schreibung  [12] wieder und nennt ihn "der große Gott, der in Jwnt (scil. Dendera) befindlich ist, die Macht des Ostens, Horus, der an der Spitze von Pr-Spdw ist, der Älteste, der Herr von Ḥwt-ḫbst(?)".

In einem Hymnus an Min-Amun-Reʿ[13] tritt Sopdu unter dem Epitheton "der Gute von Punt" auf. Diese Titelgebung resultiert daraus, daß von der Ostwüste, als deren Schutzpatron Sopdu seit dem Mittleren Reich galt, mehrere Karawanenstraßen zum Roten Meer abzweigten. Dort war der Ausgangspunkt der Expeditionen nach dem Weihrauchland Punt gelegen. Eine Parallele liegt bei Thoth vor, dessen Kultheimat sich ebenfalls im Ostdelta befand. Die geographische Lage des XV. unterägyptischen Gaues führt ihm nicht nur den Titel "Herr der Fremdländer" zu, sondern begründet auch sein Erscheinen als "Herr von Punt"[14].
Da Sopdu jedoch erst in so später Zeit mit dem letztgenannten Titel bezeugt ist, will mir wichtiger als seine Beziehungen zur Ostwüste die synkretistische Verschmelzung mit dem Zwerggott Bes in der Spätzeit erscheinen. Dieser gilt unter anderem als "Herr von Punt"[15], und von diesem wird Sopdu den Titel übernommen haben.

Edfu

Die Darstellungen im Horus-Tempel von Edfu zeigen Sopdu in den bekannten Erscheinungsformen, sei es in rein anthropomorpher Gestalt[16], oder sei es als Mischwesen mit Menschenleib und Falkenkopf[17]. Als Diadem trägt der Gott zumeist die Doppel- oder Vierfederkrone, die von einem Widdergehörn getragen wird. Daneben kann er wie in den Darstellungen aus Dendera mit dem Ideogramm [18] oder aber ohne jegliches Abzeichen[19] erscheinen. In der Friesdekoration der Außenwände des Sanktuars zeigt sich der Gott in Mumiengestalt mit Falkenkopf[20].

Die Inschriften des Edfu-Tempels legen ein besonderes Augenmerk auf den kämpferischen Aspekt des Gottes. Gleichzeitig gehen die Texte aber auch auf das zwiespältige Wesen des Sopdu ein. In Edfou III, 246-247 wird einerseits die feindliche Gesinnung des Sopdu gegenüber den Asiaten zum Ausdruck gebracht, indem er in seiner Funktion als Herr des Ostens die asiatischen Feinde Ägyptens niederkämpft, andererseits erinnert das Epitheton "der Älteste Asiens, der an der Spitze von Pr-Spdw ist"[21] und der in Edfou VII, 161 bezeugte Titel "Erbe der Barbaren" (jw^{c} ḫ3stjw) an die scheinbar asiatische Herkunft des Gottes. So ist Sopdu zum einen Feind der Asiaten, zum anderen aber auch einer der ihren.

Auf seine Wächterfunktion und der daraus resultierenden Gegnerschaft zu Asien nehmen die nachstehenden Titel Bezug (mit Angabe der jeweiligen Belegstellen):

"Herr des Ostens"	Edfou III,245; V,42; VI,52; VII,272; VIII,8
"Macht (b3) des Ostens"	Edfou II,277; III,246; IV,38; VII,272; Edfou, Mam., 68
"Horus des Ostens"	Edfou II,277; III,246; VII,162
"Hüter der östlichen Fremdländer"	Edfou III,246

"der Asien schlägt"	Edfou III,246
"der die Länder der Mnt(j)w schlägt"	Edfou III,246-247; V,93; VIII,8
"der mit erhobenem Arm"	Edfou III,246
"der die Fremdländer siegreich schlägt"	Edfou II,277
"der ein Gemetzel unter den Rebellen anrichtet"	Edfou V,42

Die Edfu-Texte machen sich die Feindschaft des Sopdu gegenüber dem Nachbarland Asien zunutze und lassen ihn nunmehr gleichermaßen als Vernichter der Feinde Edfus auftreten. In dieser Funktion bezeichnet man ihn als "Bhdtj, der die Barbaren in Wtzt-Hrw (scil. Edfu) tötet"[22]. Darüber hinaus trägt ihm das Erscheinen als Bhdtj den Titel "der Buntgefiederte"[23] und "der die Geburt des Morgens schützt, dessen Strahlen die beiden Länder erleuchten"[24] zu. Das letztgenannte Epitheton unterstreicht den solaren Aspekt des Gottes.

In Edfou VII, 272 kommt die enge Bindung an den Himmelsgott Horus deutlich zum Tragen, indem Sopdu mit diesem synkretistisch verschmilzt und uns als "Horus-Sopdu, der Große" bzw. "Horus des Ostens in Wtzt-Hrw" entgegentritt.
Auf die Verehrung des Sopdu in Edfu beziehen sich auch die Epitheta "der große Gott, der an der Spitze von Wtzt-Hrw ist"[25] und "der die Fremdländer vor Hwt-qn (scil. Edfu) tötet"[26].

In Edfou VII,162 tritt Sopdu unter dem Titel auf "der große Scharfe (spd wr)[27], der an der Spitze von Ḥwt-nbs ist". Der heilige Bezirk von Ṣafṭ el-Ḥenna wird noch ein weiteres Mal in Edfou V,93 genannt. Dort heißt es von Sopdu unter anderem "[groß an (?)] Kraft [in] Ḥwt-nbs".

Die den Texten beigegebenen Szenenbilder stellen den kämpferischen Charakter des Sopdu heraus.
Die Darstellung zu Edfou III,247 zeigt den König, wie er einen Feind, dessen Arme und Beine auf dem Rücken gefesselt sind, dem falkenköpfigen Sopdu an einem langen Strick zuführt. Die Szene trägt die Überschrift "Die Feinde vor seinem Angesicht (scil. des Sopdu) niedermachen"[28].
Die Szene des über die Feinde siegreichen Königs wiederholt sich stetig im Bildrepertoire des Edfu-Tempels. In Edfou X,t.CXIV sticht der König einen Gefangenen vor Horus und Hathor nieder, während Sopdu in kleiner Gestalt unter dem Epitheton "Herr des Ostens, der an der Spitze von Jw-nšnt(?) ist, der unter den Rebellen ein Gemetzel anrichtet"[29] dem König ein Messer darreicht.
Edfou XIV,t.DCLXXIV zeigt den König, gefolgt von Horus und Hathor, mit einer kleinen Sopdu-Figur vor den besiegten Feinden[30].
Bei Junker[31] findet sich der Hinweis auf eine ähnliche Szene aus dem Edfu-Tempel, die seinen Angaben zufolge unveröffentlicht ist. Dort soll der Gott dem König ein Messer entgegenhalten, während dieser die gefesselten Feinde auf dem Altar mit einer Keule erschlägt.

Als zuständige Gottheit für den Osten führt Sopdu dann auch Prozessionen von Genien an, die Personifikationen der östlichen Länder darstellen, während Ha als Herr des Westens an der Spitze der Prozession der westlich gelegenen Länder auf der gegenüberliegenden Westwand steht[32].

Hibis

Im Tempel von Hibis in der Oase el-Chârga (erbaut von Dareios I.) sind nahezu alle in Ägypten verehrten Götter repräsentiert. Unter diesen findet sich auch Sopdu, sei es als Kultbild oder als falkenköpfiger Gott. Folgende Belegstellen gibt es für den Gott zu benennen[33].

Hypostyl M (Nordwand) : Dareios I. (521-486 v.Chr.) opfert Wein und Speisen an "Sopdu-Horus der beiden östlichen Fremdländer" (scil. Palästina und Syrien) und an "Chensit, die in ihrer Barke ist"[34].

Hypostyl B (Westwand) : "Sopdu, der Gute, der Sohn des Horus des Ostens, der große Gott, der in Hbt (scil. Hibis) befindlich ist". Hinter der zerstörten Gestalt des falkenköpfigen Sopdu steht die Göttin "Mnṯt(?) von der Haarflechte (ḥnkst), die Herrin des Ostens"[35]. Man möchte hier eher die Göttin Chensit erwarten.

Raum G (Ostwand) : Der König opfert Wein an "Sopdu, den Guten, den Sohn der Wnwt(?), den Ältesten, Horus, [der an der Spitze ist von] Zm3-Bḥdt (scil. Tell el-Balâmûn), den großen Gott, der in Hbt befindlich ist"[36].

Außenseite (Südseite) : Der König bringt Opfer vor verschiedenen Gottheiten dar, darunter auch "Sopdu, der in Hbt befindlich ist" und Chensit, deren Gestalt verlorengegangen ist[37].

Sanktuar A : Dort finden sich die interessantesten Darstellungen des Sopdu. Die Wände sind in neun

Register mit mythologischen Szenen unterteilt. Nahezu die gesamte Götterwelt Ägyptens ist dort abgebildet und zeigt die Götter unter ihren verschiedenen Aspekten, teilweise auch mit ihren heiligen Tieren. Im Register VIII[38] sind die Kultbilder zweier hockender Falken abgebildet. Das hintere der beiden ist durch das Ideogramm Δ eindeutig als Kultbild des Sopdu kenntlich gemacht, wenngleich der Falke statt der üblichen Doppelfederkrone einzig und allein die Sonnenscheibe als Manifestation des Sonnengottes trägt. Bei dem vorderen Kultbild kann es sich sowohl um ein solches des Sopdu, als auch um eines des Horus von Nechen handeln. Man glaubt, noch den Rest einer Feder zu erkennen. Die Beischriften zu den Kultbildern sind weggebrochen.

In demselben Register kommt der Gott in anthropomorpher Gestalt mit Doppelfederkrone und Sonnenscheibe vor. Der Spitzbart deutet darauf hin, daß der Gott als Asiate gedacht ist, vielleicht in Analogie zu seinen Titeln, die die feindliche Gesinnung des Gottes gegenüber den Asiaten, die er hier allem Anschein nach an den Haarschöpfen packt[39], zum Ausdruck bringen. In die Zeit Ramses' II. datiert ein Beleg[40], der Sopdu geradezu als "der Smsrw Asiens, indem er die Haarschöpfe der Asiaten (Mnṯ(j)w) ergreift" charakterisiert. Wie in den späteren Edfu-Texten, so kommt an dieser Stelle bereits das zwiespältige Wesen des Gottes zum Vorschein. Durch sein Äußeres als Asiate gekennzeichnet, nimmt Sopdu gleichzeitig den Kampf gegen seinesgleichen (scil. gegen die Asiaten)auf.
An der Nordwand des Allerheiligsten findet sich im Register III eine hockende, männliche Gestalt abge-

bildet, die in ihrer erhobenen Hand ein Flagellum hält[41]. Vor der Figur ist ein Arm zu sehen. Winlock[42] schreibt in seinen Erläuterungen zu dieser Szene: "For this figure Hoskins shows a female with upraised arms. Perhaps the separate arm in Hay is only a suggestion for the real attitude of the left arm in the figure". Die Inschrift schreibt der Gestalt den Titel zu "Sopdu, der Herr der Wüste Hmt(?), der große Gott, der von selbst entstanden ist". Letzteres weist dem Gott die Stelle eines Urgottes zu.
Eine Wüste Hmt findet sich in den Nachschlagewerken zur Geographie des Alten Ägypten nicht aufgeführt. Es gilt zu bedenken, ob die genannte Wüste nicht in der näheren Umgebung von Hibis zu lokalisieren ist.

In der Gauliste[43], die im Raum K2, rechts neben dem Allerheiligsten gelegen, angebracht ist, fehlen der XIX. und XX. unterägyptische Gau, da diese erst in der Ptolemäerzeit eingerichtet wurden.

Philae

Im Isis-Tempel von Philae findet sich Sopdu mehrfach bezeugt. Zumeist begegnet er in der Szene des Erschlagens der Feinde durch den König. Die Darstellung vom Ostturm[44] zeigt den Gott in kleiner Gestalt, wie er dem König ein Messer darreicht. Die zugehörige Inschrift, die aufgrund der dem Gott beigegebenen Epitheta von besonderem Interesse ist, hat den Wortlaut: "Sopdu, der an der Spitze von Pr-Spdw ist, der große Gott, der die Fremdländer schlägt und die Mn_t(j)w niedertritt. Es ist Sopdu, der in Snmt (scil. Bigga) mächtig ist als der Starke auf dem Dach[45], der Oberste der Fremden(?)[46]. Er ist der starke Löwe[47], der den Stier schlägt".

In einer ähnlichen Szene an der östlichen Außenwand der Hypostylhalle[48] sichert Sopdu dem römischen Kaiser Tiberius den Sieg über die Feinde aller Länder zu. Wie in der zuvor genannten Szene, so übergibt auch hier Sopdu dem Herrscher ein Messer.

Die Prozession von Ka-Göttern am Mauerfuß des westlichen Pylonturmes[49] gehört zu dem Zyklus der Zuführung der Ka-Götter an Osiris. Unter den Göttern findet sich ein Ka-Gott mit dem Abzeichen  auf dem Kopf. Dieser bringt dem Gott Osiris Amulette dar unter Zusicherung, seine Gestalt (scil. des Osiris) gegen seine Feinde auszurüsten (spd.f jrw.k r ḫftjw.k)[50]. Ein Paralleltext liegt in Edfou III,101 vor.

Statuen und Papyri

Neben den Belegen aus den bedeutendsten Tempeln jener Zeit ist der Name des Gottes zudem auf zahlreichen Denkmälern und in Papyri der späten Zeit bezeugt.

In dem abydenischen Grab G 50B fanden sich drei bronzene Hypokephale, deren größter bei Petrie, Abydos I, t.LXXVI + LXXIX[51] in Abbildung beigegeben ist. Petries Kommentar zu den drei Booten über dem Kopf des vierköpfigen Widdergottes lautet: " ... the first contains Horus, the second Horus-Sept, and the third Khepera"[52]. Mir erscheint es jedoch mehr als fraglich, ob es sich tatsächlich um Horus-Sopdu handelt, der hier in dem Bild des auf einem Podest stehenden Horusfalken dargestellt ist. Vielmehr möchte ich in dieser Darstellung den Sonnengott in seiner Manifestation des Re^{c}-Harachte wiedererkennen.

Die bronzene Statuenbasis einer Götterfigur mit unbekannter Herkunft findet sich in der Staatlichen Sammlung Ägyptischer Kunst München (ÄS 6786) ausgestellt (t. IV)[53]. Auf der Basis liegen bäuchlings nebeneinander zwei auf dem Rücken gefesselte Gefangene mit hochgereckten Köpfen. Die rechte Figur trägt eine kurze Frisur und weist sich durch negroide Züge als Nubier/Sudanese aus. Die linke Gestalt ist durch einen Spitzbart und eine hohe konische Mütze als Perser oder Assyrer charakterisiert. Demzufolge stehen die beiden Gefangenen stellvertretend für die südlichen und nördlichen Feinde Ägyptens. Die Körper der beiden Gefesselten sind jeweils von einem ovalen Loch durchbohrt, das zur Einzapfung einer schreitenden Götterfigur diente. Diese tritt die Gefangenen mit ihren Füßen symbolisch nieder.
Die Inschrift, die Vorder- und rechte Basisseite umsäumt, gibt unzweifelhaft darüber Auskunft, daß es sich bei der verlorengegangenen Götterfigur um die des Sopdu handelt, der hier in der Pose des Bezwingers der Feinde agiert. Die Inschrift hat den Wortlaut: "Sopdu möge Leben geben dem Wsjr-nḫtw, dem Sohn des Wḏ3w".

Die oben vorgestellte Statue ist der einzige überkommene Beleg dieser Art, der Sopdu in diesem Bildtypus zeigt - einem Motiv, das in seinen Ursprüngen bis in die Zeit des Horus Narmer hinaufdatiert, und von da an in dem Szenenbild des über die Feinde triumphierenden Königs in Schlachtszenen wiederkehrt.

In die Zeit des Nektanebis datiert der Torso der Standfigur eines Beamten[54]. In der Inschrift des Rückenpfeilers bezeichnet sich der Statueninhaber als Günstling (mḥ-jb) des Königs Nektanebis sowie als Geehrter (jm3ḫw) des Sopdu. Als Epitheta sind dem Gott die Titel "Herr des Ostens", "der große Gott" sowie "Herr des Himmels" beigegeben. Letzterer ist dem Sonnengott eigen und weist Sopdu den solaren Gottheiten zu. Die Schreibung des Gottesnamens weicht insofern von den üblichen Formen ab, indem er in der Inschrift in der Variante  auftritt.

In seinem Kommentar hebt Bothmer hervor, daß die Statue aus einer besonderen Diorit-Sorte gearbeitet ist, die für Ṣafṭ el-Ḥenna charakteristisch ist. Demnach werden wir Ṣafṭ el-Ḥenna als Herkunftsort benennen dürfen.

Eine Standfigur des Nektanebis aus Ṣafṭ el-Ḥenna[55] ist aufgrund der zahlreichen Epitheta des Sopdu von Interesse. Die Inschrift nennt den König als "geliebt von Sopdu, dem Herrn des Ostens, dem horizontischen Horus (scil. Harachte), dem großen Gott, dem Herrn von Bachu (scil. des Ostens), dem Fürsten und Herrscher der Neunheit".

Im Hildesheimer Museumskatalog wird das spätzeitliche Fayence-Amulett Nr.2745, das 1921 im Kunsthandel erworben wurde, als "Darstellung des Gottes Sopdu als Beduine mit Hasen und Oryxantilope" ausgewiesen (t. V)[56].
Der Mann, bekleidet mit einem kurzen, in Falten gelegten Schurz, steht in Schrittstellung auf einer Basisplatte. In der linken Hand hält er einen Hasen an den Löffeln empor, zu seiner Rechten steht eine Oryxantilope, die er zu führen scheint.
Das glatte, dichte Haar fällt bis auf die Schultern herab. Ein Spitzbart umrahmt das Gesicht des Mannes und weist ihn als Asiaten aus.

Attribute, wie die charakteristische Doppelfederkrone oder aber der Schesemet-Schmuck, fehlen, und dies stellt die Zuweisung an Sopdu in Frage. Zudem spricht die fehlende Öse auf dem Rücken oder Kopf sowie die Gesamthöhe von 4,3 cm[57] gegen eine Deutung der Figur als Amulett.

Ich möchte in diesem Fayencefigürchen die Votivgabe eines asiatischen Wüstenjägers sehen, der sich aus uns unbekannten Gründen mit diesen beiden Tieren abbilden ließ, galt doch die Antilope als Anhänger oder Verkörperung des Seth im spätzeitlichen Ägypten geradezu als verfemt. Auch der Hase ist als Jagdtier selten bezeugt und spielt in der Mythologie und Magie des Alten Ägypten nur eine untergeordnete Rolle.

Die dargestellten Tiere finden sich als Wappentiere in den Gaustandarten des Hasen-Gaues (XV. oberägyptischer Gau) und des Antilopen-Gaues (XVI. oberägyptischer Gau) wieder. Eventuell ist darin der Grund zu suchen, warum die Wahl des Mannes auf diese beiden Tiere fiel, indem er aus einem der genannten Gaue stammte und dort als Wüstenjäger tätig war.

Die von Spiegelberg[58] als Petubastis-Roman benannte Erzählung ist uns in demotischer Schrift überliefert. Die Niederschriften datieren aus dem 1. und aus dem Beginn des 3. nachchristlichen Jahrhundert. Die geschilderten Begebenheiten, die als Vorlage der sagenhaften Erzählung dienten, gehen aber sicherlich auf Ereignisse der Zeit der Kämpfe der Äthiopen und Assyrer (um 660 v.Chr.) zurück. Demnach handelt es sich um den König Petubastis II.[59], nach dem der Romanzyklus seinen Namen erhalten hat.

Im Zusammenhang mit P3-qrr, dem Fürsten von Pr-Spdw, findet sich verschiedentlich der Gott Sopdu als "der Große des Ostens" bezeugt[60]. Den gleichen Titel führt auch P3-qrr, der ein Vasall des Königs Petubastis II. sowie Unterhändler der Friedensverhandlungen zwischen diesem und dem Priester des Horus von Buto ist. P3-qrr ist somit einer der Hauptakteure der Erzählung. Insofern verwundert es nicht, wenn die Namen der Stadt Pr-Spdw und ihres Hauptgottes mehrfach genannt sind.

Das Balsamierungsritual ist der Nachwelt in zwei Abschriften (pLouvre 5158 und pBoulaq III) überkommen. Das Ritual umfaßt Vorschriften für die Balsamierung der einzelnen Körperteile und der dabei zu sprechenden Rezitationen.
In Verbindung mit der Balsamierung der Hände werden als zuständige Schutzgottheiten unter anderem die "starkarmigen Götter" Horus Merti, Min-J^{c}ḥ und Sopdu angerufen[61]. Dieselben Götter treten bei der Balsamierung der Beine erneut in Aktion. Von Sopdu heißt es an der betreffenden Stelle[62]:

> "Zu dir, Osiris NN, kommt Sopdu, der Herr des Ostens, der Herr des Gemetzels in Ḥwt-nbs. Er gibt ein richtiges Ausschreiten in der östlichen Wüste wie der Erste der Westlichen und ein schönes Fest in der westlichen Wüste ..."

Wie bereits an anderen Stellen erstreckt sich auch hier der Aufgabenbereich des Sopdu unter besonderer Hervorhebung seines kriegerischen Wesens auf den Osten und den Westen. Demnach tritt er an die Stelle des Ha, der ansonsten als Schutzpatron des Westens gilt.

Gleichfalls als Repräsentant der Himmelsrichtungen Osten und Westen begegnet Sopdu in einem anderen Ritualbuch, das den Titel "Buch von dem Sieg über Seth"[63] trägt und der Ptolemäerzeit zuzuweisen ist. Die angesprochene Textstelle richtet sich an die Feinde aus den vier Himmelsrichtungen und überweist diese der Rache der jeweiligen Schutzgottheiten. Als Wächter der ägyptischen Ostgrenze tritt Sopdu neben Ha zugleich auch gegen die aus dem Westen heranahenden Feinde an. Sopdu führt unter anderem auch das Epitheton "der große Gott, der an der Spitze von Ḥwt-bjk ist". Ob es sich bei diesem Ort tatsächlich um Edfu handelt, bleibt dahingestellt. Aufgrund des hohen Ansehens des Himmelsgottes Horus gab es sicherlich mehrere Orte mit dem Namen "Haus des Falken" in Ägypten. Es ist sogar durchaus denkbar, daß Ḥwt-bjk eine spielerische Umschreibung für Ṣafṭ el-Ḥenna wiedergibt.
Bei der Abwehr der Feinde im Osten steht dem Gott Sopdu seine Gefährtin, die Göttin Chensit, hilfreich zur Seite. Diese stellt die Verkörperung der Uräusschlange dar und tritt in dem Ritualbuch als Flamme auf.

Zum Abschluß sei noch das Apophisbuch (pBM 10188)[64] aus dem Jahr 12 Alexanders II. (IV.) (306/05 v.Chr.) als ein weiteres Zeugnis für das Auftreten des Sopdu in griechischer Zeit genannt. Der Name des Gottes erscheint in einer Aufzählung verschiedener Götter neben Anubis, dem Herrn von Z3w.dj (scil. Asjût) und Horus-Merti, dem Herrn von Šdnw.

Anmerkungen zu Kapitel IX :

1 Zu Smsrw und Smsw cf. die Seiten 77-79

2 S.Sauneron, Le Temple d'Esna II, Kairo 1963, 80 (l.52-53); cf. G.Daressy, RecTrav 27 (1905), 190 (l.52-53)
Bei der in PM VI, 114 als Beleg für Sopdu aufgeführten Darstellung handelt es sich um die Göttin Sothis, wie die Beischrift und Darstellung unzweifelhaft zeigen; cf. Rosellini, Mon.Storici I, t.CLXIX (2).

3 R.A.Parker/J.Leclant/J.Goyon, The Edifice of Taharqa by the Sacred Lake of Karnak, Brown Egyptological Studies VIII, London 1979, 65-69, t.26
Cf. die Erläuterungen zu einer Parallelszene aus der Zeit der Hatschepsut im Karnak-Tempel auf Seite 94.

4 LD V, 1c; LD, Text III, 152-153
PM II, 465 (34-35)

5 Champollion, Mon.II, t.CXCVI
PM II, 464 (23)

6 Dümichen, Geogr.Inschr. III, t.LI
PM VI, 99 (66-71)

7 Champollion, Not.Descr. I, 666
PM VI, 122 (3-4)

8 Dendara II, 59, t.LXXXVII

9 Dendara V, 31, t.CCCXLIII

10 Cf. das Kapitel XIV.11, wo die Belege aufgeführt sind.

11 Dendara III, 17, t.CLXIX+CLXXI

12 Bei  handelt es sich offensichtlich um den oberen Teil einer Gaustandarte, deren Unterteil nicht abgebildet ist.

13 Mariette, Dend. I, t.23

14 K.A.Kitchen, Ramesside Inscriptions II, Oxford 1979, 401 (l.14)

15 LD Text II, 247

16 Edfou II, t.XLV(c); XIV, t.DCLXXIV

17 Edfou III, t. LXXVI; X, t.CXV

18 Edfou XIV, t.DCLXXIV; cf. Champollion, Not.Descr. I, 665-667; PM VI, 122 (3-4)

19 Edfou III, t.LXXIII
Hier erscheint Sopdu neben Thoth und Month in der 12. Nachtstunde. Im Pfortenbuch taucht Sopdu ebenfalls in der 12. Nachtstunde auf; cf. E.Hornung, Das Buch von den Pforten des Jenseits (AH 7, 1979), 382.

20 Edfou I, 66, t.XVII (Nr.45)

21 Edfou III,247

22 Edfou III,247; cf. V,93; VI,52; VII,162
Auch außerhalb der Edfu-Inschriften findet sich die Beziehung des Sopdu zum Edfu-Tempel bezeugt; cf. Urk. VI,33.

23 Edfou VII,162
24 Edfou VII,162
25 Edfou II,277
26 Edfou V,93
Ḥwt-qn ist ein Name des Edfu-Tempels;cf. D.Kurth, Die Dekorationen der Säulen im Proanos des Tempels von Edfu (GOF IV, 1983), 114-115, n.20; cf. auch Gauthier, DG IV, 135-136, während Ph.Derchain, CdE 37 (1962), 57 darin eine Örtlichkeit im Gau von Sebennytos wiedererkennt.
27 Ein als spt/spd "der große Scharfe" bezeichneter Genius in Mumiengestalt begegnet in Edfou I,508, t.XXXVb und Edfou I,533; t.XXXVIb.
28 In Edfou III,247 gilt der König als Herr von 
(scil. Pr-Spdw).
29 Edfou V,42
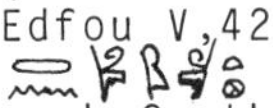 ist eventuell Jw-nšny/nšnt zu lesen; nach Gauthier, DG I, 46 als Bezeichnung eines zum Edfu-Tempel zugehörigen Gebietes.
30 Edfou VIII,118 (Beischrift zerstört); cf. Champollion, Not.Descr. I, 666
PM VI,122 (3-4)
31 H.Junker, Die Onurislegende (DAWW 59, 1917), 47
32 Edfou II, t.XLV(c)
33 Die Tafeln werden nach N.de Garis Davies, The Temple of Hibis in El-Khârgeh Oasis III (MMA 17, 1953) zitiert.
34 Ibid., t.30
35 Ibid., t.8
H.E.Winlock, The Temple of Hibis in El-Khârgeh Oasis (MMA 13, 1941), 15 übersetzt: "Mnṯt(?) of the trees (ḥnkst), lady of the East".
36 N.de Garis Davies, op.cit., t.18
Der Name der Göttin ist  geschrieben;
eventuell steht  fehlerhaft für .
Zu Zm3-Bḥdt, der Metropole des XVII. unterägyptischen Gaues, cf. Gauthier, DG V, 33-34
37 N.de Garis Davies, op.cit., t.50
38 Ibid., t.4
39 Die Köpfe der Feinde sind weggebrochen, doch deutet der erhaltene Spitzbart des einen Gefangenen auf eine asiatische Herkunft hin.
40 J.de Rougé, RecTrav 11 (1889), 90 (XXXVIII)
41 N.de Garis Davies, op.cit., t.3
42 H.E.Winlock, op.cit., 6
43 N.de Garis Davies, op.cit., t.31
44 H.Junker, Der große Pylon des Tempels der Isis in Philä (DÖAW-Ab., 1959), 27 (Abb.13a), 30,31 (Abb.14a)
45 Bezeichnung des löwengestaltigen Wasserspeiers (Wb V, 47.14)

46 Wb II, 405.17
47 Nach Abb.13a möchte man das vordere Tier als Löwe identifizieren.
48 LD IV, 74d
PM VI, 247
49 H.Junker, op.cit., 98-99 (Abb.51)
50 Ergänzung des Philae-Textes nach Edfou III,101
51 W.M.Fl.Petrie, Abydos I (EES 22, 1902), 49-51, t.LXXVI+LXXIX (XXX. Dynastie)
52 Ibid., 50
53 S.Schoske/D.Wildung, Ägyptische Kunst München, Katalog-Handbuch zur Staatlichen Sammlung Ägyptischer Kunst, München 1985, 110 (Abb.76, ÄS 6786) weisen die Statuenbasis in die XXV.-XXVII. Dynastie.
54 B.v.Bothmer u.a., Egyptian Sculpture of the Late Period, Brooklyn-Museum, New York 1960, 94-95, t.72 (No.75, Figs.185-187)
55 Naville, Saft el Henneh, t.8(B)
56 H.Kayser, Die ägyptischen Altertümer im Roemer-Pelizaeus-Museum in Hildesheim, Hildesheim 1973, 111
57 Frau Dr.B.Schmitz teilte mir freundlicherweise die Maße der Fayence Hildesheim PM 2745 mit: Gesamthöhe: 4,3 cm; Basisplatte: 1,9 x 1,2 cm; Länge der Antilope: 1,8 cm.
58 W.Spiegelberg, Der Sagenkreis des Königs Petubastis, in: Demotische Studien, Heft 3, Mailand 1978[2]
U.Luft, Beiträge zur Historisierung der Götterwelt und Mythenschreibung (StudAeg IV, 1978), 226-231; cf. A.Volten, Ägypter und Amazonen, Wien 1962; J.Schwartz, BIFAO 49 (1950), 67-83 und J.Krall, Ein neuer historischer Roman in der demotischen Schrift, in: Demotische Studien II, Wien 1897, t.10-22
59 E.Bresciani, Der Kampf um den Panzer des Inaros (Papyrus Krall), Wien 1964, 10 sieht in Petubastis den Begründer der XXIII. Dynastie. Die sich in der Erzählung widerspiegelnden politischen Verhältnisse passen jedoch nicht zur historischen Situation zu Beginn der XXIII. Dynastie (um 820 v.Chr.). Demzufolge ist dem Ansatz Spiegelbergs der Vorzug zu geben, der den Roman in die Zeit des Königs Petubastis II. von Tanis datiert.
Cf. K.A.Kitchen, The 3rd Intermediate Period in Egypt, Warminster 1973, 455-461 (§§423-430)
60 W.Spiegelberg, op.cit., 48 (col. G, l.21)
61 S.Sauneron, Rituel de l'Embaumement, Kairo 1952, 31 (l.4) (pLouvre 5158 + pBoulaq III)

62 Ibid., 40 (l.1-2)
63 Urk. VI, 33 (pLouvre 3129; pBM 10252)
64 R.O.Faulkner, The Papyrus Bremner-Rhind (BM No. 10188) (BAe 3, 1933), 55 (l.14)
Roeder, Urkunden, 106 gibt den Namen des Gottes Sopdu nicht wieder, sondern liest an der Textstelle "Herr des Ostens".

X. DIE NAOI VON ṢAFṬ EL-ḤENNA

X.1. Kairo CG 70021

Der Naos Kairo CG 70021[1] aus Ṣafṭ el-Ḥenna stellt neben dem Naos von el-ᶜArîsch (Ismailia 2248) und dem in Abuqîr gefundenen Naos Louvre D37 das bedeutendste Denkmal des Sopdu aus der Spätzeit dar.

Der sich nach oben schwach verjüngende Monolith aus schwarzem Granit wurde auf Anordnung des Königs Nektanebis (380-362 v.Chr.) aus der XXX. Dynastie zu Ehren des Sopdu im Ortstempel von Ṣafṭ el-Ḥenna errichtet. In den Inschriften des Denkmals tauchen verschiedentlich die Namen der heiligen Bezirke Ḥwt-nbs "Haus des Christusdornes"[2] und J3t-nbs "Stätte des Christusdornes" auf, die in unmittelbarer Nachbarschaft von Pr-Spdw gelegen waren.

Im Jahre 1865 wurde der Naos von zwei Fellachen bei ihrer Arbeit auf dem Felde entdeckt. Nach seiner Bergung ließ der Pascha das Monument in etwa ein Dutzend Stücke zerschlagen. Der Grund für diese mutwillige Zerstörung war der damals in ganz Ägypten vorherrschende Aberglauben, daß die Denkmäler der Pharaonenzeit Gold enthielten.
Naville konnte während der Wintermonate 1884/85 neben den bereits 20 Jahre zuvor gefundenen Blöcken weitere Fragmente des Naos freilegen. Die Blöcke trug Naville im Museum von Kairo zusammen, so daß heutzutage mehr als die Hälfte des Denkmals erhalten ist.

Anfang der vierziger Jahre dieses Jahrhunderts entdeckte Schott[3] während einer Erkundungsfahrt im Ostdelta einen Block, der etwa 20 Kilometer von Ṣafṭ el-Ḥenna entfernt in einem Schöpfrad verbaut war. Dieser konnte zweifelsfrei dem Naos des Nektanebis zugewiesen werden.

Von dem monolithen Denkmal ist der Sockel fast vollständig erhalten. Diesen schmückt eine dreizeilige Widmungsinschrift, die - von einem gemeinsamen ᶜnḫ-Zeichen auf der Mitte der Vorderseite ausgehend - den Sockel nach beiden Seiten umzieht.
Über dem Sockel erhebt sich der Oberbau, von dem nahezu zwei Drittel geborgen werden konnten. Die beiden Türpfosten rechts und links von der Türöffnung tragen eine neunzeilige Inschrift mythologischen Charakters, die dem Gott Thoth in den Mund gelegt ist. Während der rechte Türpfosten nahezu vollständig erhalten ist, sind von der gegenüberliegenden Seite nur wenige Zeilen überliefert. Von hier stammt auch das oben erwähnte, von Schott aufgefundene Fragment. Die übrigen drei Außenwände tragen in sechs untereinanderliegenden Registern Darstellungen von Götterbildern, heiligen Tieren und tragbaren Götterschreinen. Es handelt sich dabei eindeutig um ein Inventar der Götterfiguren und Schreine, die Nektanebis im Tempel des Sopdu in Ṣafṭ el-Ḥenna aufstellen ließ, und zwar vor dem Allerheiligsten. Es heißt daher in den Inschriften mehrfach "die vor Sopdu, dem Herrn des Ostens, sind".

Unter den abgebildeten Statuen, die teilweise mit Material- und Maßangaben versehen sind, finden sich nicht nur solche, die Sopdu in seinen verschiedenen Erscheinungsformen zeigen, sondern es sind nahezu alle bedeutenden Gottheiten des ägyptischen Pantheons in ihren diversen Gestalten vertreten, wie zum Beispiel Thoth, der sowohl als Pavian[4], ibisköpfiger Mumiengott[5] oder in Menschengestalt mit Ibiskopf[6] erscheint.

Die einzelnen Register sind mittels einer horizontal verlaufenden Textzeile voneinander abgesetzt. Der Innenraum des Naos, der bis auf 5 Register der rechten Seitenwand vollständig zerstört ist, war in der gleichen Art und Weise wie die Außenwände des Denkmals ausgearbeitet.
Die Decke zeigt, soweit von ihr noch Reste erhalten sind, fliegende Geier. Das Dach, und mit diesem der größte Teil der Friese, ist verlorengegangen. Eine mit zwei(?) Flügeln ausgestattete Tür verschloß das Innere des Naos, das eine Statue des Sopdu in sich barg.

Die nachfolgende Übersetzung der Inschriften des Naos von Ṣaft el-Ḥenna folgt Roeders Publikation, in die Neulesungen am Original eingearbeitet sind, und die daher Navilles Veröffentlichung vorzuziehen ist.

Naos Kairo CG 70021

Sockel, vorne[7] : (1) Horus "mit kräftigem Arm", König von Ober- und Unterägypten, Ḫpr-k3-R^{c}, Sohn des Re^{c}, Nḫt-nb.f (Nektanebis), gleich Re^{c}, geliebt von Sopdu, dem Herrn des Ostens.
(2) Der der beiden Herrinnen "der den beiden Ländern Gutes tut" (smnḫ), König von Ober- und Unterägypten, Ḫpr-k3-R^{c}, Sohn des Re^{c}, Nḫt-nb.f, geliebt von der Macht (b3) des Ostens.
(3) Goldfalke "der das tut, was die Götter wünschen", König von Ober- und Unterägypten, Ḫpr-k3-R^{c}, Sohn des Re^{c}, Nḫt-nb.f, gleich Re^{c}, geliebt von Horus des Ostens.
Sockel, linke Seite[8] : (1) Der junge Gott, groß an Kraft, mit kräftigem Arm, der die Fremdländer bezwingt (d3r), mit nützlichem Rat (3ḫ zḥ), der für Ägypten sorgt, der Beschützer (mwnf) der Gaue, der die Wüstenländer der Asiaten (Mnṯ(j)w) niedertritt, der die Stätte ihrer ... (rm?) zerstört[9], tapferen Herzens (wmt jb), der auszieht[10], ohne sich umzuwenden, im (rechten) Augenblick (m 3t), der mit dem Bogen genau (m ^{c}q3.f) geschossen hat[11], der die Tempel ausstattet mit der Größe seiner Herrlichkeit. Was (er) sagt, geschieht sogleich, wie (wenn) es herauskommt aus dem Mund des Re^{c}, der König von Ober- und Unterägypten, Ḫpr-k3-R^{c}, der Sohn des Re^{c}, Nḫt-nb.f ///
(2) Dieser erhabene Gott, Sopdu, der Herr des Ostens, er gedenkt der Gunstbeweise (ḥswt) Seiner Majestät. Alle Götter sind, wenn er vor sie tritt[12], in Jubel (ḥ^{cc}wt) über ihn für seinen Ka, damit er die Gottesleiber schützt zu seiner Zeit und (noch) nach vielen

Jahren. Er erbittet (nḥj) das ihm Nützliche[13] von diesem Gott an der geheimen Stätte, die (selbst) die Eingeweihten nicht kennen, und (wo) alle Neunheiten dieses Gaues ihre Leiber verbergen. Der Gott gab es in das Herz des Herrn der beiden Länder, um wissen zu lassen (jrj ᶜm3) die Schönheit Seiner Majestät ///

(3) sehr viele Jahre, nicht wissend, wie es geschah. Man sah sie(?) staunend (m g3g3w) wegen ihres Verkündens (sr)[14] im Löwenbett (nmt)[15]. Jubel war, indem gesagt wurde: "Der Herrscher, er ist gekommen aus dem Osten[16], und er hat die Erde erleuchtet (sḥḏ) mit seinem Glanz (j3ḫ). Deine Statue wird erhoben (tw3) zum Herrn des Triumphes". Der junge Gott - (so) sagt man über ihn - er macht angenehm (snḏm) die Stätte in Jmn-ḫprw ("Verborgenen Wesens")[17] des Herrn des Ostens in seinem Leib selbst. Die Götter sind ihm unterstellt[18] an seiner rechten Seite (šwt.f jmntjt), die Neunheit ist an seiner linken Seite (gs.f j3bj), wenn er erscheint. Seine Neunheit ist vor ihm, wie (bei) Reᶜ, wenn er im Horizont aufgeht, gleichwie[19] wenn er sich niederläßt (ḥtp) an seiner Stätte als Herr des Tages, er liebt ///

<u>Sockel, Rückseite[20] :</u> (1) /// die Macht des Ostens, mit kräftigem Arm, der als Horus des Ostens hervorgekommen ist, der älteste Sohn des Horizontischen, der Allereinzigste (wᶜ wᶜw), der [Ägypten] [21] umgibt (jnḥ), der die Feinde (dgdgw)[22] im Land[23] und die Störenfriede (ḫnnw) in seinem Innern (m q3b.f) zur Ruhe bringt, der König von Ober- und Unterägypten, Ḫpr-k3-Rᶜ, der Sohn des Reᶜ, Nḫt-nb.f, der ewig lebt.

(2) /// der große Gott, der Herrscher der Neunheit, der Horizontische, der im Horizont aufgeht, Türkis,

der im [Licht ?] glänzt (mfk3t ṯḥn m ḥ3jt)[24]. Alle Menschen leben, wenn sie seine Strahlen (m3wt) sehen, Horus im Ostland (B3ẖw), den die Götter ehren, wenn sie ihn sehen.
(3) /// für Dich Deine Stätte als Herr des Triumphes. Die beiden Länder insgesamt freuen sich, seitdem Du erschienen bist im Horizont des Ostlandes ///. Er hat die Fremdländer in ihre Täler verscheucht (ḥdg). Er ist es, der Ägypten, das Auge des Re^{c}, wohlbehalten sein läßt (s[w]ḏ3) und den Leib der Götter beschützt (mkj). Ich habe Dein Haus (scil. Tempel) versorgt (sḏf3) mit allen guten Dingen. Du machst für mich Lohn (bestehend) aus der Siegeskraft (qn-nḫt) wie Re^{c} ewiglich.
Sockel, rechte Seite[25] : (1) Der König von Ober- und Unterägypten, der Herr der beiden Länder, Ḫpr-k3-R^{c}, der Sohn des Re^{c}, Nḫt-nb.f, er machte (es) als sein Denkmal für seinen Vater Sopdu, den Herrn des Ostens, als Naos (mnjw) aus schwarzem Granit (jnr km n m3ṯ), die Türen aus schwarzem Kupfer (ḥmtj km), tauschiert (s^{c}m) mit Gold, das Bild seines Gesichts /// zusammen mit dem, was auf der Schriftrolle (^{c}rt) stand, ausgeführt in trefflicher Arbeit (k3t mnḫt) für die Ewigkeit. Der Lohn dafür (besteht) aus einem langen (^{c}3) Königtum, indem alle Fremdländer unter seinen Sohlen sind, indem er lebt wie Re^{c} ewiglich.
(2) Der junge Gott, der Herr der beiden Länder, befahl, dieses zu tun, nach seinem eigenen Wunsch, um den Gottesleib (ḏt-nṯr) in seiner Wohnung wohlbehalten sein zu lassen, nachdem Seine Majestät nach Šsmt[26] gekommen war, indem er zufriedengestellt hatte diesen erhabenen Gott, Sopdu, den Herrn des Ostens, auf seinem Sitz als Herrn des Triumphes. Nach vielen (ḥntj) Jahren (aber), da sahen sie ihn /// Seine Majestät. Er (scil. der Gott) wünschte

seinen Sitz zu der Zeit des Ḫpr-k3-R^{c}, seines Sohnes, den er liebt, Nḫt-nb.f, ewig lebend.

(3) Die Weisung (sšm) (erfolgte) durch den König selbst, diese Statuen der Götter von Šsmt darzustellen (s^{c}ḥ^{c} "aufstellen") auf diesem Naos zu der Zeit Seiner Majestät. Jede Neunheit ist an (ihrer) Stelle. Sie waren (ausgeführt) wie das, was auf der Buchrolle geschrieben stand, mit all ihren trefflichen (j3ḫ ?)[27] (Ab-)Bildern (sḏdw). Er weist den Weg des wahren Schützers (nḏ), nicht verwirrt darüber (n tnbẖ jm.s), indem /// wie Thoth, der Kluge (wb3(?)-jb)[28], der an der Spitze von Ḥsrt[29] ist, wie diese Figuren (ẖpw) in zahlreichen Jubiläen, lebend wie Re^{c} [ewiglich].

<u>Oberteil, Vorderseite, rechter Türpfosten</u>[30]

<u>Oben waagrecht :</u> (1) /// Lobpreis dem Sopdu durch den jungen Gott, den Herrn der beiden Länder, Ḫpr-k3-R^{c}, den Sohn des Re^{c}, den Herrn der Erscheinungen, [Nḫt-nb.f] ///

(2) /// [durch] diesen [/// des] Thoth selbst in der Urzeit, indem er diesen erhabenen Gott verehrt ///

<u>Senkrecht :</u> (1) [/// er machte ?] in seinem Haus [ein großes Gemetzel ?] gegen seine Feinde am Tag, (als er) kam, indem er die Apophisschlange tötete, und er eröffnete ein gutes Jahr. Die Götter und Göttinnen gerieten in Jubel und Jauchzen auf dem großen Sitz, denn er hat den Bösewicht (njk) mit seinen Flügeln gefangen (spḥ)

(2) /// der göttliche Falke. Das Land des Ostens ist in doppelter Freude, getötet hat Re^{c}(?) seine Feinde. Das Westland (M3nw) geriet in Freude (nḏm-jb), nachdem diese Macht (b3) ging (n^{c}j) und die Sonne in ihrem Horizont begrüßte (sh^{c}j). Seine Feinde wurden niedergemetzelt (ḫpr m ^{c}ḏṫ). Er überquerte den Himmel mit

günstigem Wind und erreichte den schönen Westen. Die Westlichen jubeln,
(3) wenn sie ihn sehen, nachdem er zu ihnen gekommen war. Sie selbst sind es, die laut jauchzen (^{c}ḏ^{c}ḏ), wenn sie ihn sehen. Siehe, er (zp 2) ist in ihrem Mund, ohne daß einer von ihnen selbst erwacht, außer ihm allein. Ein Tag ist es, nicht ist es ein anderer, der geht. Siehe, er erreicht das Ostland (B3ẖw). Er geht auf
(4) an jenem Berg. Die Tiere (^{c}wt) der Wüste springen freudig (ṯhm)[31] vor seinem Angesicht, wenn sein Leuchten (m3wt) und seine Strahlen (stwt, sic) auf ihren Gesichtern sind. Er bringt den Mittag (^{c}ḥ^{c}j) herbei im Augenblick[32]; ein Geheimnis ist es im Himmel (Nwt)[33]. Die Zirkumpolarsterne (jḫmw sk) und die übrigen Sterne (jḫmw wrḏ) entstehen, sie ermüden nicht. Der Horus mit kräftigem Arm, dessen Arme den Dreißigerspeer (m^{c}b3) tragen, er hat die Apophis-schlange getötet
(5) am Bug der Barke (stehend). Horus führt (ẖr) das Steuerruder (nfrjt), indem er das Steuer (ḥmw) in dem großen Schiff handhabt (jrj). Seschat, die Große, die Herrin der Schrift, rezitiert (wdj) Zaubersprüche (s3ḫw) im Gottesschiff. Re^{c} ist gekommen, er hat seine Widersacher (rqjw) getötet in seiner Gestalt des Aha[34],
(6) der sich ausrüstet (spd sw)[35] mit seinem eigenen Leib in diesem seinem Namen Horus-Sopdu, der sich füllt (mḥ sw) in seinem (richtigen) Augenblick in diesem seinem Namen Miysis (M3j-ḥz3)[36], der sich rüstet (ḥrw sw) mit seinen eigenen Gliedern in diesem seinem Namen
(7) Horus des Ostens. Er hat sie (scil. die Widersacher) zu Asche (ssf) verbrannt (rtḥ) in seiner Ge-

stalt und in seinem Namen des Horus mit kräftigem Arm; er hat sie auf einmal (m zp w^{c}) getötet (npḏ). Der Leichenhaufen (ẖ3jt) ist (= reicht ?) bis nach dem Asien des Ostens (Sṯt B3ẖw); er hat sie geschlagen auf

(8) dem Berg des Ostens. Die Körper (ḥ^{c}wt) sind zum Feuer gegangen. Der Tag(?)[37] ist mit Wind (m m3^{c}w) täglich in seinem Namen Horus, Herr des Triumphes. Du rüstest (spd) Dich täglich in Deinem Namen Horus-Sopdu. Heil Dir, bis hin zum (r r3-^{c}) Himmel, Sopdu-Harachte, der wahr[haftig] entstanden ist/existiert (ḫpr)

(9) /// Götter und Göttinnen sind voll Freude (m jḥj); die Herzen empfangen Fröhlichkeit; jeder Tag ist verbunden (ẖnm) mit Freude und Jauchzen. Die Macht des Ostens, der Horus des Ostens, Re^{c} ist es, der an der Spitze des Ostlandes ist. Er hat den Himmel überquert mit seinem Leib /// das östliche /// in ihm (scil. Leib) täglich.

<u>Oberteil, Vorderseite, linker Türpfosten[38] :</u>

(1) Seine /// ist Atum, die Linke (smḥj)[39] auf/wegen Deinem Namen. Du bist Chepri, der von selbst entstand /// in [Deinem] Namen. Du bist die lebende Macht, nicht ///

(2) /// einzig. Nicht weiß man Deinen Namen. Du hast die Gesichter mit Deinen Strahlen (znktj) /// (qm ?). Du bist /// im Fürstenhaus[40] jeden Morgen, um die Unwetter zu vertreiben (ḫsf nšn). Du bist Re^{c},

(3) [der im] Himmel [ist]. Gemacht hat sich Dein Ka als Schutz (mkt) und Heil (wḏ3t) /// der rechte Weg (?) aus Deinem Innern heraus (rwj) an jenem Tag des Richtens (wḏ^{c} mdw)

(4) /// sein Auge. Du bist der Schutz seines Sohnes, Du bist Re^{c} täglich ///, Du bist die Unendlichkeit

(ḥḥ), Du bist Chepri selbst, Du gibst dem Heliopolitaner (scil. Atum) freien Lauf (zš). O Ihr (göttlichen) Wesen (ḫprw).
(5) O Isis, trefflich an Zauber /// (Rest verloren)[41]
(Hinter dem König) (9) /// ihre ⌊Richtstätten⌋ (nmwt ?), du wirfst nieder alle Feinde des Königs von Ober- und Unterägypten, Ḫpr-k3-R^{c}, des Sohnes des Re^{c}, Nḫt-nb.f, [ewig] lebend.
Oberteil, linke Außenwand[42] : (4) /// die Schreine (štyw), die vor Sopdu, dem Herrn des Ostens, sind, ihre (Götter-)Bilder (qdw) sind abgebildet (jnj)[43] ebenso durch die Majestät des Königs von Ober- und Unterägypten, Ḫpr-k3-R^{c}, den Sohn des Re^{c}, Nḫt-nb.f, ewig lebend, geliebt von Sopdu, dem Herrn des Ostens, lebend wie Re^{c}.
(5) /// die vor Sopdu sind, ihre (Götter-)Bilder sind abgebildet ebenso durch die Majestät des Königs von Ober- und Unterägypten, den Herrn der beiden Länder, den Herrn der Opferhandlungen (nb jrt jḫt), Ḫpr-k3-R^{c}, den leiblichen Sohn des Re^{c}, geliebt von ihm, dem Herrn der Erscheinungen, Nḫt-nb.f, ewig lebend, geliebt von Sopdu, dem Herrn des Ostens, der alles Leben, Dauer und Macht gibt wie Re^{c}, ewiglich und immerdar.
(6) Der Lohn dafür für ihren geliebten Sohn, den jungen Gott, den Herrn der beiden Länder, Ḫpr-k3-R^{c}, den Sohn des Re^{c}, den Herrn der Erscheinungen, Nḫt-nb.f, ewig lebend, ist, daß ihm gegeben wurde das Amt des Re^{c} [und viele Jahre[44] auf dem Thron des ?] Geb. Seine Kraft (pḥtj) ist wie ihre Kraft. Alle Länder[45] jauchzen, wenn sie ihn sehen, so wie die Herzen jubeln, wenn sie ihre (scil. der Götter) Schönheit sehen. Sein Wunsch ist das Durchziehen der Länder wie Re^{c}. Er geht im Ostland auf, sein Schrek-

ken (nrw) ist in den Herzen der Neunbogenvölker wie der Schrecken ihrer Majestäten (scil. der Götterbilder) bei den Fenchu (Phönikern) durch die Größe seiner Wirksamkeit bei allen Göttern, die Leben geben wie Re^{c}.

Oberteil, hintere Außenwand[46] : (1) /// ein anderes Zittern (ky sdd). Ihre (Götter-)Bilder sind abgebildet wie das, was auf ihren Plätzen ist (scil. wie die wirklichen Götterstatuen), ohne Ausnahme (nn ḫwd) davon bei[47] der Majestät des Königs von Ober- und Unterägypten, [Ḫpr-k3-]R^{c}, in friedlichen Jahren ewiglich, in Dauer, Leben und Macht. Die Neunbogenvölker[48] fallen unter seinen Sohlen. Er legt ([dj].f oder [wdj].f) Scheu (šn^{c}) in die Fürsten der Enden der Erde (ḥ3w-nbwt)[49] (durch) seinen Schrecken.

(2) /// Auftrag, der auf dem Papyrus stand, zu machen ihre Statuen (znn) auf diesem Naos (mnjw). Ihre (Götter-)Bilder sind abgebildet ebenso durch die Majestät des Königs von Ober- und Unterägypten, Ḫpr-k3-R^{c}. Nach der Umlaufszeit(?) (pẖrjt) einer Spende (3wt) beim Herumschweifen (pẖrẖr) zu den Fremdländern, ihr(e) Arm(e) ergriff(en), das machend, was den Göttern(?) ist[50]. Er beabsichtigte (k3j) zu ruhen, und er erleuchtete /// Nḫt-nb.f[51], er machte wiederum die Götterbarken aller seiner Väter, der Herren von J3t-nbs[52], damit er lebe wie Re^{c} ewiglich.

(3) /// um Deine Feinde niederzuwerfen ||[53] Die Götter, die im Schrein der Wnwt[54] sind, ruhen auf seiner rechten und linken Seite. Die aufgestellt sind (jrj ^{c}ḥ^{c}) auf ihren Plätzen in Ḥwt-nbs[55], ihre (Götter-) Bilder sind abgebildet ebenso durch die Majestät des Königs von Ober- und Unterägypten, Ḫpr-k3-R^{c}, den Sohn des Re^{c}, Nḫt-nb.f, ewig lebend. Gegeben sind ihm als Lohn ([r] jsw) zahlreiche Sedfeste. Die Sandberge

(ḏww š^{c}jw) sind in Verbeugung an seinem Ort (scil. dort, wo er ist); sein Ansehen (šfjt) fällt in ferne Fremdländer; (er) lebt wie Re^{c} ewiglich.
(4) Du bist stark (ṯnr) und siegreich (nḫt) (durch) Deine Kraft. Deine Arme sind fest, um die zu schlagen, die Ägypten (B3qt) angreifen (tḫnj). Die Götter /// Nḫt-nb.f || Die Götter, die in dem Schrein des Sopdu, der die Mnṯ(j)w (Asiaten) schlägt, auf seiner westlichen und östlichen Seite ruhen, und die auf ihren Plätzen im Tempel des Sopdu[56] sind, abgebildet sind ihre (Götter-)Bilder ebenso durch die Majestät des Königs von Ober- und Unterägypten, Ḫpr-k3-R^{c}, den Sohn des Re^{c}, Nḫt-nb.f, ewig lebend, geliebt von Sopdu, dem Herrn des Ostens, dem gegeben ist alles Leben, Dauer und Macht, alle Gesundheit, alle Freude und das Erscheinen (ḫ^{c}j) auf dem Sitz des Horus wie Re^{c} ewiglich.
(5) Die Götter, die auf ihren Plätzen stehen, gefunden ist ein anderer geheimer Ort an der heiligen Stätte in Ḥwt-nbs, abgebildet sind ihre (Götter-)Bilder ebenso durch die Majestät des Königs von Ober- und Unterägypten, Ḫpr-k3-R^{c}, den Sohn des Re^{c}. Nḫt-nb.f, ewig lebend, gemacht von Seiner Majestät, Nützliches suchend[57] für seine Väter, indem er die Statuen (znn) ihrer richtigen Gestalten (scil. ihres richtigen Wesens) (qm3w.sn m3^{c}w) weihte, so daß[58] jeder Gott an seinem Platz ist. Ihre Statuen sind auf diesem Naos beim Entstehen lassen (sḫpr) diese Stadt /// (?)[59] ihre Städte vor seinem Angesicht. Es bleibt diese Stadt, geschützt sind die Gotteshäuser. Das Land grünt mit seinen Pflanzen, gegeben ist der Hauch des Lebens allen, die in ihm sind[60]. Der Horizont ist vor ihr (scil. der Stadt), gegeben ist Leben wie Re^{c} ewiglich.

(6) Gefunden ist ein anderer geheimer Ort im Innern des Gotteshauses, außer diesem(?) (wpw ḥr nn). Ihre (Götter-)Bilder sind abgebildet ebenso durch den jungen Gott, den Herrn der beiden Länder, Ḫpr-k3-R^{c}. || Gebracht zu einer anderen Schriftrolle (^{c}rt) des Gotteshauses von/aus dem Papyrus (šfdw) der Gottesworte, sind ihre (Götter-)Bilder abgebildet wie das, was auf dem Papyrus ist (durch) den Sohn des Re^{c}, den Herrn der Erscheinungen, Nḫt-nb.f, ewig lebend. Seine Majestät hat diese wirksamen (3ḫ) Thronsitze(?) gemacht. Er tat es im Haus seines Vaters Sopdu, des Herrn des Ostens, indem er für ihn die Götter auf ihren Plätzen aufstellte, weil(?)[61] sie ihre Sitze zu seiner Zeit wünschten. Da ließ man den Thron Seiner Majestät bleiben vor den Lebenden, so wie der Himmel bleibt täglich, lebend wie Re^{c} ewiglich.

<u>Oberteil, rechte Seite[62] :</u> (1) /// was Seine Majestät sprach, als Befehl des Herrn der beiden Länder, indem sein Herz seine Worte ersann (qm3); (es) schickt sich an (w3j r) zur Zerstörung (fdg) auf den Papyri, die gefunden wurden in dieser Kapelle. || Führung zum Sitz des Erscheinens im[63] ḏ^{c}m-Gold-Haus.

(2) /// [ihre (Götter-)Bilder wurden abgebildet ebenso durch die] Majestät des Königs von Ober- und Unterägypten, [Ḫpr-k3-R^{c}], den Sohn des [Re^{c}, Nḫt-nb.f] /// diese /// durch seine Väter, die Herren von J3t-nbs. Der erhabene nbs-Baum grünt, seine Zweige, sie lassen das Grün wachsen. Das ganze Land, die Wohnung dieses Gottes (n nṯr pn), gedeiht jeden Tag. Er ließ grün werden (3ḫ3ḫ) das Grün (3ḫ3ḫ) und alle guten Dinge. Šsmt gedeiht, weil es Herr(in) von Ägypten ist zu seiner (scil. des Königs) Zeit.

(3) Als der König Ḫpr-k3-R^{c} - das Abbild des Re^{c} ist er, der Erbe des Horus des Ostens ist er, Sopdu-Schu

ist er in den Heiligtümern, der Große an Denkmälern ist er - /// in diesem Gau seine Väter, die Herren von J3t-nbs, zufriedenstellte, Ägypten in Zeremonie (m jrw "als etwas zu Tuendes") ausschmückte und J3t-nbs ordnete (sm3^{c}), gedeihend in seiner Gesamtheit, da war das ganze Land in Freude darüber und jedermann in Richtigkeit (m ^{c}q3 ?), weil man (es) niederlegen ließ[64] in den heiligen Schriften (b3w R^{c}). Re^{c} ist den Menschen gnädig, (da) die Erde von Ḥwt-nbs gedeiht.

(4) Seht das, was für Euch getan hat Euer geliebter Sohn, der König von Ober- und Unterägypten, Ḫpr-k3-R^{c}, der Sohn des Re^{c}, Nḫt-nb.f, ewig lebend. Alle Götter und Göttinnen /// Re^{c} ist mit ihnen zufrieden. Die Menschen (rḫyt) bestaunen (sṯj) das Wirksame (3ḫw), das er am östlichen Horizont (3ḫt B3ẖw) getan hat. Er läßt Eure Altäre gedeihen (sw3ḏ) mit allen guten Dingen. Er spendet (m3^{c}) Denkmäler, ohne damit aufzuhören, und den nützlichen Acker, um Eure Altäre zu decken. Möget Ihr ihm Lohn dafür machen (bestehend) aus der Herrschaft der beiden Länder, und (daß) die beiden Länder ergriffen werden(?) (ḫr ḫf^{c}) von seiner Macht wie (von) Re^{c} ewiglich.

(5) Gemacht von Seiner Majestät sind diese Throne der Verklärten. Sie sehen das, was gemacht wurde für ihn in ihrem Haus (Tempel) durch ihren Sohn, der auf ihrem Thron ist, den König von Ober- und Unterägypten, Ḫpr-k3-R^{c}, den Sohn des Re^{c}, Nḫt-nb.f, ewig lebend. /// Er hat die Tempel [geschützt ?]. Gegeben sind ihm die Jubiläen des Tatenen und das Erscheinen als Herrscher der Länder. Vornehme (p^{c}t) und Geringe (rḫyt) sind in Verehrung (vor) seinem Angesicht. Das ganze Land ist in Verbeugung (vor) Seiner Majestät wegen der Größe seines Ansehens (qf3wt) bei

ihnen. Die Flut quillt hervor zu ihrer (richtigen) Zeit, nützlich (3ḫ) wegen ihrer Wohltaten (nfrw), denn sie stellt die Herzen zufrieden im Tun des Richtigen. Das Land lebt von ihr jeden Tag.
(6) Diese /// die Seine Majestät machte für (ḫr) Eure Ka-Kräfte, Ihr Herren von J3t-nbs. Seine Belohnung (fq3w) (besteht) aus dem Amt des Atum und der Lebenszeit des Re^{c} als Herrscher der Lebenden. Alle Herzen, sie sind freundlich (jm3) gegen ihn, alle Fremdländer /// er bringt (sie) zur Ruhe(?) (srf), indem sein Stab auf (ḥrj-tp) ihren Großen ist. Es ist als Schutz für(?) Ägypten, um das Auge des Re^{c} (scil. Ägypten) zu bewahren vor Verletzung (tḫn) an ihm. Ḫpr-k3-R^{c} ist es, er ist sein (scil. des Sonnenauges) Zögling, der die Tempel aller Götter beschützt (mkj) ewiglich (m 3wt ḏt), denn er ist Euer Sohn, den Ihr liebt. Trefflich/effektiv (3ḫ) in Bezug auf die Denkmäler in Ḥwt-nbs ist der Sohn des Re^{c}, Nḫt-nb.f, der lebt wie Re^{c} in Ewigkeit.

In den Inschriften des Naos von Ṣafṭ el-Ḥenna finden sich Hinweise verflochten, die den Grund für die Errichtung des Denkmals erahnen lassen.
Demnach erschien nach vielen Jahren der Verankündigung der Gott Sopdu im Osten - hier in Analogie zu dem täglichen Erscheinen des Sonnengottes im Osten gesetzt - und erleuchtete mit seiner Herrlichkeit das ganze Land. Dieses Ereignis veranlaßte Nektanebis darüber nachzusinnen, was er Gutes für diesen Gott tun könnte. Als der König nach Šsmt (Ṣafṭ el-Ḥenna)

gekommen war, ließ er dort zu Ehren des Lokalgottes Sopdu einen Naos aus schwarzem Granit und Türen aus Kupfer mit Goldinkrustationen an einem geheimen Ort errichten. Soweit die Inschriften Einblick nehmen lassen, war diese Stätte selbst den Eingeweihten nicht bekannt, oder zumindest war ihnen der Zugang zu dieser verwehrt. Der Standort des Denkmals war aber zweifellos im Tempel des Sopdu in Ṣaft el-Ḥenna gelegen, allem Anschein nach sogar im Sanktuar selbst. Der geheime Ort, wo das Denkmal aufgestellt war (scil. im Sanktuar), führte den Namen Jmn-ḫprw "Verborgenen Wesens", dessen vollständiger Name Jmn-ḫprw-nb-m3ᶜ-ḫrw "Verborgenen Wesens (ist) der Herr der Rechtfertigung"[65] lautete.

Die heiligen Bezirke Ḥwt-nbs und J3t-nbs werden in den Inschriften des Naos mehrfach genannt. An diesen Stätten waren offenbar Haine mit nbs (scil. Christusdorn-)-Bäumen gelegen. Der nbs-Baum galt als heiliger Baum des späteren XX. unterägyptischen Gaues[66] und findet sich auf den Naoswänden mehrfach abgebildet. Wie die zahlreichen Statuen beigeschriebenen Materialangaben bekunden, waren viele der von Nektanebis in den Ortstempel von Ṣaft el-Ḥenna gestifteten Götterfiguren aus dem Holz dieses Baumes gearbeitet[67]. Die Inschriften heben besonders hervor, daß Nektanebis die in den Reliefs abgebildeten Götterbilder entsprechend den Aufzeichnungen auf einer Schriftrolle anfertigen ließ.

Auf den Wänden des monolithen Denkmals tritt Sopdu in seinen verschiedenen Aspekten auf. Die Reliefs zeigen ihn als[68]:

A Falke mit Doppelfederkrone, auf einem viereckigen Podest hockend, mit und ohne Ideogramm Δ
Beischrift: - "Sopdu, der auf dem großen Sitz ist" (t.2,5)
- "Sopdu, die Macht des Ostens, Horus des Ostens" (t.4,6)
- ohne Beischrift (t.5,3)
- "Sopdu Jmwt(j)(?)" (t.5,4)

B Falke (mit und ohne Doppelfederkrone), auf einem Widderbett hockend
Beischrift: - ohne Beischrift (t.2,5)
- Beischrift zerstört (t.2,6)
- "Sopdu, der an der Spitze von Pr-Spdw ist" (t.5,4)

C Mischwesen mit Vogelleib und menschlichem Unterkörper
Beischrift: - "Sopdu-Schu, der Sohn des Re^{c}" (t.2,6; 5,2)
- "Sopdu-Horus /// (?)" (t.2,6)
- "Sopdu-Horus mit spitzem Federpaar" (t.5,4)

D Geflügelter Bes, einen Dolch in beiden Händen haltend[69]
Beischrift: - "Sopdu, der die Asiaten (Mnṯ(j)w schlägt" (t.2,6)
- "Sopdu, der Herr des Ostens, der die Asiaten (Mnṯ(j)w) schlägt" (t.5,4)

E Mensch mit Doppelfederkrone und langer Perücke, Geißel und w3s-Szepter in den Händen haltend
Beischrift: - "Fürst von Ḥwt-nbs" (t.4,6)

F Mensch, mit kurzem Haar und Doppelfederkrone, Herrscherinsignien in den Händen haltend
Beischrift: - "der mit spitzen Zähnen" (t.5,4)
- "Sopdu" (t.5,4)

G Mensch mit Falkenleib und -schwanz am Rücken
Beischrift: - "Sopdu, der Herr der Gesichter, reich an Furchtbarkeit (ᶜš3 snḏ) (t.2,5; 5,4)

H Mensch mit Falkenkopf
Beischrift: - "Smsr(w)[70] (t.5,4)

Der Naos Kairo CG 70021 ist für die religionsgeschichtliche Entwicklung des Gottes Sopdu von unschätzbarem Wert, wird er doch in den Inschriften und Darstellungen an verschiedene Götter angeglichen. So heißt es im Hymnus auf dem rechten vorderen Türpfosten des Denkmals[71]: " ... er hat seine Widersacher getötet in seiner Gestalt des Aha, der sich ausrüstet mit seinem eigenen Leib in diesem seinem Namen Horus-Sopdu, der sich füllt ... in diesem seinem Namen Miysis ... etc.". Im Fortgang des Hymnus wird Sopdu mit Horus des Ostens und Horus mit kräftigem Arm verglichen. Infolge seiner engen Bindung an Horus kann er dessen verschiedene Formen annehmen und erscheint unter anderem als Sopdu-Harachte[72].

Mit dem kriegerischen Gott Schu geht Sopdu ebenfalls eine synkretistische Verbindung ein und ist als solcher unter den dargestellten Götterfiguren als "Sopdu-Schu, der Sohn des Reᶜ"[73], bezeugt.

Desgleichen findet in der Spätzeit die Assimilation an den Zwerggott Bes statt. Diese Verschmelzung vollzieht sich über den kriegerischen Gott Aha, der schließlich in Bes aufgegangen ist und diesem die kriegerischen Züge zugetragen hat. In der oben in Übersetzung beigegebenen Textstelle aus dem Hymnus an Sopdu wird dieser mit Aha in Vergleich gesetzt. In den Abbildungen des Naos von Ṣafṭ el-Ḥenna taucht Sopdu verschiedentlich als geflügelter Bes auf unter dem Beinamen "Sopdu, der die Asiaten (Mnṯ(j)w) schlägt"[74], in den Händen jeweils einen Dolch schwingend.

Unter den Götterstatuen ist vielfach die Göttin Chensit anzutreffen,die als Gefährtin des Sopdu gilt und auf Grund dessen im Tempel des Sopdu einen Gastkult besaß. Die Göttin trägt die von zwei Kuhhörnern umfaßte Sonnenscheibe[75] oder die Maat-Feder[76] auf ihrem Haupt. Neben ihrem rein menschlich aufgefaßten Erscheinungsbild kann sie auch als kuhköpfige Göttin auftreten[77]. Als Titel ist Chensit das Epitheton "Uräus des Sopdu" (ḥrj(t)-tp Spdw) beigegeben[78].

Neben Chensit besaßen noch weitere Götter einen Gastkult im Ortstempel von Ṣafṭ el-Ḥenna. Zu diesen gehörte der heliopolitanische Schöpfergott Atum, der dort in der Gestalt des Ichneumons unter dem Namen "Atum, die Ka-Kraft von Heliopolis" verehrt wurde[79]. Für die Existenz des Atum-Kultes in Ḥwt-nbs mag die Statue eines Ichneumons aus dem Museum in Wien beispielhaft sein. Auf der Vorderseite des Obelisken, auf den das Tier seinen Kopf legt, findet sich eine senkrechte Inschriftenzeile mit dem Wortlaut: "Atum, die Ka-Kraft von Heliopolis, die in Ḥwt-nbs befindlich ist"[80].

Neben Chensit und Atum scheinen auch Isis und Hathor einen Gastkult im Tempel des Sopdu besessen zu haben, da sie beide in ihrem Namen den Zusatz "befindlich in Ḥwt-nbs" (Isis)[81] bzw. "die Oberste des nbs-Baumes" (Hathor)[82] führen.

Auf den Wänden des Naos Kairo CG 70021 sind nahezu alle bedeutenden Götter des ägyptischen Pantheons abgebildet. Doch kann man sich des Eindrucks nicht erwehren, daß Nektanebis insbesondere den unterägyptischen Göttern, und hier vor allem den Vertretern des heliopolitanischen und memphitischen Raumes, den Vorzug gegeben hat. Dieses nimmt insofern nicht wunder, da die Könige der XXX. Dynastie aus dem Gau von Sebennytos (XII. unterägyptischer Gau) gebürtig waren und daher einen engeren Bezug zu ihren einheimischen Göttern als zu der Götterwelt Thebens hatten. Hierfür spricht auch, daß in den Inschriften des linken Türpfostens neben Atum auch das heliopolitanische Ḥwt-sr genannt ist.

X.2. Ismailia 2248[83]

Ein weiteres bedeutendes Denkmal ist der aus Ṣafṭ el-Ḥenna stammende Naos Ismailia 2248, der zu einem späteren, nicht näher greifbaren Zeitpunkt nach el-ᶜArîsch gelangt ist. Der granitene Monolith wird den Ptolemäern[84] zugewiesen und ist mit einer Gesamthöhe von 1,32 m weitaus kleiner als der Naos Kairo CG 70021 aus der XXX. Dynastie.
Die überkommenen Teile der Beschriftung finden sich auf der linken (A) und der rückwärtigen (C)[85] Außen-

wand des Naos und geben 74 der ursprünglich 111 Zeilen umfassenden Göttererzählung wieder. Bis auf die dekorlose Vorderseite folgt der Naos in seinen Darstellungen und zugehörigen Beischriften dem Kompositionsschema des bereits zuvor genannten Denkmals aus der XXX. Dynastie.

Die Bedeutung des Monumentes beruht auf seinen Inschriften, die einen Lokalmythos der Stadt Ṣafṭ el-Ḥenna wiedergeben. Dieser berichtet von der Regentschaft des Schu und der gewaltsamen Machtübernahme durch seinen Sohn Geb[86]. Im Zusammenhang mit den geschilderten Thronstreitigkeiten zwischen Vater und Sohn muß sich ersterer auch Apophis und dessen Parteigängern, die Ägypten von Osten her angreifen, zum Kampf stellen[87]. Offenbar kann sich der alternde Gott den feindlichen Angriffen letztendlich nicht mehr erwehren und entfernt sich mit seiner Gefolgschaft zum Himmel. Der Göttermythos schließt mit der Inthronisation des Geb, der sich - geheilt von der Brandwunde, die ihm die königliche Uräusschlange zugefügt hatte - aus den Götterannalen vorlesen läßt.

Im Text finden sich kulttopographische Angaben verarbeitet, mit deren Hilfe Erkenntnisse über Aussehen und Lage der in unmittelbarer Nachbarschaft von Ṣafṭ el-Ḥenna gelegenen Tempelanlagen und Kultstätten gewonnen werden können. Neben den heiligen Bezirken Ḥwt-nbs "Haus des nbs-Baumes" und J3t-nbs "Stätte des nbs-Baumes" sind insbesondere der Tempel Pr-j3rt "Haus (Tempel) der Perücke" und ein See namens J3t-dswj "Stätte der beiden Messer" (auch Messerstätte genannt)[88] von Bedeutung.

Ḥwt-nbs

Der Mythos berichtet, daß zu den unter der Regierung des Schu neu errichteten Heiligtümern auch der Tempel des Sopdu (Pr-Spdw) zählte. Der Text führt dazu folgendes aus: "Sein Tempel ist es, den er (scil. Schu) über alle Maßen liebt ... dieses [Vorratshaus] ist für die Majestät des Schu in seinem Namen des Sopdu, des Herrn des Ostens ... etc." (A7+9-10)[89]. Demzufolge galt der Naos von el-ʿArîsch als dem Gott Schu geweiht, der hier an Sopdu, den Lokalgott von Ṣafṭ el-Ḥenna, assimiliert worden ist. Bereits auf dem Naos des Nektanebis findet sich Schu mit Sopdu synkretistisch verbunden und erscheint in den dortigen Darstellungen als "Sopdu-Schu, der Sohn des Reʿ"[90].
Darüber hinaus enthalten die Inschriften des Naos von el-ʿArîsch die Information, daß die Tempelfassade nach Osten ausgerichtet war (A12)[91]. Um den Tempel gruppierten sich eine Anzahl von weiteren Heiligtümern, darunter Kapellen zur Repräsentation der ägyptischen Gaue sowie Göttertempel (A9-15)[92]. Die Fassaden der genannten Kapellen und Tempel waren ebenfalls nach Osten ausgerichtet. Im Norden von Ḥwt-nbs war ein heiliger See gelegen; eine große Allee verband Ḥwt-nbs mit dem nahe gelegenen Kultbezirk J3t-nbs (A15-16)[93].

J3t-nbs

Im Bezirk von J3t-nbs war der Tempel Pr-j3rt gelegen, der geradezu als das "östliche Tor von J3t-nbs"

(C11)[94] bezeichnet wird. Hinsichtlich der Tempellage erhält der Leser Kenntnis davon, daß die Vorderfront des Heiligtums der Südseite von J3t-nbs entsprach (A17)[95]. Die Gründungszeit des Tempels wird wie die der anderen Baudenkmäler in die Zeit des Re^{c} hinaufdatiert. Die Maße der Umfassungsmauer betrugen [x] Ellen auf jeder Seite, 20 Ellen Höhe und 15 Ellen Breite (A18-19)[96].

Die Maße der Umfassungsmauer, die den heiligen Bezirk von J3t-nbs begrenzte, sind dem Text ebenfalls beigegeben. Demnach umfaßte das Areal eine Grundfläche von 190x110 Ellen. Die Mauern der Umfassungsmauer erreichten eine Höhe von 20 Ellen und waren 15 Ellen dick (A21-22)[97].

Wie Ḥwt-nbs, so besaß auch J3t-nbs einen heiligen See, dessen Name mit J3t-dswj angegeben wird (A35)[98]. Dieser See dürfte mit dem ebenfalls expressis verbis als heiliger See von J3t-nbs angeführten šj nṯrj "der göttliche See" (A19)[99] identisch sein. In C21[100] führt J3t-dswj zudem die Bezeichnung šj wr "der große See". Der hermupolitanischen Kosmogonie zufolge war dieser See Schauplatz eines bedeutenden mythologischen Geschehens, denn hier nahm der Kampf des Sonnengottes gegen Apophis seinen Ausgang. Die Inschriften des Naos von el-^{c}Arîsch berichten von diesem Gewässer, daß sich die Perücke des Re^{c} bei der Reinigung in diesem See in ein Krokodil mit Falkengesicht und Stierhörnern verwandelte (C22-23)[101].

In unmittelbarem Zusammenhang mit dem See J3t-dswj wird noch ein zweiter See genannt, dessen Name bis auf den Schluß /// verloren ist (A37)[102]. Aufgrund des erhaltenen Feuerzeichens liegt der

Schluß nahe, den Namen des Sees Šj-nzrt "Flammensee" oder J3t-nzrt "Flammenstätte/-insel" zu lesen. Die Inschriften des Naos geben jedoch keinen Aufschluß darüber, ob es sich um zwei Gewässer handelt, die im Osten von Ḥwt-nbs zu lokalisieren sind, oder ob beide Begriffe als zwei verschiedene Namen eines einzigen Gewässers verstanden werden müssen[103].

Nach den Angaben, die in dem Göttermythos eingeflochten sind, könnte sich die Kulttopographie der Kultbezirke Ḥwt-nbs und J3t-nbs wie in der nachfolgenden Skizze dargeboten haben. Diese unterscheidet sich von dem bei Goyon abgebildeten Lageplan insofern, als in der hier beigegebenen Zeichnung der Sopdu-Tempel in Ḥwt-nbs lokalisiert wird.

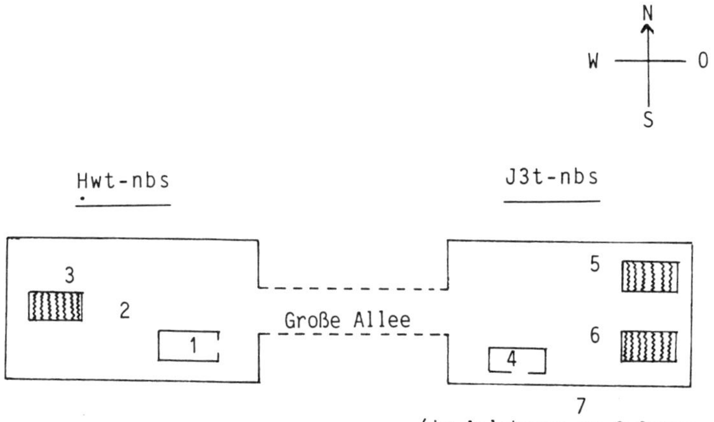

(in Anlehnung an G.Goyon, Kêmi 6 (1936), 26)

Legende :

1 Tempel Pr-Spdw
2 Kapellen und Göttertempel
3 heiliger See von Ḥwt-nbs
4 Tempel Pr-j3rt
5 heiliger See J3t-dswj
6 heiliger See[Šj/J3t]-nzrt (?)
7 Umfassungsmauer

Benachbart gelegene Örtlichkeiten :

P(3) ḫ3rtj	(C6)[104]	Örtlichkeit in der Nähe von Ṣafṭ el-Ḥenna; wahrscheinlich zwischen Memphis und Ṣafṭ el-Ḥenna zu lokalisieren.
Wšr	(A25;C11)[105]	Die genaue Lokalisierung von Wšr ist ungewiß; nach Griffith[106] bezeichnet es die Wüste. Offensichtlich handelt es sich bei Wšr um den unkultivierten Landstreifen im Osten des XX. unterägyptischen Gaues.
Sḫt-ḥnw	(C16)[107]	"das Feld der ḥn-Pflanzen" als Bezeichnung der Region von Ṣafṭ el-Ḥenna, dessen Name eventuell aus diesem Begriff entstanden ist. Cf. T3-ḥnw (C25)[108] als mögliches Synonym.
Ḥbt	(B3)[109]	Ort in der näheren Umgebung von J3t-nbs; Gauthier[110] führt noch einen Ort Ḥb(t)-Spd auf, der ebenfalls auf dem Naos von el-ᶜArîsch genannt sein soll, den Goyon jedoch nicht aufführt.
ᶜḫ-nḥḥ	(C5)[111]	"das Feuerbecken der Ewigkeit (?)"; nach Montet[112] zwischen Memphis und Ṣafṭ el-Ḥenna gelegene Örtlichkeit. Es wäre zu erwägen, ob die Gruppe nicht Wnt-nḥḥ "die Stunde der Ewigkeit" zu lesen ist.

X.3. Louvre D37

Der Naos Louvre D37[113] verzeichnet ein Kalendarium der 36 Dekaden des ägyptischen Jahres. Die vielfachen Namensnennungen, die mit Ṣafṭ el-Ḥenna verbunden sind, lassen auf eine Herkunft von dort schließen[114]. Die Datierung des Denkmals in die Zeit des Nektanebis gilt als gesichert. Unglücklicherweise ist die Dedikationsinschrift mit dem Namen der Gottheit, der dieser Naos geweiht war, verlorengegangen. Als einziger Hinweis dient die Beischrift zu einem Kultbild des Schu in Löwengestalt auf der rückwärtigen Nischenwand. In dieser führt der Gott den Titel "Herr des Pr-wr, der in Ḥwt-nbs befindlich ist"[115]. Allem Anschein nach war der Naos dem Gott Schu geweiht. Die Legitimation dieser Weihgabe erfolgte durch die Assimilation des Schu an Sopdu, von der bereits in den Naoi Kairo CG 70021 und Ismailia 2248 berichtet wurde.

Im Zusammenhang mit dem Naos Louvre D37 wird von L.Habachi und B.Habachi[116] erneut die Frage nach den astralen Aspekten des Sopdu aufgeworfen.
Auf Särgen der Herakleopolitenzeit werden erstmals die Namen der Dekane aufgezeichnet; darunter finden sich die Dekannamen  tpy-ʿ Spd(t) (Nr.30) und  bzw. 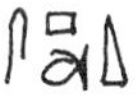 Spd(t) (Nr.31) verzeichnet[117]. De Wit[118] bemerkt dazu: "Remarquons qu'il existe aussi un décan appelé Spd, raison pour laquelle nous préférons écrire Spd(w) pour le dieu".

Bei diesen Dekannamen handelt es sich nicht, wie es auf den ersten Blick erscheinen mag, um den Namen des Gottes Sopdu, sondern vielmehr um den des Dekans Spdt

"Sothis". Der Name des Fixsternes Sirius wird in frühen Dekanlisten meist ohne Femininendung ideographisch geschrieben. Später erscheint die Feminin-endung sporadisch.

Somit können die Dekanlisten nicht als Beweis für einen astralen Aspekt des Sopdu geltend gemacht werden. Weder in literarischen oder bildlichen Quellen, noch in Epitheta des Gottes finden sich irgendwelche Anzeichen, die diesen Schluß rechtfertigen würden. Selbst in den ältesten Zeugnissen fehlt ein derartiger Beleg. Dort steht der Gott mit den Zähnen in Beziehung[119], oder aber er tritt als Herr der Fremdländer in Erscheinung[120].

Bis auf die Namensgleichheit, indem Sothis (Spdt) das feminine Pendant zu dem Namen des Sopdu (Spdw) bildet, lassen sich zwischen den beiden Gottheiten keine Kontakte nachweisen. Dem Eigennamen Spdw bzw. Spdt liegt die Bedeutung "spitz, scharf" zugrunde, und diese Eigenschaft charakterisiert das Wesen beider Götter. Wie Sopdu zu den Kriegsgottheiten gehört, so sind auch Sothis aggressive Züge eigen, die sich in der mächtigen Lichtstärke des Sirius manifestieren.

Hinsichtlich der übrigen Denkmäler aus Ṣafṭ el-Ḥenna sei auf PM IV, 10-13 verwiesen. Keiner der dort für den Gott Sopdu benannten Belege datiert früher als aus der Spätzeit.

Anmerkungen zu Kapitel X :

1 Naville, Saft el Henneh, 1-13, t.1-7
G.Roeder, Naos (CG), Leipzig 1914, 58-99, t.17-32, 33b

2 Gauthier, DG IV, 80-81; cf. Montet, Gêographie I, 210-211; zu J3t-nbs cf. Gauthier, DG I, 27-28 und P.Montet, op.cit., 210

3 S.Schott, MDAIK 2 (1932), 54-56, t.Xa+b

4 Naville, op.cit., t.2,4; 3,2; 4,5; 5,1; 7,2

5 Ibid., t.2,4; 4,6

6 Ibid., t.2,4; 6,5 (in anthropomorpher Gestalt)

7 Ibid., t.1; G.Roeder, op.cit., 59 (§ 289), t.17

8 Naville, op.cit., 8, t.2
G.Roeder, op.cit., 62-63 (§ 295), t.18

9 Naville, op.cit., 8 übersetzt die fragliche Stelle mit "der seine Wohnung (abode) von ihren Gewalttaten befreit". Der schlagende Arm deutet darauf hin, daß etwas in dieser Art gemeint sein muß.

10  steht hier wohl als spielerische Schreibung für prj "hervorgehen" o.ä. (Wb I, 518-525)

11 Das Verbum stj "schießen" (Wb IV, 326) ist hier 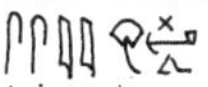 geschrieben. Das Determinativ  resultiert vermutlich aus einer Verwechslung mit  (sp. ) (Wb IV, 329.17).

12 Die wörtliche Übersetzung lautet: "Alle Götter sind bei seinem vor sie Treten in Jubel ...".

13 Naville, op.cit., 8 n.3 liest ḥḥj 3ḫt "Nützliches suchen" (Wb III, 151.17). Ich hingegen möchte die Stelle mit nḥj (Wb II, 289.4) 3ḫt.f [ḫ]r nṯr pn ... "er erbittet das ihm Nützliche von diesem Gott ..." lesen.

14 Wb IV, 189.15-16; cf. Wb IV, 190.18 (srwt)

15 Nmt (Wb II, 266) dient hier als Bezeichnung des Löwenbettes, auf dem der falkengestaltige Sopdu hockt. Das Löwenbett mit dem hockenden Falken kehrt in den späteren Schreibungen des Gau- und Ortsnamens wieder. Auf dem Naos von Ṣafṭ el-Ḥenna hockt Sopdu auf einem Widderbett; cf. Naville, op.cit., t.2,5.6; 3,1; 5,4

16 Das Erscheinen des Sopdu im Osten bezieht sich auf das allmorgendliche Wiedererscheinen des Sonnengottes, mit dem Sopdu hier gleichgesetzt ist.

17 Name des Sanktuars im Tempel von Ṣafṭ el-Ḥenna

18 Statt r-ḫt.f steht hier i͗-ḫt.f

19  steht hier für  , für die Spätzeit ist die Schreibung  bezeugt.

20 Naville, op.cit., 9, t.4
G.Roeder, op.cit., 68-69 (§ 303), t.20-22

21 Nach G.Roeder, op.cit., 62 (§ 295) könnte statt B3qt auch Kmt ergänzt werden.
22 Offensichtlich von dgdg "(Feinde) zertreten" (Wb V, 501.11) abgeleitet; die wörtliche Wiedergabe lautet "die Zertretenen".
23 Hier ist t3 "Land" mit  (Wb V, 212) wiedergegeben.
24 Demnach hat an der zerstörten Textstelle  gestanden: Zu ḥ3jt cf. Wb III, 15.7
25 Naville, op.cit., 9, t.6
G.Roeder, op.cit., 79 (§ 321), t.24-27
26  Šsmt ist eine andere Bezeichnung für Pr-Špdw (Ṣafṭ el-Ḥenna).
Lesung Šsmt mit A.H.Gardiner, JEA 5 (1918), 218-223, entgegen E.Naville, Saft el Henneh, 14-20 und id., JEA 10 (1923), 26-32
27 Naville, Saft el Henneh, 9 n.4 bemerkt, daß  eine seltene Form zu  ist und übersetzt es mit "sakred". Vielleicht steht jḫt für 3ḫ "trefflich" bzw. für j3ḫ "glänzend".
28 P.Boylan, Thoth - The Hermes of Egypt, London 1922, 183 liest 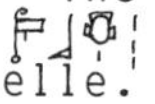 "astute(?)" mit Verweis auf diese Textstelle.
29 Seit dem Mittleren Reich ist Ḥsrt als Kultort des Thoth bezeugt und wird als Bezeichnung der Nekropole von Hermupolis gedeutet.
30 Naville, op.cit., 6-7, t.1
G.Roeder, op.cit., 60-61 (§ 290), t.17
31 Das Verbum ṯhm (Wb V, 388.18) gilt als die jüngere Schreibung für ṯhb (Wb V, 11)
32 m km (n) 3t "in der Vollendung der Zeit"
33 Der Himmel ist hier als die Göttin Nut personifiziert gedacht.
34 Der kriegerische Gott Aha (Jḥtj) ist dem Bes verwandt und geht schließlich in diesen auf.
Cf. F.Ballod, Prolegomena zur Geschichte der zwerghaften Götter in Ägypten, Moskau 1913, 71-73, 78-81
35 Zu spdd (spd) "ausrüsten" cf. Wb IV, 112.19-20
36 Wortspiel mit mḥ sw und M3j-ḥz3 sowie mit spd sw und (Ḥr-)Spdw
37  kann hier sowohl für hrw "Tag" als auch für r^c "Sonne" stehen.
38 Die Inschrift des linken Türpfostens ist bis auf ein Drittel völlig zerstört. Hierher gehört der von S.Schott, MDAIK 2 (1932), 54-56, t.Xa-b veröffentlichte Block: Cf. Naville, op.cit., t.1 und G.Roeder, op.cit., 62 (§ 294)

39 Smḫj "die Linke" (Wb IV, 140.12) mit  -Determinativ.

40 Bei dem Ḥwt-sr handelt es sich um eine mythische Gerichtshalle in Heliopolis, in der die Götter Gericht hielten.

41 Von Zeile 6 sind nur noch wenige Schriftzeichen erhalten.

42 Naville, Saft el Henneh, 11, t.2
G.Roeder, Naos, 63 (§ 296); 66 (§ 298), 67 (§ 300), t.18, 19, 33b
Von den vormals sechs Registern sind nur doch drei erhalten. Die Numerierung der Zeilen folgt Navilles Zählung.

43 Zu jnj qdw.sn cf. Wb V, 76.4

44 Nach dem Gottes-Determinativ scheint die rnpt-Hieroglyphe zu folgen.

45 "Alle Länder ..." steht im Dualis. Vielleicht ist aber auch "jedes der beiden Länder ..." zu übersetzen.

46 Naville, op.cit., 11-12, t.3-4
G.Roeder, op.cit., 69 (§ 305); 71 (§ 308); 73 (§ 310b), 75 (§ 314), 76 (§ 316), 78 (§ 318), t.20-22, 23

47 An dieser Textstelle ist ḫ3 geschrieben, das eventuell für ḫr(?) steht.

48 Die Schreibung  leitet sich aus dem hieratischen Schriftzeichen für die Zahl 9 ab. Cf. Möller, Paläographie III, 62 (664)

49 Zu ḥ3w-nbwt "Bewohner der äußersten Ränder der Erde" cf. J.Vercoutter, BIFAO 46 (1947), 125-158 und id., BIFAO 48 (1949), 107-209

50 Ntt ist hier mit Buchrolle und Pluralstrichen geschrieben.

51 Der Text zwischen den beiden Kartuschen ist unverständlich.
Statt des ḥtp-Schriftzeichens in k3j.n.f ḥtp ... wird das Verbum "ruhen" mit der Buchrolle geschrieben.

52  J3t-nbs "Stätte des Christusdornes", heiliger Bezirk in der näheren Umgebung von Pr-Spdw.

53 Auf der hinteren Außenwand des Oberbaus verläuft durch die Inschriften und Darstellungen ein senkrechter Strich (in der Übersetzung durch || kenntlich gemacht).

54 Nach Wb I, 317.11-12 dient Wnwt neben der Bezeichnung der Uräusschlange auch als Name der Hathor.

55  Ḥwt-nbs "Haus des Christusdornes", heiliger Bezirk, der in der näheren Umgebung von Pr-Spdw gelegen ist.

56 Naville, op.cit., 11 deutet 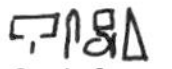 als den Ortsnamen Pr-Spdw. Aufgrund des fehlenden Stadt-Determinativs wird es sich jedoch vielmehr um den Tempel des Sopdu handeln.

57 Zu ḥḥj 3ḫ̮t "Nützliches suchen" cf. Wb III,151.17
58 G.Roeder, op.cit., 71 (§ 308) liest , während Naville, op.cit., t.4,5 wiedergibt. (In der Übersetzung zu r verbessert).
59 Naville, op.cit., sieht an der zerstörten Stelle . G.Roeder, op.cit., liest dagegen
60 Richtig müßte der Text dj(w) ṯ3w n ʿnḫ̮ ḥr-nb jm.sn lauten.
61 durch "weil"(?) ersetzt; cf. G.Roeder, op.cit., 69 (§ 305)
62 Naville, op.cit., 12-13, t.5-6
G.Roeder, op.cit., 80 (§ 323), 82 (§ 328), 85 (§ 331), 87-88 (§ 333), 89 (§ 335), 92 (§ 339), 91 (§ 337)
63 durch "in" ersetzt; cf. G.Roeder, op.cit., 92 (§ 339)
64 Die Textstelle lautet ḏr jr[t] wdj.tw ... "wegen des Machens, daß es niedergelegt wurde ...".
65 Naville, op.cit., t.7,1.
66 Edfou I, 335
Professor J.Osing verdanke ich den freundlichen Hinweis auf einen bislang unveröffentlichten Papyrus aus Tebtunis (heute Kopenhagen) mit einer "Liste der heiligen Bäume und ihrer Stätten". Für Pr-Spdw wird dort der nbs-Baum als heiliger Baum benannt.
67 Naville, op.cit., t.5,2.4; 6.5
68 Tafelangabe folgt Navilles Zählung
69 In Naville, op.cit., t.5,2 findet sich ein geflügelter Bes ohne Federkrone mit dem Epitheton "Horus, der die Rebellen fällt" dargestellt. In beiden Händen hält der Gott jeweils einen Dolch.
70 Sopdu findet sich des öfteren als Smsrw bezeichnet, so in der Sinuhe-Geschichte (B 208), auf einem Sinai-Denkmal (Inscr.Sinai 198) und im Abydos-Tempel. Gelegentlich ist diese Gottesbezeichnung als Smsw "Ältester" mißverstanden worden (Mariette, Dend. III, t.12). Der Beiname leitet sich von dem bereits in den Pyramidentexten belegten z(3) m zrw(j) "Riegel am Widdertor" ab. Cf. H.Kees, ZÄS 79 (1954), 36-40
71 Naville, op.cit., t.1, l.5-6 (Hymnus)
G.Roeder, op.cit., 61 (§ 292)
72 Naville, op.cit., t.1, l.7 (Hymnus)
G.Roeder, op.cit.
73 E.Naville, op.cit., t.2,6; 5,2
74 Ibid., t.2,6; 5,4
75 Ibid., t.5,3.4
76 Ibid., t.4,6; 5,3.4

77 Ibid., t.5,3
78 Ibid., t.4,6
79 Ibid., t.6,6
Ein Ichneumon findet sich noch ein weiteres Mal auf t.7,1 dargestellt. Auf t.2,6 erscheint Atum mit dem Kopf eines Ichneumons.
80 K.Sethe, ZÄS 63 (1928), 50-53
Zum Kult des Atum in Ṣafṭ el-Ḥenna cf. RÄRG, 321, 646
81 Naville, op.cit., t.4,6
82 Ibid., t.5,3
83 Griffith, Tell el-Yahûdîyeh, 70-74, t.XXIII-XXVI
Roeder, Urkunden, 150-156
G.Goyon, Kêmi 6 (1936), 1-42, t.I-IV
84 L.Habachi/B.Habachi, JNES 11 (1952), 261 n.41
85 Zitierung folgt G.Goyon, op.cit.
86 E.Hornung, Der ägyptische Mythos von der Himmelskuh (OBO 46, 1982), 82 (Exkurs B) zu den Götterdynastien; zum Königtum des Schu cf. W.Barta, Untersuchungen zum Götterkreis der Neunheit (MÄS 28, 1973), 88-89
87 Anklänge an historische Begebenheiten lassen sich nicht leugnen, erfolgte doch seit alters eine Infiltration von Osten her in das Ostdelta und löste oftmals kämpferische Auseinandersetzungen aus. G.Goyon, op.cit., 27 n.2, verweist auf die Hyksosinvasion, die durch das Wâdi Tumilât erfolgt sein soll und somit auch das Territorium des XX. unterägyptischen Gaues gestreift hätte.
Zum politischen Hintergrund des Textes cf. U.Luft, Beiträge zur Historisierung der Götterwelt und der Mythenschreibung (StudAeg IV, 1978), 219-225
88 R.Giveon, in: LÄ V, 351 liest j3t-dsds, während B.Geßler-Löhr, Die heiligen Seen ägyptischer Tempel (HÄB 21, 1983), 260 der Lesung von H.Altenmüller, ZÄS 92 (1966), 86-95 folgt und den Namen des Sees mit j3t-nḫ3.wj umschreibt. Cf. Gauthier, DG I, 50 und ibid. VI, 134.
89 G.Goyon, op.cit., 8-9, 23 ergänzt an der zerstörten Textstelle [spd] "Vorratshaus"; demgegenüber gibt Griffith, op.cit., 71 "[temple belongeth] ... " wieder, dem Roeder, op.cit., 151 in seiner Übersetzung folgt.
90 Naville, Saft el Henneh, t.2,6; t.5,2
91 G.Goyon, op.cit., 9, 24
92 Ibid., 8-9; 23-24
Im Text wird davon berichtet, daß beiderseits des Tempels sowie im Hof 3ḫt-j3btt "der Horizont des Ostens" jeweils acht, nach Osten ausgerichtete Festtempel erbaut wurden.

93 G.Goyon, op.cit., 9, 24-25
94 Ibid., 15, 33
95 Ibid., 9, 25
96 Ibid., 10, 25
97 Ibid., 10, 25-26
98 Ibid., 12, 29
J3t ist als späte Schreibung für jw "Insel" belegt. Demnach kann der Name des Sees auch mit "Insel der beiden Messer" wiedergegeben werden. Cf. Wb I, 26 und W.Spiegelberg, Demotica II (SBAW 1928), 56
99 G.Goyon, op.cit., 10, 25
100 Ibid., 17, 36
101 Ibid., 17-18, 36
Das im Text erwähnte Krokodil findet sich ebenso wie die Perücke des Re^{c} und die Uräusschlange auf den Reliefs im Naosinnern abgebildet und dürften als Kultbilder in realiter existiert haben; cf. Griffith, Tell el-Yahûdîyeh, XXIII, 2-4
102 G.Goyon, op.cit., 12, 29
103 So H.Altenmüller, ZÄS 92 (1966), 86-95
104 G.Goyon, op.cit., 6, 14, 31
Gauthier, DG IV, 154
Montet, Géographie I, 211
105 G.Goyon, op.cit., 11, 15, 27, 33
106 Griffith, op.cit., 72 n.8; cf. Gauthier, DG I, 208
107 G.Goyon, op.cit., 16, 34
Gauthier, DG IV, 56
Montet, op.cit. I, 211
108 G.Goyon, op.cit., 18, 57
109 G.Goyon, op.cit., 13
110 Gauthier, DG IV, 26
111 G.Goyon, op.cit., 14, 31 übersetzt "le monde(?) d'éternité" mit dem Verweis, daß das Zeichen  in dem Text für  verwendet wird.
112 Montet, op.cit. I, 211 übersetzt "le Réchaud éternel".
113 Description de l'Égypte V, t.48, fig. 5-6; Text 10, 543-544; P.Pierret, Recueil d'Inscriptions Inédites du Musée Égyptien du Louvre II, Paris 1878, 73; Brugsch, Thes. I, 179-184; S.Schott, Die altägyptischen Dekane, in: W.Gundel, Dekane und Dekanbilder, Darmstadt 1969, 15-16; J.Yoyotte, JNES 13 (1954), 79-82; zur Rekonstruktion der Dekanlisten cf. J.J.Clère, JNES 9 (1950), 143-152 und L.Habachi/B.Habachi, JNES 11 (1952), 251-263, t.XXVIII-XXXIII
114 Im Text findet sich neben den Bezeichnungen J3t-nbs und Ḥwt-nbs auch eine Kombination beider Namen in der Schreibung  bezeugt.

115 L.Habachi/B.Habachi, op.cit., 253
J.Yoyotte, op.cit., 81, fig. 1 mit einem Relief aus dem Brit.Mus., das die löwengestaltige Tefnut als "Herrin des Pr-nzr, die in Ḥwt-nbs befindlich ist" zeigt.

116 L.Habachi/B.Habachi, op.cit., 260-262

117 O.Neugebauer/R.A.Parker, Egyptian Astronomical Texts I, London 1960, t.28 (nos. 30 +31)

118 C.de Wit, Le Rôle et le Sens du Lion dans l' Égypte Ancienne, Leiden 1951, 259

119 Pyr. 148d; 201d

120 Borchardt, S'a3ḥu-re^{c}, Bl.5, 8

XI. SOPDU IN DER OPFERFORMEL

Sopdu ist der Gruppe von Göttern niederen Ranges zuzurechnen, die nur selten in der Götterformel der ḥtp-dj-njswt-Formel Aufnahme fanden. Zu dieser Gruppe zählen kleinere Gottheiten wie Dedun, Harsaphes und Tefnut, um nur einige aus der großen Zahl herauszugreifen.

Barta[1] gibt in seiner Untersuchung zum Aufbau und Bedeutung der altägyptischen Opferformel eine Auflistung all der Götter, die in der Opferformel Erwähnung finden. Aus dieser Übersicht ist zu entnehmen, daß das Vorkommen des Gottes Sopdu in der ḥtp-dj-njswt-Formel für die berücksichtigten Zeiten (Dynastien XII, XXI-XXIV und XXVI) im Verhältnis zu anderen Göttern unter 1 p.c. liegt.

Zu den wenigen Belegen, die in diesem Zusammenhang für Sopdu benannt werden können, gehört die Stele des Kabinettsvorstehers des Schatzhauses (jmj-r3 ᶜẖnwtj n pr-ḥḏ) Ḏ3f[2] aus Serâbîṭ el-Châdim. Mit ihrer Datierung in das Jahr 8 des Königs M3ᶜ-ḫrw-Rᶜ (Amenemhet IV.) stellt dieses Dokument den ältesten und zugleich auch den einzigen Beleg aus der Zeit des Mittleren Reiches dar.

Die Inschrift dieses Denkmals unterteilt sich in drei Abschnitte. Im ersten Teil (1.2-7) nimmt die der ḥtp-dj-njswt-Formel folgende Götterformel Bezug auf Ptah-Sokar und Hathor, Herrin des Türkis. In dem daran anschließenden Formular (1.8) heißt es nur: "Ein Totenopfer, das der König geben möge" mit einer

Aufzählung der üblichen Opfergaben.
Der dritte Abschnitt setzt mit Zeile 9 ein. Dieser lautet in Übersetzung:

> "Ein Totenopfer, das der König geben möge (an) Hathor, die Herrin des Türkis, und (an) Sopdu, den Herrn der Fremdländer, für den Ka des Zauberers /// ..."

Unter den Denkmälern aus Serâbîṭ el-Châdim findet sich noch eine weitere Opferformel mit dem Namen des Sopdu. Es handelt sich um den südlichen Pfeiler[3] aus der "Halle des Sopdu" im Hathor-Tempel von Serâbîṭ el-Châdim und datiert in die Zeit der Königin Hatschepsut und Tuthmosis' III. Vor der Gestalt des Schreibers Nḫt steht eine dreizeilige Inschrift mit dem Wortlaut:

> "Ein Totenopfer, das der König geben möge (an) Hathor, die Herrin des Türkis, und (an) Sopdu mit den beiden hohen Federn, daß sie geben mögen ein Totenopfer an Brot, Bier, Fleisch und Geflügel sowie an allen guten und reinen Dingen für den Ka des königlichen Boten an der Spitze des Heeres, den Schreiber Nḫt aus Thinis (Ṯn), wieder lebend".

In diesem Kontext ist auch die Statue des Schreibers Mjj[4] aus Serâbîṭ el-Châdim (XVIII. Dynastie) zu nennen. Die Zeilenanfänge der beiden ersten Kolumnen sind weggebrochen. Černý liest die Inschrift wie folgt:

> "[Ein Totenopfer, das der König geben möge an] Hathor, die Herrin des Türkis, (und an) Sopdu, den Herrn des [Ostens], (und an) diesen Thoth[5], der an der Spitze von Heseret ist, (und an) Horus-Re^{c}, den Herrn von Sachebu[6], daß sie geben mögen ..."

Nicht unmittelbar in der Opferformel, jedoch im Zusammenhang damit wird Sopdu in der Sinai-Inschrift 28[7] aus dem Jahr 42 Amenemhets III. genannt, wo es heißt:

> "Gelobt von Hathor, der Herrin des Türkislandes[8], von Sopdu, dem Herrn des Ostens, von Snofru, von Horus, dem Herrn der Fremdländer und von den Göttern und Göttinnen, die in diesem Land sind ... sei derjenige, der wünscht, wohlbehalten heimzukommen, und der sprechen wird: 'Ein Totenopfer, das der König geben möge...'"

Das Erscheinen des Sopdu in Opferformeln auf den Sinai-Denkmälern erklärt sich aus seiner dortigen Verehrung, die ihm neben der Göttin Hathor zuteil wird; dieses bezeugen zahlreiche Denkmäler aus Maghâra und Serâbîṭ el-Châdim.

Das Gros der Belege datiert aus der Spätzeit der ägyptischen Geschichte.
Als erstes ist hier die Statuengruppe des Z-(n-)w3st[9] zu nennen, die ihn zusammen mit seiner Frau ^{c}nḫ.s-(n-)Mwt und seiner Tochter Ṯ3-nt-Jmnt zeigt. Das Denkmal wurde im Jahre 1920 in Ṣafṭ el-Ḥenna gefunden und befindet sich heute im Ägyptischen Museum in Kairo unter der Journal d'entrée-Nr. 46600. Die

Datierung des Exponats gilt als nicht eindeutig gesichert. Daressy weist die Statue nach stilistischen Kriterien in die XVIII. Dynastie (Amenophis III. oder Haremhab), während er die Inschriften in die XXII. oder XXIII. Dynastie datiert. Mir will diese zeitliche Ansetzung zu früh erscheinen. Da die Inschriften den Gott Sopdu als nṯr ^{c}3 ḥrj-jb Ḥwt-nbs bezeichnen, möchte ich die Zeit der Usurpation des Denkmals frühestens in die Zeit der XXV. Dynastie ansetzen. Auf dem Würfelhocker des Aiba[10] aus der XXVI. Dynastie findet sich Ḥwt-nbs erstmals erwähnt. Es bezeichnet den heiligen Bezirk von Pr-Spdw, steht aber des öfteren für den Ortsnamen Pr-Spdw selbst, der auf der Siegesstele des Pije[11] (XXV. Dynastie) zum ersten Mal belegt ist.

Der Statuensockel umfaßt zwei ḥtp-dj-njswt-Formeln. Das eine Formular (A) richtet sich an Sopdu zugunsten des Z-(n-)w3st; die zweite Opferformel (B) nimmt Bezug auf die Göttin Chensit und betrifft die Gattin des Statueninhabers. Während Z-(n-)w3st neben militärischen Titeln auch solche eines ḥm-nṯr n Spdw trägt, steht seine Frau in den Diensten der Göttin Chensit.

A "Ein Totenopfer, das der König geben möge (an) Sopdu, den Herrn des Ostens, der in Ḥwt-nbs befindlich ist, daß er geben möge tausend an Dingen für den Osiris Z-(n-)w3st, den Gerechtfertigten"[12].

B "Ein Totenopfer, das der König geben möge (an) Chensit, die Große und Gottesmutter, daß sie geben möge tausend an Dingen für den Osiris ^{c}nḫ.s-(n-)Mwt, die Gerechtfertigte".

Um die Statuenbasis schließt sich noch eine dritte Opferformel an, die ebenfalls an Sopdu adressiert ist.
Die Rückseite der Statuengruppe trägt eine große Tafel mit der Darstellung des Z-(n-)w3st in Adorationshaltung vor dem falkengestaltigen Gott Sopdu und Chensit. Diese trägt die Sonnenscheibe mit Kuhgehörn auf dem Kopf, in den Händen ein ᶜnḫ-Zeichen und ein Papyrusszepter haltend. Die nachfolgende Inschrift umfaßt neben der Titulatur des Statueninhabers auch Reden der dargestellten Gottheiten. In diesen erscheint Sopdu unter den Epitheta "Herr des Ostens" und "der große Gott, befindlich in Ḥwt-nbs", während er an anderer Stelle als "Sopdu, der Herr derer, die an der Spitze des Versammlungstages sind" genannt ist[13].
Nach den Inschriften der Statuengruppe zu urteilen, hat der Sohn des Z-(n-)w3st, Ḥrw, das Denkmal seinen Eltern geweiht.

Um denselben scheint es sich auch auf der schwarzen Granitstatue Kairo JdE 41664[14] aus Ṣafṭ el-Ḥenna zu handeln, da die Filiationsangaben und Titel mit denen des Z-(n-)w3st konkordant sind. Ḥrw bekleidet die gleichen militärischen und sakralen Ämter wie sein Vater. Auf der Statue Kairo JdE 46600 führt er zudem noch den Titel eines ḥm-nṯr Spdw[15], der wohl auf der Statue Kairo JdE 41664 an der zerstörten Stelle der zweizeiligen Schurzinschrift zu ergänzen ist.
Die Statueninschrift umfaßt mehrere Opferformeln. Das erste Formular führt Reᶜ-Harachte-Atum, den Herrn von Karnak in der Götterformel, während in der zweiten Formel Sopdu, der Herr des Ostens, um Gewährung der erbetenen Gnaden angerufen wird.

Gleichfalls aus Saft el-Henna stammt die Sitzfigur des Ḫrw[16]. Trotz des fragmentarischen Zustandes dieser Kalksteinstatue sind die den kubischen Sitz umsäumenden Inschriften vollständig überliefert. Der Text beginnt mit einer Opferformel:

> "Ein Totenopfer, das der König geben möge (an) Sopdu, den Herrn des Ostens, (und an) die Götter, die in Ḥwt-nbs sind, daß sie geben mögen ... an den Ka des Königsbekannten, von ihm wahrhaft geliebt, Ḫrw, den Sohn des Hohenpriesters von Heliopolis (wr m3(w) Jwnw), Ankleidepriester des Sopdu (sm3(?) Spdw)[17], Wn-Ptḥ[18], den Gerechtfertigten und Ehrwürdigen ...".

Die nachfolgende ḥtp-dj-njswt-Formel ist an die Große Neunheit in Ḥwt-nbs gerichtet, wiederum zugunsten des Ḫrw mit der Filiationsangabe "Sohn des 'Der das Licht öffnet (ptḥ wny)[19] des Amun-Re^c mit hohem Federpaar', P3-wnw, der Gerechtfertigte und Ehrwürdige, geboren von der Hausherrin T3-dj(t)-Ḥrw".

Aus dem Inhalt der Inschrift ist darauf zu schließen, daß die Statue des Ḫrw ursprünglich im Tempel von Saft el-Henna aufgestellt war. Dieser Tempel diente dem Kult des Lokalgottes Sopdu, doch besaßen noch andere Götter, im Text ganz allgemein als "die Götter, die in Ḥwt-nbs sind" und "die Große Neunheit in Ḥwt-nbs" bezeichnet, einen Gastkult im Ortstempel von Saft el-Henna. Um welche Gottheiten es sich dabei im einzelnen handelt, ist nur schwer auszumachen. Sicherlich werden darunter die Göttin Chensit als Gefährtin des Sopdu, der Himmels- und Königsgott Horus sowie Atum, der in Ḥwt-nbs in der Gestalt des Ichneumons verehrt wurde, vertreten sein[20].

Der Eigentümer der Statue trägt selbst nur den Titel eines rḫ-njswt, während sein Vater das Amt eines sm3(?) Spdw und das eines ptḥ wny n Jmn-R^c innehat. Auf den letztgenannten Titel wird an anderer Stelle zurückzukommen sein (unten p.202).

Im Kestner-Museum Hannover findet sich unter der Inv.-Nr.1956,31 die Opfertafel eines Angehörigen des Priesterstandes namens Wn-Ptḥ verwahrt[21]. Diese stammt aus der näheren Umgebung von Zagazîg, nur wenige Kilometer von Ṣafṭ el-Ḥenna entfernt gelegen, und datiert in das 6. vorchristliche Jahrhundert. Die Außenränder der Oberseite und die Seitenflächen des Opfersteines sind mit Inschriften versehen. Auf der Oberseite sind zwei Opferformeln eingearbeitet, die an Osiris-Onuris bzw. an Osiris, den Ersten der Westlichen, und an Sopdu gerichtet sind.
Die zweizeilige Inschrift der Seiten umfaßt ebenfalls Opferformeln an Sopdu als "Herr des Ostens", "Stier des Ostens" sowie "Horus des Ostens" und an Chensit. Darüber hinaus wird an dritter Stelle der Totengott Anubis in der ḥtp-dj-njswt-Formel angerufen.
Der Begünstigte, für dessen Person die verschiedenen Opfergaben erbeten werden, führt nicht nur den Titel eines Priesters des Upwawet, sondern ist zugleich auch in den Priesterdiensten des Horus und des Sopdu (bzw. des Sopdu-Schu, Sohn des Re^c)[22] tätig.
Dem Fundort zufolge befand sich die Opfertafel des Wn-Ptḥ ursprünglich im Tempel des Sopdu in Ḥwt-nbs, das hier wohl als Synonym für Pr-Spdw steht.

Ebendort fand sich auch die Statue des Ns-Ptḥ[23], die wie die zuvor angeführte Opfertafel des Wn-Ptḥ der Spätzeit zuzuweisen ist. Der Statueninhaber ist in kniender Haltung dargestellt. Auf seinem kurzen Schurz ist ein falkengestaltiger Gott mit Komposit-krone (Vierfederkrone, Sonnenscheibe und Kuhgehörn) abgebildet. Um die rechteckige Fußplatte des Denkmals ziehen sich Opferformeln herum. Von der ersten, nach rechts verlaufenden Formel ist nur noch der Anfang ḥtp-dj-njswt (n) Wsjr erhalten. Das Formular auf der Gegenseite hat den Wortlaut:

> "Ein Totenopfer, das der König geben möge (an) Sopdu, den des Ostens[24], daß er geben möge ein [schönes] Begräbnis ///"

Von den Titeln des Stifters, die für gewöhnlich im Fortgang der Opferformel aufgeführt werden, sind keine Spuren mehr sichtbar. Es ist jedoch aufgrund des Fundortes und Auftretens des Gottes Sopdu im Zusammenhang mit der Opferformel zu vermuten, daß Ns-Ptḥ unter anderem auch ein Priesteramt des Sopdu versah.

Wie eingangs bereits dargelegt worden ist, liegt das Erscheinen des Sopdu in den Opferformeln auf den Sinai-Denkmälern in seiner dortigen Verehrung begründet. Wie steht es nun mit den spätzeitlichen Belegen? Bei einem Vergleich aller für die Spätzeit benannten Belege stellt sich heraus, daß sie in zwei Punkten übereinstimmen:

a) Der Fundort ist Ṣafṭ el-Ḥenna oder zumindest dessen nähere Umgebung.
b) Die in den Inschriften erwähnten Personen sind in den Priesterdiensten des Sopdu tätig.

Z-(n-)w3st, der Inhaber der Statuengruppe Kairo JdE 46600, bekleidet das Amt eines ḥm-nṯr Spdw sowie das eines jrj-jḫt Spdw. Sein Sohn Ḥrw hat unter anderem die Nachfolge seines Vaters im Amt des ḥm-nṯr Spdw angetreten.
Den gleichen Titel führt auch Wn-Ptḥ neben seinen Priesterämtern des Upwawet und des Horus. Letzterer besaß einen Gastkult im Tempel von Ṣafṭ el-Ḥenna, wie sein Epitheton ḥrj-jb Ḥwt-nbs anzeigt.
Mit einem Priesteramt anderer Art, jedoch ebenfalls mit dem Gott Sopdu verknüpft ist der Vater des Ḫrw. P3-wnw ist nicht nur Hoherpriester von Heliopolis, sondern zugleich auch Ankleidepriester des Sopdu (sm3(?) Spdw). Die sm3(?)-Priester waren vermutlich mit dem Bekleiden der Götterstatuen betraut.

Es müssen noch einige Bemerkungen zu dem Titel ptḥ wny nachgetragen werden. Bisher ist noch keine Einigung über die Lesung und Bedeutung des Titels erzielt worden, doch darf die in den älteren Publikationen angegebene Übersetzung "Pförtner des Ptah" nach neuerem Wissensstand wohl endgültig fallen gelassen werden. Montet[25] deutet den Titel als "ouvreur de l'orifice", das in der deutschen Übersetzung mit "Öffner der (Tür-)Öffnung" oder ähnlich wiederzugeben ist. Als wahrscheinlichste Lösung ist Yoyottes[26] Vorschlag anzusehen, der ptḥ wny mit "derjenige, der das Licht öffnet (oder bildet)" übersetzt.

Zweifellos steht dieser Titel mit Sopdu in engem Zusammenhang, führt doch der Hohepriester des XX. unterägyptischen Gaues in der großen geographischen Edfu-Liste[27] den Titel eines ptḥ wny. Der Titel mag, wie Yoyotte bemerkt, mit der synkretistischen Verbindung des Sopdu mit Schu in seiner Funktion als

Sonnengott zusammenhängen.
Der Vater des Ḫrw führt in dem Titel ptḥ wny den Zusatz Jmn-R^{c} q3j-šw.tj. Dies steht im Einklang mit der Deutung des Wortes wny als "göttliches Licht", da auch im Kult des thebanischen Gottes Amun der Sonnenkult vorherrscht.

Es soll aus diesen Betrachtungen kein weiterer Schluß gezogen werden. Es bleibt jedoch festzuhalten, daß Fundort und Priestertitel in engem Zusammenhang mit dem Erscheinen des Sopdu in der ḥtp-dj-njswt-Formel stehen. Durch die sakralen Ämter wird die enge Verbundenheit zwischen dem Verstorbenen und dem Gott zum Ausdruck gebracht.
Innerhalb der Opferformel kann Sopdu sowohl an erster Stelle stehen oder aber größeren Gottheiten, wie Osiris und Re^{c}-Harachte-Atum, folgen.

Anmerkungen zu Kapitel XI :

1 W.Barta, Aufbau und Bedeutung der altägyptischen Opferformel (ÄF 24, 1968), 230
Ganz selten belegte Götter finden in der Statistik keine Berücksichtigung.

2 Inscr.Sinai I, t.XLVIII (121)

3 Inscr.Sinai I, t.LVIII (184)

4 Inscr.Sinai I, t.LXVII (231); cf. Inscr.Sinai II, 171

5 Aufgrund der inschriftlichen Erwähnung Ḏḥwtj pw vertritt J.Černý, in: Inscr.Sinai II, 171 die Ansicht, daß im oberen Teil der Stele (heute verloren) Thoth dargestellt gewesen ist.

6 S.Sauneron, Kêmi 11 (1950), 63-72 zur Lokalisierung von S3ẖbw.

7 Inscr.Sinai I, t.XII (28)
Die Schreibung des Epithetons 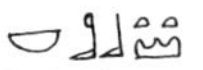 resultiert aus dem Hieratischen, wo das Zeichen für Osten und das Bein-Determinativ nahezu identisch sind. Cf. Möller, Paläographie I, Nr. 124 u. 578. Darauf beruht auch Brugschs Verlesung als "Sopdu, der Herr von Bbt", in dem er eine Bezeichnung für die Sinai-Halbinsel sah; cf. Inscr.Sinai II, 1

8 Hathor trägt als "Herrin des Türkis" dann auch folgerichtig das Epitheton "Herrin des Türkislandes", das zur Bezeichnung der Sinai-Halbinsel dient.

9 G.Daressy, ASAE 20 (1920), 123-128

10 Der Würfelhocker des Aiba, der sich heute in Swansea/Wales befindet, ist bisher unveröffentlicht.

11 Urk. III, 46 (115)

12 Ergänzung nach dem Text des Formulars B

13 Wb V, 461.13

14 G.Daressy, ASAE 11 (1911), 142-144

15 Id., ASAE 20 (1920), 125 (0)

16 R.Weill, RecTrav 36 (1914), 95-97

17 B.Grdseloff, ASAE 43 (1943), 357-366
Helck, Beamtentitel, 46

18 R.Weill, op.cit., 96 liest den Personennamen P3-wn-nḫt.

19 J.Yoyotte, BIFAO 54 (1954), 103-105 zum Titel ptḥ wny.
Der Titel ist noch ein weiteres Mal auf einer spätzeitlichen Statue in Verbindung mit dem Gottesnamen Amun-Reʿ bezeugt; cf. L.Borchardt, Statuen und Statuetten IV (CG), Berlin 1934, 32 (1031).

20 Von der Neunheit des Sopdu war bereits in pKahun t.XXIX, 7.35 die Rede.

21 I.Woldering, Kestner-Museum Hannover 1889-1964, Hannover 1964, 55-56 (Abb.30)
22 Zu Sopdu-Schu, der Sohn des Re^{c} cf. Naville, Saft el Henneh, t.2,15
23 L.Borchardt, op.cit., II (CG), Berlin 1930, 150 (913)
G.Daressy, RecTrav 20 (1898), 77 (CLV.3)
24 L.Borchardt, op.cit., ergänzt 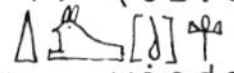 ,während G.Daressy, op.cit., 77 nur  wiedergibt.
25 Montet, Géographie I, 209
26 Priester konnten einen Titel tragen, der ursprünglich ein Epitheton des Gottes war, dem sie dienten; cf. J.Yoyotte, op.cit., 102 n.2
27 Edfou I, 335

XII. SOPDU IN PERSONENNAMEN

Seit der V. Dynastie treten Personennamen mit dem Namen des Gottes Sopdu als Komposita in vermehrtem Maße auf.
Eine Ausnahme bildet der theophore Personenname, der neben dem Namen des Horus Semerchet (I. Dynastie) auf einem Vasenfragment aus dem Grab Ḥelwân 185 H4 zu lesen ist, falls sich hinter den eingravierten Schriftzeichen 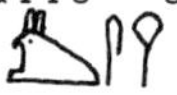 tatsächlich ein Name und kein Titel verbirgt[1]. Doch sprechen alle Umstände dafür, in dieser Gruppe den Namen des Grabinhabers zu sehen, der die Vase vermutlich vom Horus Semerchet als Geschenk erhalten hat. Im Falle einer Interpretation als Titel würde der Name des Eigentümers fehlen, was sehr unwahrscheinlich anmutet. Somit darf man wohl zu Recht die Schriftgruppe als Smr-Spdw "der Gefährte/Freund des Sopdu" lesen und hierin den ältesten Beleg für das Auftreten des Gottes Sopdu in theophoren Personennamen sehen.

Ebenfalls fraglich ist, ob der Frauenname auf der Sitzstatue eines hohen Würdenträgers der IV. Dynastie, die im Totentempel des Cheops freigelegt wurde, tatsächlich als Nfrt-Spdw (?) "die Schöne des Sopdu" umschrieben werden muß. Von dem Namen der Frau und deren Titel sind nur noch die Überreste  erhalten[2].
Als eine weitere Möglichkeit bietet sich die Lesung Nfr-Spdt "Sothis ist schön" an, wobei das Feminin-t zu dem Namen Spdt gehören müßte. Auf den ersten Blick erscheint diese zweite Lesung als die wahrscheinlichere, da im Alten Ägypten bei der Namensgebung der

Brauch vorherrschte, die Knaben nach männlichen, die Mädchen nach weiblichen Gottheiten zu benennen. Doch finden sich meines Wissens Eigennamen mit dem Bildungselement Spdt erst in der Spätzeit bezeugt. Zudem wird der Name der Göttin Sothis stets durch das Ideogramm  determiniert. Daher wird der in Rede stehende Frauenname wohl doch als Nfrt-Spdw "die Schöne des Sopdu" transkribiert werden müssen. An der zerstörten Stelle ist vermutlich ein weiterer Titel der Frau zu ergänzen, denn es ist unwahrscheinlich, daß die hier zerstörte Hieroglyphengruppe zum Namen gehörte. Nach dem bereits oben genannten Vasenfragment aus der I. Dynastie legt dieses Denkmal ein weiteres Zeugnis von dem Auftreten des Gottesnamens in theophoren Personennamen vor der V. Dynastie ab.

Während die zuvor genannten Eigennamen Unsicherheiten in ihrer Lesung beinhalten, liegt aus dem Grab des Ḫ^{c}j-mrrw-Ptḥ (Saqq. Nr.68/ V.Dynastie)[3] der erste gesicherte Nachweis für die Existenz des Gottesnamens in Personennamen vor, da der Name  unzweifelhaft als Spdw-ḥtpw "Sopdu ist gnädig" zu lesen ist.

<u>Chronologische Liste der mit dem Namen des Sopdu gebildeten Personennamen :</u>

<u>Frühzeit</u>

	Smr-Spdw[4]	I.Dyn. (Ḥelwân)	Saad, Excavations at Helwan,42-43, 118 (t.32)

Altes Reich

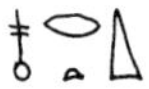	Nfrt-Spdw[5]	IV.Dyn. (Gîza)	Hassan, Giza X, t.IX (A-C)
	Spdw-ḥtpw[6]	V.Dyn. (Saqq.)	Mariette, Mastabas, 118 (C4)
		V.-VI.Dyn. (Saqq.)	ibid., 211 (D15)
		V.-VI.Dyn. (Abusîr)	Posener-Kriéger/ Cenival, Hier. Papyri in the British Museum, t.LXV A
		VI.Dyn. (Saqq.)	Mariette,op.cit., 378 (E1+2)[7]
	Mrj-Spdw-K3k3j[8]	V.-VI.Dyn. (Abusîr)	Posener-Kriéger/ Cenival,op.cit., t.LXXXV A

Mittleres Reich und Zweite Zwischenzeit

	Spdw	MR	Wreszinski, Aeg. Handschriften, 11 (Zl.5)
	Spdw-ḥtpw	XII.Dyn. (el-Lahûn)	Kaplony-Heckel, Ägypt.Handschriften I, 70 (149)
		MR (Abydos)	Lange/Schäfer, Grab- und Denksteine I, 365 (20356)
		MR (?)[9] (At el-Hôš)	Petrie, A Season in Egypt 1887, t.XVI (512)
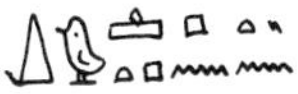	Spdw-ḥtpw-p(3)-ntj-n.(j)[10]	XII.-XIII. Dyn.	Peterson, OrSu 17 (1968) 23-25 (VIII.NME 17)
	Z3-Spdw[11]	XII.Dyn. (el-Lahûn)	Kaplony-Heckel, op.cit., 1 (1)
		XII.Dyn. (el-Lahûn)	ibid., 29 (49)

	Z3-Spdw	XII.Dyn. (Serâbît el-Châdim)	Inscr.Sinai I, t.XXIII (85)
		XII.Dyn. (Serâbît el-Châdim)	ibid., t.XXXVI (118)
		XII.Dyn.	Gayet, BEHE, Fasc.28 (1886) t.XXIV
		XII.Dyn. (el-Lahûn)	Kaplony-Heckel, op.cit., 242 (616)
		XII.Dyn. (?) (el-Lahûn)	pKahun t.XXVIa (Zl.40)
		XIII.Dyn. (Abydos)	Peet, Cemeteries II, t.XXIV (5)
		MR (el-Lahûn)	Kaplony-Heckel, op.cit.,69 (149)
		MR (el-Lahûn)	ibid., 220 (557)

	Z3-Spdw-Kbw[12]	MR (------)	Lange/Schäfer, op.cit.,307 (20293)
	Z3-Spdw-jj-n-ḥb	XII.Dyn. (Abydos)	University Museum Bulletin, Vol.XV, Nov.1950, Nos. 2-3, fig.19
	Z3t-Spdw[13]	XII.Dyn. (el-Lahûn)	Kaplony-Heckel, op.cit., 71 (153)
		XII.Dyn. (el-Lahûn)	pKahun t.XII, 8
		XIII.Dyn. (el-Lahûn)	pKahun, t.IX, 3.16. 28
		MR (Abydos)	Lange/Schäfer, op.cit., 36 (20028)
	Z3t-wsr-Spdw[14]	XII.Dyn. (el-Lahûn)	pKahun t.XIV, 64
	Nḫt-Spdw[15]	XII.Dyn. (Maghâra)	Inscr.Sinai I, t.XIV (40)

	Nḫt-Spdw	XII.Dyn. (------)	Gayet, BEHE,Fasc.28, 1886, t.XXIV (Louvre C166)
	Z3t-Nḫt-Spdw[16]	XII.Dyn. (------)	ibid., t.IX (Louvre C5)
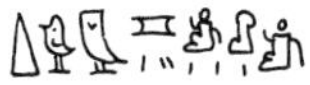	Spdw-m-mrt.j[17]	XII.Dyn. (el-Lahûn)	pKahun t.XIII,16
	Spdw-m-z3.f[18]	XII.-XIII. Dyn.[19] (------)	Peterson, op.cit., 23-25 (VIII.NME 17)
		XIII.Dyn. (------)	Boeser, Beschr.der Ägypt.Sammlung des Niederländischen Reichsmuseums,1.Abt. Bd.II, Leiden 1909, t.XIII (Leid.V 103)
		MR (Abydos)	Lange/Schäfer,op.cit., 263 (20241)
	Spdw-m-z3.f/ Ḥkw[20]	XIII.Dyn. (------)	Boeser, op.cit., t.XIII (Leid.V 103)

	Spdw-sn.f[21]	XIII.-XIV. Dyn. (-------)	Mariette, Monuments d'Abydos,262 (814)

Neues Reich

	Spdwy[22]	XVIII.Dyn. (-------)	Brunner-Traut/Brunner, Ägypt.Sammlung der Universität Tübingen,Mainz 1981, 97-98, t.67 (472)
	Spdw-msjw[23] (hierat.)	XX.Dyn. (Theben ?)	Peet, The Mayer Papyri A + B Nos. M 11162 and M 11186 of the Free Public Museums, Liverpool, London 1920, 3

Spätzeit

	Spdw-mnw[24]	XXII.Dyn. (-------)	Stewart, Egyptian Stelae, Reliefs and Paintings from the Petrie Collection III, Warminster 1983, 4, t.4 (5)

	Spdw-nbw[25]	XXX.Dyn. (Saqq.)	Schneider, Shabtis II,Leiden 1977, 126
 bzw. 	Nḫt-Spdw[26]	SpZt (----)	Wreszinski, Ägypt. Inschriften aus dem K.K.Hofmuseum in Wien, Leipzig 1906, 141-142

Personennamen mit ungesicherter Lesung

	Spdw-[...]	XII.Dyn. (Serâbît el-Châdim)	Inscr.Sinai I, t.XLIII (120)
	Spdw-[...]	XII.Dyn. (el-Lahûn)	Kaplony-Heckel, Ägypt.Handschriften I, 1 (1)
	Spdw-[...]	XII.Dyn. (el-Lahûn)	ibid., 12 (18)
	Spdw- ?	XII.Dyn. (Serâbît el-Châdim)	Inscr.Sinai I, t.XXXIV (105)

Aus der Aufstellung ist deutlich zu ersehen, daß der Name des Gottes Sopdu seit Beginn der ägyptischen Geschichte in Personennamen auftritt, und zwar sowohl in maskulinen als auch in femininen Eigennamen.
Aus den ersten beiden Hauptepochen liegen zahlreiche Belege aus dem überlieferten Quellenmaterial vor, während die Zeugnisse für die nachfolgenden Zeiten (Neues Reich und Spätzeit) demgegenüber recht spärlich anmuten.

Aus den überkommenen Belegen kann darauf geschlossen werden, daß sich der Gott gerade zur Zeit des Alten und Mittleren Reiches großer Beliebtheit erfreute, legen doch die theophoren Eigennamen indirekt Zeugnis darüber ab, welche Bedeutung dem einzelnen Gott innerhalb des ägyptischen Pantheons zukam. Dabei kann davon ausgegangen werden, daß sich ein Gott um so größerer Bedeutung und Beliebtheit erfreute, je häufiger sein Name in den überlieferten Schriftquellen vertreten ist. Wie bei den Hauptgöttern, so war auch das Ansehen der weniger bedeutenden Gottheiten religionspolitischen Schwankungen unterworfen, so daß der Name eines bestimmten Gottes mal häufiger, mal weniger häufig in den verschiedenen Zeitabschnitten der ägyptischen Geschichte auftritt. Frau Begelsbacher-Fischer[27] führt in ihrer Untersuchung über die Götterwelt des Alten Reiches folgendes aus: "Theophore Personennamen zeugen indirekt für den Götterkult, denn es muß angenommen werden, dass ein in Personennamen erwähnter Gott auch kultische Wirklichkeit besass".

Im Gegensatz zu den großen Göttern, wie beispielsweise Re^{c}, Ptah oder Hathor, deren Namen durch alle Zeiten der ägyptischen Geschichte hinweg in Personennamen begegnen, tritt im Vergleich dazu der Name des Sopdu nur vereinzelt in Erscheinung.

Die Belege aus der Frühzeit und dem Alten Reich konzentrieren sich im memphitischen Bereich (Ḥelwân, Gîza, Saqqâra, Abusîr) - ein Faktum, das sich auch bei den inschriftlichen und figürlichen Belegen nachweisen läßt. Dagegen stammen die mit dem Namen des Sopdu verbundenen Personennamen auf den Denkmälern des Mittleren Reiches, soweit deren Herkunft gesichert ist, vorwiegend aus el-Lahûn, Abydos und von der Sinai-Halbinsel. Das Erscheinen des Gottes in Abydos nimmt nicht weiter Wunder, war doch das Bestreben eines jeden darauf ausgerichtet, seine letzte Ruhestätte in der Nähe des Osiris-Tempels von Abydos zu finden, oder sich zumindest durch einen Denkstein oder einen Kenotaph der Gnade des Osiris zu empfehlen. In der alten Nekropole der Könige der I. Dynastie wurden seit der VI. Dynastie die Verstorbenen aus allen Teilen des Landes beigesetzt.

Warum der Gott gerade in den el-Lahûn-Papyri und auf den Sinai-Denkmälern auftritt, wurde bereits in den Kapiteln VII und VIII untersucht.
Festzuhalten bleibt, daß sich für das Auftreten des Sopdu in Personennamen eine Nord - Süd - Tendenz konstatieren läßt.

Anmerkungen zu Kapitel XII :

1 Z.Y.Saad, The Excavations at Helwan, Oklahoma 1969, 42-43, 118 (t.32)

2 S.Hassan, Excavations at Gîza X, Kairo 1960, 36, t.IX (A-C)
Zum Titel mjtrt "concubine (?)" cf. C.S.Fisher, The Minor Cemetery at Giza, Philadelphia 1924,137

3 PM III², 481 (Nr. 68 = C4 nach Mariettes Zählung/ V.Dynastie); A.Mariette, Les Mastabas de l'Ancien Empire, Paris 1882, 117-120 datiert das Grab in die Mitte der IV. Dynastie.

4 Kann auch als Titel verstanden werden; cf. dazu meine Ausführungen auf Seite 33.
Bei Ranke, PN, nicht belegt.

5 Vielleicht auch Nfrt-Spdt "Sothis ist schön" zu lesen, cf. meine Ausführungen auf den Seiten 206-207.
Bei Ranke, op.cit., nicht aufgeführt.

6 Ranke, op.cit. I, 306.22

7 Zur Schreibung des Ideogramms  als  cf. B.Grdseloff, ASAE 39 (1939) 390-392

8 In einer Güterprozession aus dem Grab des Ptahhotep (Saqq. D62/V.Dynastie) findet sich dieser Name als Bezeichnung eines Stiftungsgutes wieder.
Bei Ranke, op.cit., nicht aufgeführt.

9 Die Datierung des Graffito ist ungewiß. Theoretisch kann es in das Alte Reich bis in die Spätzeit datiert werden. Aufgrund der Orthographie ist man jedoch geneigt, das Graffito in das Alte oder Mittlere Reich zu datieren. Zudem ist der Name Spdw-ḥtpw in den nachfolgenden Zeiten nicht mehr bezeugt.

10 Lesung mit Peterson, OrSu 17 (1968) 25; entgegen Ranke, op.cit., 306.22, der den Namen "spdw-ḥpt(w) liest. Zu  "der mir gehört" cf. Ranke,op.cit, 114.5. Peterson, op.cit., 25,n.1 bemerkt, daß die Form des spd-Zeichens unter Einfluß der hieratischen Schrift steht.

11 Ranke, op.cit., 284.15

12 Ranke, op.cit., 284.15 liest den Namen auf der Stele Kairo 20293 "spdw-"ḥtp(w)" mit Fragezeichen.
Zu  Kbw cf. ibid., 344.8

13 ibid., 293.15

14 ibid., 288.6

15 ibid., 211.14 (griech. νεχϑσαφϑις)

16 ibid., 290.17

17 ibid., 306.19 (f.)

18 ibid., 306.20

19 Die Form des spd-Zeichens steht unter dem Einfluß der hieratischen Schrift.

20 Zu  Ḥkw cf. ibid., 356.30 (m.+f.)

21 Mariette, Monuments d'Abydos, 262 (814) versieht die Lesung des spd-Zeichens mit Fragezeichen. Bei Ranke, op.cit., nicht belegt.

22 Es handelt sich bei diesem Namen um eine Koseform. Bei Ranke, op.cit., nicht genannt.

23 Ranke, op.cit., 306.21

24 Bei Ranke, op.cit., findet sich ein solcher Name nicht aufgeführt. Man darf jedoch trotz der zerstörten Stelle darauf schließen, daß der Name Spdw-mnw "Sopdu ist dauernd" zu lesen ist. Parallelen finden sich in ähnlich konstruierten Personennamen, wie der aus der Spätzeit belegte Name  Ḏḥwtj-mnw "Thoth ist dauernd", griech. ϑοτμηνις (cf. Ranke, op.cit., 408.4)

25 Bei Ranke, op.cit., nicht belegt.

26 ibid., 211.14

27 B.Begelsbacher-Fischer, Untersuchungen zur Götterwelt des Alten Reiches, OBO 37 (1981) 13

XIII. SOPDU IN TITELN[1)]

Seit Beginn der ägyptischen Geschichte ist der Name des Gottes Sopdu in Titeln bezeugt. Die frühesten Zeugnisse datieren in die I.-III. Dynastie und finden sich auf zwei Gefäßfragmenten, die aus den unterirdisch gelegenen Galerien der Djoser-Pyramide stammen. Ein weiterer Beleg liegt aus der II. Dynastie vor und ist etwa in die Zeit des Horus Hetepsechemui oder die seines Nachfolgers Nebre^{c} zu datieren.

Die nachstehende Liste gibt eine Übersicht der Titel, in denen der Name des Gottes Sopdu erscheint. Die Aufzählung folgt keinen chronologischen Gesichtspunkten, sondern richtet sich nach den Titeln selbst. Soweit der Herkunftsort der Denkmäler als gesichert gelten kann, findet sich dieser unter den einzelnen Belegen berücksichtigt.

jrj-jḫt Spdw	"Sachverwalter des Sopdu", "Offiziant des Sopdu" o.ä.
II.Dyn.	a) Siegel des Prinzen Prj-nb[1]; Saqqâra
XXV.-XXVI.Dyn.(?)	b) Statue des Z-(n-)w3st (dieser ist zugleich auch ḥm-nṯr Spdw)[2]; Ṣafṭ el-Ḥenna

1) * zur Kennzeichnung erschlossener Titel

ḥm-nṯr Spdw	"Priester des Sopdu"
I.-III.Dyn.	a) Dioritschale des Nj-prj-n-k3[3]; Saqqâra
I.-III.Dyn.	b) Schieferschale desselben[4]; Saqqâra
*II.Dyn.	c) Schieferschale eines Priesters[5]; Abydos
III.-IV.Dyn.	d) Grab des Gaubeamten Pḥ-r-nfr[6]; Saqqâra
XXV.-XXVI.Dyn.(?)	e) Statue des Z-(n-)w3st (dieser ist zugleich jrj-jḫt Spdw)[7]; Ṣafṭ el-Ḥenna
*XXV.-XXVI.Dyn.(?)	f) Statue des Ḥrw, Sohn des Z-(n-)w3st[8]; Ṣafṭ el-Ḥenna
XXVI.Dyn.	g) Statue des Jʿḥ-msjw/Nfr-jb-Rʿ-nḫtw[9]; Ṣafṭ el-Ḥenna
XXVI.Dyn.	h) Würfelhocker des Aiba[10]; Ṣafṭ el-Ḥenna
XXX.Dyn.(?)	i) Sarkophag des Ḥp-mnw/Jʿḥ-msjw[11]; aus dem Antikenhandel
SpZt	k) Sistrophor des Ḥr-p(3-n)-Jmn[12]; Herkunft unbekannt

SpZt	l) Opfertafel des Wn-Ptḥ[13]; Zagazîg
GrR	m) bemaltes Sargbrett[14]; Dêr el-Bâhari

ḥm-nṯr tpj n Spdw	"Erster Prophet des Sopdu"
XIX.Dyn.	a) Türsturz des königlichen Schreibers R^{c}-j3y[15]; Herkunft unbekannt

jmjr-r3 ḥmw-nṯr n Spdw	"Vorsteher der Priester des Sopdu"
XXVI.Dyn.	a) Inschrift eines Priesters[16]; Herkunft unbekannt
SpZt(?)	b) Würfelhocker eines Priesters[17]; Herkunft unbekannt

w^{c}b ^{c}3 n Spdw	"der große w^{c}b-Priester des Sopdu"
XII.Dyn.	a) Opferstele des Rs[18]; Herkunft unbekannt

w^c^b ḥrj z3w n Spdw	"w^c^b-Priester der Phylen des Sopdu"
XII.Dyn.	a) pKahun t.XII, 4.7; XIII, 13.20.[25][19]; el-Lahûn
* w^c^b Spdw(?)	"w^c^b-Priester des Sopdu(?)"
GrR	a) pDem.Kairo 30999 rto, l. 2,7[20]; Gebelên
sm3(?) Spdw	"Ankleidepriester(?) des Sopdu"
XXV.Dyn.	a) Statue des Ḫrw[21]; Ṣafṭ el-Ḥenna
XXV.-XXVI.Dyn.	b) Würfelhocker eines Priesters[22]; Ṣafṭ el-Ḥenna
rp^c^t ḥ3tj-^c^ Spdw	"Fürst und Prinz des Sopdu"
SpZt	a) Würfelhocker des ^c^3-k3[23]; Pithom

Ungesicherte Titel

zš Spdw(?)	"Schreiber des Sopdu(?)"
SpZt	Statue des M3ᶜ-ḫrw-Ḥrw[24]; Mêdinet Habu
ḥm-nṯr nb j3btt	"Priester des Herrn des Ostens"
GrR	Statue des P(3)-dj-Wsjr[25]; Mitrahîna (Körper), Sammlung Huber (Kopf)

Die aufgelisteten Titel geben darüber Auskunft, daß bereits im frühen Alten Reich ein Kult des Sopdu existierte.

Welche Rückschlüsse lassen sich aus den überkommenen Belegen auf den Kult des Sopdu ziehen? Lassen sich kulttopographische oder beschreibende Hinweise auf Besonderheiten des Kultempfängers aus den Titulaturen der Priester ablesen? Um diese Fragestellungen zu ergründen, sollen auf den nachfolgenden Seiten die Zeugnisse unter dem Kriterium des Herkunftsortes und der kulttopographischen Hinweise gegenübergestellt und miteinander verglichen werden.

Herkunftsort

Die überlieferten Priestertitel geben darüber Auskunft, daß bereits in der Frühzeit, spätestens aber seit der III. Dynastie ein Kult des Sopdu existiert hat. Die ältesten Belege für einen Kult des Sopdu fanden sich auf dem archaischen Friedhof von Saqqâra im Gebiet von Memphis. Einzige Ausnahme stellt das von Amélineau in Abydos gefundene Vasenfragment aus der II. Dynastie dar, das vermutlich aus dem Grab des Peribsen oder des Cha^{c}sechemui stammt. Während der politische Schwerpunkt bereits in Unterägypten gelegen war, ließen sich beide Könige ein Grab im oberägyptischen Abydos errichten. Demnach ist es durchaus möglich, daß ein im Dienste des Sopdu stehender Priester, dessen Aufgabenbereich im unterägyptischen Landesteil gelegen war, sich in Abydos bestatten ließ, um in der Nähe des verstorbenen Königs seine letzte Ruhe zu finden. Auf diese Weise läßt sich der abydenische Fundort des in Rede stehenden Fragmentes erklären, währenddessen die übrigen Denkmäler jener Zeit in Saqqâra freigelegt wurden.

Aus dem Mittleren Reich sind keine ḥm-nṯr-Titel überliefert, die mit dem Kult des Sopdu in Zusammenhang stehen. Stattdessen treten nunmehr w^{c}b-Priester des Sopdu in Erscheinung. Diese finden sich insbesondere in den el-Lahûn-Papyri aus der XII./XIII. Dynastie in dem eigentümlichen Titel eines w^{c}b ḥrj z3w n Spdw "w^{c}b-Priester der Phylen des Sopdu" wieder. Dieser Titel ist nur für el-Lahûn bezeugt und steht neben einer Vielzahl von Personennamen, die den Gottesnamen als Bildungselement aufweisen. Das Erscheinen des Sopdu und seiner Neunheit sowie das Priesteramt des w^{c}b ḥrj z3w n Spdw und die große Anzahl der theophoren Eigennamen deuten auf einen Kult des Sopdu in der am Eingang des Faijûms gelegenen Pyramidenstadt Sesostris' II. während der XII. und der frühen XIII. Dynastie hin[26].

Es verwundert, daß weder aus dem Mittleren Reich noch aus dem Neuen Reich ein Priesteramt des Sopdu aus dem Sinai vorliegt. Dieses Faktum mutet erstaunlich an, da zahlreiche Personennamen auf den Sinai-Denkmälern den Namen des Sopdu wiedergeben. Darüber hinaus ist der Gott selbst auf vielen Denkmälern abgebildet und wird in Opferformeln angerufen. Das Fehlen von Priestertiteln des Sopdu mag davon herrühren, daß nur wenige Titel für den Tempel von Serâbîṭ el-Châdim bezeugt sind[27]. Es kann aber auch als Beweis für das negative Votum eines eigenständigen Sopdu-Kultes auf der Sinai-Halbinsel geltend gemacht werden.

Der größte Teil der genannten Priestertitel datiert aus der Spätzeit. Soweit die Herkunft der Denkmäler bekannt ist, stammen diese in erster Linie aus Ṣafṭ el-Ḥenna oder aus dessen näherer Umgebung (Zagazîg, Pithom). In der Libyerzeit findet sich Pr-Spdw erstmals bezeugt und gilt seitdem als Hauptkultort des Gottes. Als Kultzentrum des Sopdu konzentrieren sich hier die spätzeitlichen Belege für die Priestertitel des Gottes.

Kulttopographische Hinweise

In Verbindung mit den Priesterämtern des Sopdu finden sich verschiedentlich kulttopographische Hinweise. Auf den frühzeitlichen Denkmälern ist der Name des

Sopdu sehr eng mit dem Ort Jpwt verknüpft. Die vollständige Titulatur des Nj-prj-n-k3 lautet auf den beiden, ihm zugewiesenen Schalen[28]: "Priester des Sopdu und einziger Freund, Nj-prj-n-k3, an der Spitze von Jpwt".
Derselbe Ort taucht ein weiteres Mal auf dem Prinzensiegel des Prj-nb[29] aus der II. Dynastie auf. Dieser führt den Titel eines jrj-jḫt Spdw und steht offenbar mit dem unterägyptischen Arbeitshaus in Verbindung. Dieser Sachverhalt führt zu der Mutmaßung, Jpwt in Unterägypten zu lokalisieren. Dabei muß nicht notwendigerweise aufgrund der Verbindung des Sopdu zum Osten auf eine Lage in der östlichen Deltaregion geschlossen werden, denn unter dem Epitheton "Herr des Ostens" erscheint der Gott erstmals unter Sesostris II.[30]. Bedauerlicherweise fehlen weitere Anhaltspunkte für eine genaue Lokalisierung. Der Fundort (scil. Saqqâra) der drei angeführten Objekte läßt darauf schließen, Jpwt in der Nähe der Residenz "die Weißen Mauern" an der Stelle des späteren Memphis festzulegen.

Einen weiteren kulttopographischen Hinweis beinhalten die Sarkophaginschriften des Ḥp-mnw/J^{c}ḥ-msjw[31] aus der XXX. Dynastie(?). Neben seinen zahlreichen Ämtern, darunter auch das Priesteramt des Ptah und des Osiris von Auaris[32], bekleidet Ḥp-mnw zugleich das Priesteramt des Sopdu in J3ty. Darüber hinaus versieht er den Priesterdienst für die Götter des Sopdu-Tempels in J3ty. Aus der Titulatur des Sarkophaginhabers erfahren wir, daß in der Spätzeit ein Tempel mit einem Kult des Sopdu in J3ty bestand und daß in diesem Heiligtum noch andere Gottheiten einen Gastkult genossen.

Bereits an anderer Stelle wurde darauf hingewiesen, daß der Ort J3ty seit der XVIII. Dynastie in den ägyptischen Quellen bezeugt ist[33] und zwischen Memphis und Letopolis zu lokalisieren ist. Sauneron[34] hat vor mehr als 30 Jahren den Beweis dafür zu führen versucht, J3ty mit dem heutigen Ṣafṭ el-Laban am westlichen Wüstenrand zu identifizieren. Dieser Ansatz ist jedoch nunmehr durch Yoyottes[35] Untersuchungen widerlegt worden.
Für eine Lokalisierung von J3ty im Bereich von Memphis-Letopolis sprechen auch die übrigen Priestertitel des Ḥp-mnw, steht er doch in den Diensten des Ptah, des Hauptgottes von Memphis, und versieht zudem das Amt eines "w^{c}b-Priesters der Götter von Memphis".

Auch Z-(n-)w3st[36] und sein Sohn Ḥrw[37] führen den Titel eines ḥm-nṯr Spdw. Wie bei den meisten der aus Ṣafṭ el-Ḥenna stammenden Denkmäler nennen die Inschriften des Z-(n-)w3st neben dem Namen des Sopdu auch den des heiligen Bezirkes Ḥwt-nbs.
Darüber hinaus bekleiden beide Männer militärische Dienstgrade, darunter den Rang eines Generalissimus und den eines "Ersten der Bogenschützen des Pharaos". Dies läßt vermuten, daß die Familie des Z-(n-)w3st in Ṣafṭ el-Ḥenna oder zumindest in dessen Umgebung beheimatet und mit der Sicherung der östlichen Landesgrenze in der dortigen Region betraut war, da Ṣafṭ el-Ḥenna aufgrund seiner Lage am Eingang des Wâdi Tumilât größte strategische Bedeutung besaß.
Auf den Grenzcharakter von Ṣafṭ el-Ḥenna deutet auch der Titel "Fürst und Prinz des Uferbezirkes der Sonne" hin, den beide Männer führen. Offensichtlich dient dieser Begriff zur Bezeichnung eines bestimmten

Abschnittes der Ostdeltagrenze, und zwar des Teiles, der das Gebiet des späteren XX. unterägyptischen Gaues im Nordosten begrenzte[38]. In ramessidischer Zeit hieß der Pelusische Nilarm, der nördlich von Ṣafṭ el-Ḥenna vorbeifloß, P3 mw n p3 R^{c} "das Wasser des Re^{c}". Zwischen dem XIII. und dem XX. unterägyptischen Gau wird auch der Ort P3 grg p3 R^{c} "die Ansiedlung des Re^{c}" zu lokalisieren sein, der auf einer Schenkungsstele Takelots II.[39] in Zusammenhang mit dem Namen der Göttin Bastet genannt wird. Im oberen Rund der Stele findet sich Takelot II. vor vier Göttern opfernd dargestellt. Neben Nefertem und Horus-Hekenu werden auch Bastet und Sopdu abgebildet.

Ebenfalls dem Soldatenstand zugehörig ist J^{c}ḥ-msjw/ Nfr-jb-R^{c}[40]. Die Parallelen zu Z-(n-)w3st und seinem Sohn Ḥrw sind offenkundig. Der Herkunftsort der Statue des J^{c}ḥ-msjw wird ebenfalls mit Ṣafṭ el-Ḥenna angegeben und spricht für die Ansässigkeit dieses Würdenträgers im Gebiet des späteren XX. unterägyptischen Gaues. Als "Oberster Krieger für seinen Herrn" (scil. Psametik II.) und "Vorsteher der beiden Türen (scil. Festungen) in den nördlichen Fremdländern"[41] steht J^{c}ḥ-msjw zugleich in den Diensten des Sopdu, des Hauptgottes von Ṣafṭ el-Ḥenna. Wie bei Z-(n-)w3st und seinem Sohn Ḥrw so scheint auch das Priesteramt des Sopdu bei J^{c}ḥ-msjw an Ṣafṭ el-Ḥenna und seinen Militärdienst an der Ostdeltagrenze gebunden zu sein. Das kriegerische Wesen des Sopdu, der von daher gesehen dem Berufsstand der Soldaten sehr nahesteht, hat offenbar die Verbindung von militärischen Ämtern mit Priestertiteln des Sopdu indirekt gefördert.

Auf einem anderen Monument aus Ṣafṭ el-Ḥenna[42] führt der Eigentümer den Titel eines "Geheimrates des östlichen Tores"[43] neben verschiedenen Priesterämtern des Sopdu und der Chensit. Hierin findet sich eine weitere Bestätigung für die Verknüpfung des Priesteramtes des Sopdu mit einem Amt, das sich auf den östlichen Landesteil respektive auf das Ostdelta bezieht.

Zusammenhänge mit anderen Priestertiteln

Der Gaubeamte Pḥ-r-nfr[44] (III./IV. Dynastie) führt in seinen Grabinschriften eine Vielzahl von Ämtern an, die sich auf seine Verwaltungstätigkeiten im West- und Ostdelta erstrecken. Gleichzeitig steht Pḥ-r-nfr in den Diensten mehrerer Götter, die in der Umgebung seines Tätigkeitsbereiches verehrt werden. Er bekleidet unter anderem das Amt eines "Verwalters der westlichen Wüste" und versieht zugleich das Amt eines "Gefolgsmannes des Ha", des Schutzpatrones des Westens. Dagegen scheint das Priesteramt des Thoth und das des Seth[45] mit den Aufgaben des Gaubeamten in den östlichen Deltaregionen in Zusammenhang zu stehen.
Bislang wurde auch Sopdu als Repräsentant der Ostgaue angesehen. Unter Berücksichtigung, daß die Belege aus der Frühzeit und dem Alten Reich - mit Ausnahme der in Abydos gefundenen Schieferschale - aus dem memphitischen Umkreis stammen und Sopdu auf keinem dieser Denkmäler mit dem Osten in Verbindung steht, ist Sopdu möglicherweise in den Grabinschriften des Pḥ-r-nfr als Vertreter der memphitischen Region aufzufassen. Dieser Ansatz steht im Einklang mit dem auf frühzeitlichen Denkmälern bezeugten Ort Jpwt, der in Residenznähe (scil. Memphis) gelegen war. Dort lag auch das Hauptaufgabengebiet des Pḥ-r-nfr.
Falls dieser Ansatz den tatsächlichen Gegebenheiten entspricht, dann wären nicht nur die rechts und links

der beiden Hauptnilarme gelegenen Gebiete, sondern auch die Region der Deltaspitze durch einen Gott repräsentiert. Und es wäre denn ja auch verwunderlich, wenn die Region, in der Pḥ-r-nfr vornehmlich seinen Pflichten nachkam, nicht wenigstens durch einen Gott vertreten wäre. Demgegenüber führt Ha das Westdelta an, während Thoth und Seth das Ostdelta repräsentieren.

Die Priester des Sopdu sind häufig im Kult anderer Gottheiten tätig. Durch diese Belege lassen sich religionsgeschichtliche Zusammenhänge zwischen Sopdu und den jeweiligen Göttern erkennen.

Der königliche Schreiber R^{c}-j3y (XIX. Dynastie)[46] führt den Titel des "Ersten Propheten des Sopdu" und ist zugleich "Vorsteher des Tempels der Sachmet". Durch die Göttin Sachmet ist der Bezug zu Memphis gegeben.

In der Spätzeit gilt Chensit als Gefährtin des Sopdu und begegnet neben diesem auf den Denkmälern aus Ṣafṭ el-Ḥenna. Die Frau des bereits mehrfach genannten Militärführers Z-(n-)w3st ist "Sängerin der Chensit" sowie "Erste des Tempels der Chensit"[47]. Ihr Mann und ihr Sohn stehen dagegen in den Diensten des Sopdu.
Ein weiterer Beleg für die Verbindung des Priesteramtes des Sopdu mit dem der Chensit liegt in einem Exponat aus dem Israel Museum in Jerusalem[48] vor. Neben dem Amt eines sm3(?) Spdw und eines ptḥ wny[49] hat der Statuenbesitzer zudem das Priesteramt des B3-nb-Ḏdt ḥrj-jb Ḥwt-nbs inne.
Die Nähe der Kultzentren des Widders von Mendes und des Sopdu begünstigte die Annäherung der beiden

Götter. Dies führte dazu, daß Sopdu auf späten Denkmälern vielfach in Begleitung des Widders von Mendes und der ebenfalls in Mendes verehrten Göttin Hatmehit bezeugt ist, wie zum Beispiel auf der Stele Straßburg 1379[50]. Diese datiert in das Jahr 30 Schoschenqs III. und stammt vermutlich aus Mendes.

Neben dem Widder von Mendes besaß auch Horus einen Gastkult im Ortstempel von Ṣafṭ el-Ḥenna. Dieses bezeugen die Inschriften auf der Opfertafel des Wn-Ptḥ[51]. Der Stifter dieses Exponates bekleidet neben dem Priesteramt des Sopdu (bzw. des Sopdu-Schu, Sohn des Reʿ) auch das des "Horus, der in Ḥwt-nbs befindlich ist".
Desgleichen verhält es sich mit Aiba[52], der ebenfalls beide Ämter in sich vereinigt.

Im Osten von Ṣafṭ el-Ḥenna war Pithom, das alte Ṯkw und Kultort des Atum, gelegen. Von dort stammt der Würfelhocker des ʿ3-3k[53]. Dieser führt in seiner Titulatur den Titel eines "Aufsehers der Priester des Atum" und das des "Fürsten und Prinzen des Sopdu" auf. Der Grund für das gleichzeitige Auftreten beider Götter erklärt sich wiederum aus der benachbarten Lage beider Orte.

Welche Schlüsse können nun aus den dargelegten Komponenten gezogen werden?
Aus dem Vergleich der Fundorte der Zeugnisse aus der Frühzeit und dem Alten Reich läßt sich durchaus der Schluß ziehen, daß der Gott in der Frühzeit im memphitischen Raum beheimatet gewesen ist. Für eine solche Mutmaßung sprechen nicht nur die frühzeitlichen Schalenfragmente aus Saqqâra, sondern auch die Denkmä-

ler des Alten Reiches, die entweder den Gott selbst oder seinen Namen in Personennamen bezeugen. All diese Belege drängen sich in dem Bereich Saqqâra - Abusîr - Abu Ghurâb und streifen Gîza im II. unterägyptischen Gau als Randgebiet.

Dieses bestätigen auch die kulttopographischen Hinweise, die im Zusammenhang mit den Priestertiteln erscheinen. Die frühzeitlichen Vasen benennen den Ort Jpwt, der höchstwahrscheinlich in der Nähe von Memphis zu lokalisieren ist. Noch in den Inschriften späterer Zeiten sind Anklänge an die ursprüngliche Kultheimat des Sopdu im I. unterägyptischen Gau spürbar. Auf Denkmälern der XVIII. Dynastie sowie der Spätzeit und der Ptolemäerzeit findet sich der Ort J3ty bzw. J3ty-Spdw bezeugt, der zwischen Memphis und Letopolis gelegen war.

In der Spätzeit liegt das Kultgebiet des Gottes weit im Osten des Deltas. Da Sopdu in jener Zeit als Lokalgottheit von Ṣaf̣t el-Ḥenna gilt, stammt von dort der größte Teil der überkommenen Priestertitel des Gottes. Aufgrund der bedeutenden strategischen Lage von Ṣaf̣t el-Ḥenna am Eingang des Wâdi Tumilât führen nunmehr viele Angehörige der Soldatenkaste, die mit der Grenzsicherung im Ostdelta betraut sind, neben ihren militärischen Titeln auch solche, die auf den Kult des Sopdu Bezug nehmen. Als Schutzpatron des Ostens steht Sopdu geradezu mit den für die Grenzsicherung verantwortlichen Soldaten in enger Beziehung.

Dem Priesteramt des Sopdu schließen sich vielfach Priestertitel gleichgearteter Götter an, wie beispielsweise Thoth, mit dem Sopdu das Epitheton nb ḫ3swt gemeinsam hat, oder Horus in seiner Eigenart als nb j3btt.

Das Priesteramt des Sopdu verbindet sich aber auch mit solchen Göttern, deren Kultzentren nahe von Ṣafṭ el-Ḥenna gelegen waren, wie dies beim Widder von Mendes zutrifft. Auf den Denkmälern von Ṣafṭ el-Ḥenna stehen Priestertitel des Sopdu vielfach neben denen der Göttin Chensit, die als seine Gefährtin galt und demzufolge im Sopdu-Tempel gleichfalls einen Kult besaß.

Anmerkungen zu Kapitel XIII :

1 Kaplony, IÄF III, t.94 (367)
2 G.Daressy, ASAE 20 (1920), 124, 126 (Kairo JdE 46600)
3 Lauer, Pyramide à Degrés IV, t.22 (121)
4 Ibid., t.22 (122)
5 L.Speleers, Recueil des Inscriptions Égyptiennes des Musées Royaux du Cinquantenaire à Bruxelles, Brüssel 1923, 4, 105 (29)
6 H.Junker, ZÄS 75 (1939), 70
7 G.Daressy, op.cit., 123-128
8 Id., ASAE 11 (1911), 142-144 (Kairo JdE 41664) Der ḥm-nṯr-Titel des Statueninhabers ist zerstört; da er jedoch die gleichen Titel wie sein Vater führt, wird an der zerstörten Stelle wohl 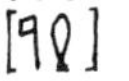 zu ergänzen sein.
9 B.v.Bothmer u.a., Egyptian Sculpture of the Late Period, Brooklyn-Museum, New York 1960, 59-60, t.48-49 (No.52, Figs.116-119) (Kairo CG 895)
10 Professor R.Giveon wies mich freundlicherweise auf dieses Exponat als einen weiteren Beleg für einen ḥm-nṯr Spdw hin. Seinen Angaben zufolge befindet sich der Würfelhocker in Swansea/Wales und ist bisher unpubliziert.
11 M.Kamal, ASAE 38 (1938), 12-13 (Kairo JdE 67859)
12 G.Kueny/J.Yoyotte, Grenoble, Musée des Beaux-Arts, Collection Égyptienne, Paris 1979, 51-52 (30) (Bibl.169; Inv.Nr. 1941)
13 I.Woldering, Kestner-Museum Hannover 1889-1964, Hannover 1964, 55-56 (Abb. 30) (Inv.Nr. 1956.31)
14 W.Spiegelberg, RecTrav 35 (1913), 40
15 H.M.Stewart, Egyptian Stelae, Reliefs and Paintings from the Petrie Collection I, Warminster 1976, t.42 (4) (UC 14442)
16 R.Giveon, A Priest of Soped, in: FS Westendorf II, Göttingen 1984, 784 u. t.1
17 L.Borchardt, Statuen und Statuetten III (CG), Berlin 1930, 151-152 (915)
18 B.J.Peterson, OrSu 17 (1968), 16-18 (Abb.3,NME29)
19 F.Ll.Griffith, The Petrie-Papyri. Hieratic Papyri from Kahun and Gurob, 2 vols, London 1898
20 W.Spiegelberg, Die Demotischen Denkmäler II (CG), Straßburg 1908, 220 (t.LXXV)
21 Titel mit unsicherer Lesung und Übersetzung; cf. Gardiner, Eg.Grammar, Sign-List Aa25; Zum Titel cf. R.Weill, Des Monuments et de l' Histoire des IIe et IIIe Dynasties Égyptiennes, Paris 1908, 151; B.Grdseloff, ASAE 43 (1943), 357-366; P.Montet, JNES 9 (1950), 18-27; Helck, Beamtentitel, 45-46

22 R.Giveon, JARCE 12 (1975), 19-21. t.IX-XII L.Borchardt, Statuen und Statuetten II (CG), Berlin 1925, 85-86 (535) weist die Statue dem Mittleren Reich (mit Fragezeichen) zu.

23 E.Naville, The Store-City of Pithom (EEF 1,1903), 16-17, t.V(A) möchte das Denkmal in die XXII. Dynastie oder etwas später ansetzen. Zur Lesung des Personennamens cf. Ranke, PN I, 58.13.

24 Falls an der zerstörten Stelle [Q] zu ergänzen ist, führt der Statueninhaber unter anderem die Titel eines "Priesters, [Dieners] und Schreibers des Sopdu". Möglicherweise ist das Zeichen bei L.Borchardt, op.cit. III, 8-9 (660) falsch wiedergegeben, und der Mann führt stattdessen den Titel eines "Schreibers des Amun", der an anderer Stelle des Denkmals genannt ist.

25 L.Borchardt, op.cit. III, 38-39 (696) Es könnte sich sowohl um einen Priester des Sopdu als auch um einen Priester des Horus handeln, da beide Götter das Epitheton nb j3btt führen.

26 Zu den möglichen Gründen für das Auftreten des Sopdu in der Region des Faijûms cf. die Seiten 118-121.

27 Aus dem Sinai liegen nur zwei Priestertitel aus dem Mittleren Reich vor, die direkt mit dem Namen der Hathor verbunden sind; cf. Inscr.Sinai I, t.XXXIII (98); XLIII (120); cf. ibid. II, 14-20 (insbesondere 18-19).

28 Lauer, Pyramide â Degrês IV, t.22 (121+122)

29 Kaplony, IÄF III, t.94 (367)

30 A.Erman, ZÄS 20 (1882), 204-205

31 M.Kamal, ASAE 38 (1938), 12-13

32 S.Sauneron, Kêmi 11 (1950), 118 möchte Ḥwt-w^{c}rt nicht mit Auaris, sondern mit einem Ort W^{c}rt identifizieren, der in der Nähe von Babylon im XIII. unterägyptischen Gau gelegen war.

33 Zu den einzelnen Belegen für J3ty bzw. J3ty-Spdw cf. die Seiten 82-84.

34 S.Sauneron, op.cit., 117-120

35 S.Sauneron, op.cit., 119-120 glaubt J3ty-Spdw mit dem modernen Ṣafṭ el Laban identifizieren zu dürfen. J.Yoyotte, RdE 15 (1963), 106-113 hat jedoch den Beweis dafür führen können, daß Ṣafṭ das koptische ⲤⲞⲂⲦ wiedergibt, dessen Etymologie auf das ägyptische Wort sbtj "Mauer, Befestigung" (Wb IV, 95-96) zurückgeht.

36 G.Daressy, ASAE 20 (1920), 123-128

37 Id., ASAE 11 (1911), 142-144

38 Nach Daressy, op.cit., 143 liegt diese Region in der Umgebung von Ṣafṭ el-Ḥenna und ist mit dem biblischen Land Gosen zu identifizieren. Demgegenüber wollen A.H.Gardiner, JEA 5 (1918), 259 und Gauthier, DG III, 134 die Bezeichnung auf die gesamte Ostdeltagrenze bezogen wissen.

39 G.Daressy, RecTrav 18 (1896), 52-53

40 B.v.Bothmer u.a., Egyptian Sculpture of the Late Period, Brookyln-Museum, New York 1960, 59-60, t.48-49 (No.52; Figs.116-119)

41 L.Borchardt, op.cit. III, 142-143 (895) liest  "Vorsteher der beiden Kanäle in den nördlichen Fremdländern".

42 R.Giveon, JARCE 12 (1975), 19-21, t.IX-XII (vormals Kairo CG 535, jetzt Israel Museum, Jerusalem, Inv.Nr.67.30.426)

43 G.Daressy, RecTrav 20 (1898), 76 (CLV.1) liest  , während R.Giveon, op.cit., t.XI (1.4) 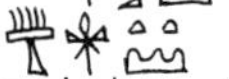 wiedergibt. Bei dem umstrittenen Schriftzeichen scheint es sich um  "Tor" zu handeln. Cf. Gardiner, Eg.Grammar, Sign-List O16.

44 H.Junker, ZÄS 75 (1939), 63-84

45 Zum Kult des Seth im Ostdelta cf. H.Junker, op. cit., 77-84; zur Problematik der Lesung und Interpretation des Titels ḥm-nṯr Stẖ ḫntj ḫwjw Sṯt cf. Kaplony, IÄF II, 780-790 (673); J.v.Beckerath, Zweite Zwischenzeit (ÄF 23, 1964), 161-163; H.Goedicke, MDAIK 21 (1966), 53-55; H.te Velde, Seth (PÄ 6, 1967), 110; H.Kees, Das Alte Ägypten, Wien 1977[2], 110.
Der Vorschlag G.Godrons, BIFAO 57 (1958), 155, Sṯt mit der Insel Sehel zu identifizieren, fand bislang keinen Anklang.

46 H.M.Stewart, Egyptian Stelae, Reliefs and Paintings from the Petrie Collection I, Warminster 1976, t.42 (4)

47 G.Daressy, ASAE 20 (1920), 124

48 R.Giveon, JARCE 12 (1975), 19-21, t.IX-XII

49 Zum Titel ptḥ wny cf. J.Yoyotte, BIFAO 54 (1954), 103-105.

50 W.Spiegelberg, RecTrav 25 (1903), 197, t.III (Straßburg 1379)

51 I.Woldering, Kestner-Museum Hannover 1889-1964, Hannover 1964, 55-56 (Abb.30)

52 Aiba bekleidet das Amt eines Priesters (ḥm-nṯr) des Horus, des Herrn des Ostens.

53 E.Naville, The Store-City of Pithom (EEF 1, 1903), 16-17, t.V (A) (Kairo CG 564)

XIV. SOPDUS BEZIEHUNGEN ZU ANDEREN GÖTTERN

XIV.1. Anti[1]

Als Ostlandsgott steht Sopdu mit einer Anzahl von Göttern in engem Kontakt. Zu diesen Göttern zählt neben Thoth, mit dem er bereits auf Denkmälern des Alten Reiches bezeugt ist[2], auch der Falkengott Anti, dessen Kultheimat im XII. oberägyptischen Gau am östlichen Wüstenrand gelegen war. Mit diesem Gott teilt Sopdu nicht nur die Falkengestalt, sondern auch - bedingt durch die Lage des Kultgebietes des Anti - das Epitheton nb j3btt[3].

Bereits auf einem Schreibtäfelchen[4] aus der V. Dynastie werden beide Götter namentlich nacheinander aufgeführt.

Im Nefertem-Hymnus, dessen Vorlage nach Kees[5] in das Alte Reich hinaufdatiert, wachen beide Götter in ihrer Eigenart als "Herren des Ostens" über den jungen Gott Nefertem, der als Pflanze auf dem heiligen Feld im Osten heranwächst.

Auf den Säulen des Pronaos des Edfu-Tempels[6] treffen Anti und Sopdu erneut aufeinander; der eine (scil. Anti) als Repräsentant der oberägyptischen Reichshälfte, der andere (scil. Sopdu) als Repräsentant Unterägyptens.

Beide Götter sind einander nicht verwandt. Einzig und allein die Falkengestalt und der kriegerische Wesenszug als Ostlandsgötter verbindet sie.

XIV.2. Anubis

In einer Prozession unterägyptischer Gottheiten aus dem Totentempel des Niuserre[c7] aus der V. Dynastie erscheint der Totengott Anubis erstmals in Begleitung des Gottes Sopdu (t.II,B). Trotz einer fehlenden erläuternden Beischrift darf der dargestellte Gott aufgrund des Schesemet-Schmuckes, den der Gott über seinem Schurz trägt, als Sopdu identifiziert werden, da dieser Zierat bereits im Totentempel des Sahure[c] in der Tracht des Sopdu bildlich bezeugt ist[8].

Seit alters besaß Anubis mehrere Kultstätten in der Deltaregion, die sich vornehmlich auf die Umgebung von Memphis konzentrierten. Seit der V. Dynastie ist er in Ṭura (Memphis-Ost) als "Herr von Sp3" bezeugt. Mit diesem Epitheton erscheint Anubis in Begleitung mehrerer Gottheiten - darunter auch Sopdu - auf einer im Steinbruchgebiet von Ṭura gefundenen Stele aus der Regierungszeit Amenophis' III.[9].
Bereits in die XVII. Dynastie (Anjotef V.) datiert ein Sandsteinobelisk aus Drâ Abu 'n-Naga[10], der neben den Totengöttern Osiris und Anubis auch Sopdu und einen weiteren, nicht mehr erhaltenen Gott zeigt.

Ferner werden Anubis und Sopdu in den Sargtexten nebeneinander aufgeführt. In CT I, 278g-i wird der Verstorbene mit verschiedenen Göttern gleichgesetzt. Unter anderem heißt es dort: " ... umhüllt in diesem deinem Namen des Sopdu[11]; Anubis, Upwawet und Mechenti-irti lassen dich froh sein ... ", und in CT I, 256h-257d ist des weiteren zu lesen: " ... Anubis brennt Weihrauch für dich; du öffnest die Fenster für die Neunheit; du siehst die Geheimnisse, die darin sind, du gehst auf in den beiden Federn des Sopdu ...".

Im pHarris 501[12] findet sich der erste gesicherte Beleg für eine synkretistische Verschmelzung beider Götter zu "Anubis-Sopdu, der Sohn der Nephthys" bzw. zu "Anubis-Sopdu, der Sohn des Re^{c}".

Möglicherweise liegt der Grund für die synkretistische Verschmelzung des Sopdu mit dem Totengott Anubis darin verborgen, daß beide Götter bereits früh in der memphitischen Gegend bezeugt sind. Für diese Hypothese spricht zumindest der Beleg aus dem Totentempel des Niuserre^{c}. Wie in den Kapiteln IV, V und XIII der vorliegenden Arbeit dargelegt, ist Sopdu in der Frühzeit und im Alten Reich bis auf wenige Ausnahmen nur auf memphitischen Denkmälern bezeugt.
Darüber hinaus sind Anubis infolge seiner Beziehungen zu Upwawet[13] kämpferische Züge nicht fremd, so daß diese die Angleichung an Sopdu, der bereits in der IV. Dynastie als "Herr der Fremdländer" und insofern als Kampfgott auf den Denkmälern bezeugt ist, gefördert haben.

Brigitte Altenmüller[14] zufolge soll Anubis einen Kult im XX. unterägyptischen Gau besessen haben. In diesem Zusammenhang beruft sie sich auf eine Textstelle aus dem Göttermythos vom Naos Ismailia 2248.

Es ist nicht auszuschließen, daß Anubis aufgrund seiner synkretistischen Verschmelzung mit Sopdu im Tempel von Ṣafṭ el-Ḥenna einen Gastkult besaß. Die von Frau Altenmüller zitierte Textstelle kann jedoch

nicht für einen Anubis-Kult im Sopdu-Tempel angeführt werden, da die Übersetzung der oben genannten Textstelle "Stätte der vier Krokodile"[15] lautet, entgegen der von Roeder[16] vorgeschlagenen Wiedergabe mit "Stätte des Anubis".
Unter den auf dem Naos Kairo CG 70021 abgebildeten Götterstatuen - soweit sie erhalten sind - ist Anubis nicht vertreten. Bei den Darstellungen der stehenden Schakale handelt es sich um Kultbilder des Upwawet[17].

XIV.3. Bastet

Auf Denkmälern der Spätzeit und der griechisch-römischen Epoche finden sich Sopdu und Bastet vielfach gemeinsam abgebildet.

Takelot II. wird das Fragment einer Schenkungsstele[18] zugewiesen, das in der Nähe von Bubastis gefunden wurde und den König beim Opfer vor Bastet, der Herr(in) von Bubastis, und vor dem falkenköpfigen Sopdu, dem Herrn des Ostens, zeigt.

In die Regierungszeit desselben Herrschers datiert eine weitere Schenkungsstele[19], auf der beide Gottheiten im Beisein von Horus-Hekenu und Nefertem vor dem opfernden König zu sehen sind.

Aus der Spätzeit, wenn nicht gar aus der Ptolemäerzeit, stammt das kleine Patäkenfigürchen, das sich im Museum von Kairo (39270/JdE 7644) befindet und nach Daressy[20] den Gott Sopdu darstellen soll. Eine Beischrift, die eine solche Zuweisung bestätigen würde, fehlt. Auf der Rückseite ist die löwenköpfige Göttin Bastet mit herabhängenden Flügelarmen mit der Beischrift  zu erkennen.

Auf dem bereits zuvor erwähnten Naos des Nektanebis aus Ṣafṭ el-Ḥenna fehlt die Göttin ebenfalls nicht. In den Reliefs tritt Bastet insbesondere mit den gleichfalls löwenköpfig dargestellten Göttinnen Sachmet und Schesemtet auf[21]. Mit diesen wird Bastet nachweislich seit der V. Dynastie gleichgesetzt.

Ein weiterer Beleg für ein gemeinsames Auftreten der Göttin von Bubastis und des Sopdu finden sich im Hathor-Tempel von Dendera[22].

Der Grund für die vielfach bezeugte gemeinsame Anrufung der beiden Gottheiten resultiert aus ihren nur wenige Kilometer voneinander entfernt gelegenen Kultorten.

IV.4. Bes

In figürlichen Darstellungen indirekt seit dem Alten Reich bezeugt, widerfährt dem Zwerggott Bes im Volksglauben eine immer größer werdende Bedeutung. Damit einhergehend vollzieht der Gott eine neue und tiefgreifende Wandlung in der Spätzeit, die in erster Linie mit der weiträumigen Verehrung zu jener Zeit zusammenhängt, in der sein apotropäisches Bild auf Amuletten über Ägypten hinaus im gesamten Mittelmeerraum anzutreffen ist. Das Wesen des Bes ist ein vielschichtiges und nur schwer einer bestimmten Gruppe zuzuordnen. Seinen Funktionen nach darf man ihn aber den solaren Schutzgottheiten zurechnen, falls man in ihm nicht sogar die volkstümliche Form des Sonnengottes sehen will[23].

Es ist hier nicht der Ort, auf Einzelheiten der verschiedenen Erscheinungsformen des Bes und der sich daraus ergebenden Problematik seiner Unterscheidung von den übrigen besähnlichen Gottheiten einzugehen; insofern sei auf die Untersuchung von Ballod[24] verwiesen.

Infolge seiner engen Bindung an den Sonnengott assimiliert sich Bes an verschiedene bedeutende Götter. Neben Amun und Min wird Bes auch mit dem Himmelsgott Horus verbunden[25]. Über diese Assimilation wird das pantheistisch ausgestaltete Bild des Bes nunmehr als Sopdu differenziert. Mit diesem hat er den kriegerischen Wesenszug gemein.
Auf dem Naos von Ṣafṭ el-Ḥenna tritt Sopdu als geflügelter Bes (einmal auch mit seitlich herauswachsendem Falkenleib und -schwanz)[26] unter dem Epitheton "Sopdu, der die Mnṯ(j)w schlägt" auf. Mit Dolchen in den ausgestreckten Händen bewaffnet vernichtet er die Feinde des Sonnengottes, insbesondere Schlangen, die sich als aufbäumende Uräusschlangen zu seinen beiden Seiten auf dem Postament zeigen[27]. Das Haupt des Gottes krönen vier Federn, die bis auf eine Ausnahme von einem hohlkehlenartigen Stirnreifen eingefaßt werden. Einmal trägt er die Federkrone des Amun[28].

In dem Hymnus auf dem rechten Türpfosten des Monumentes wird davon berichtet, daß Sopdu in der Gestalt des Aha (Jḥtj) erscheint und gegen die Feinde des Sonnengottes vorgeht[29].

Aha ist ein dem Bes verwandter Gott, der seit alters in der Gegend von Scheich ᶜAbâda in Mittelägypten verehrt wurde, dessen Name aber erst im Mittleren

Reich belegt ist. Im Verlauf des Neuen Reiches wird Aha mit Bes synkretistisch verbunden und ist fortan nur schwer von dem Erscheinungsbild des Bes zu trennen. Durch die Verschmelzung mit Aha werden Bes dessen kriegerische Züge zugetragen.

In den historischen Quellen finden sich noch weitere spätzeitliche Belege für den besgestaltigen Sopdu. In diesem Zusammenhang verweist de Wit[30] in seiner Untersuchung über die Rolle und Bedeutung des Löwen im Alten Ägypten auf eine Berliner Bronzefigur, die bei A.Wiedemann, Religion of the Ancient Egyptians, London 1897, unter fig.49 abgebildet sein soll[31].

In der hier gegebenen Auflistung darf auch die bereits zuvor im Zusammenhang mit der Göttin Bastet genannte Patäkenfigur nicht fehlen, die Daressy[32] in Abbildung beigibt. Wie bereits oben ausgeführt, ist die Zuweisung an Sopdu zweifelhaft.

Beziehungen zur Musik, die ihm nur durch die Verbindung mit Bes, der unter anderem als Gott der Musik und des Trunkes gilt, zugeflossen sein könnten, sind Sopdu fremd[33].

XIV.5. Chensit[34]

Die Göttin Chensit, deren Name mit Ḫnzjt (alt: Ḫnzwt) wiedergegeben wird, ist vornehmlich von spätzeitlichen Denkmälern aus Ṣafṭ el-Ḥenna und aus Darstellungen der Tempel griechisch-römischer Zeit bekannt. In Pyr. 456e, wo der Name der Göttin Chensit erstmals bezeugt wird, ist sie offenbar als Perücke des Sopdu gedacht[35], als dessen Gefährtin sie später gilt.

Der Isis als "Große Chensit, Gottesmutter" gleichgesetzt, erscheint Chensit auf der Statuengruppe des Z-(n-)w3st und seiner Gemahlin, einer Sängerin der Chensit[36]. Das Denkmal stammt aus Ṣaft el-Ḥenna und trägt auf dem Rückenpfeiler eine Darstellung des Sopdu und der Chensit in Isisgestalt mit Sonnenscheibe und Kuhgehörn als Bekrönung.

Unter den Götterstatuen auf dem Naos des Nektanebis findet sich Chensit als Isis-Hathor mit der von zwei Kuhhörnern umfaßten Sonnenscheibe[37] oder der Maat-Feder[38] auf dem Kopf abgebildet. Ferner kann sie als kuhköpfige Göttin auftreten[39].

In das Jahr 22 Ptolemaios' II. Philadelphos datiert die Gedenkstele[40] aus Ṣaft el-Ḥenna, auf der der König die Götter Sopdu, Chensit, [Amun ?], Re^{c}-Harachte, Harsomtus sowie die verstorbene und vergöttlichte Königin Arsinoe II. verehrt. Daß es sich bei der hinter Sopdu dargestellten Göttin um Chensit handelt, geht aus ihrem Attribut (scil. Maat-Feder) hervor. Als Göttin in Menschen- oder Mumiengestalt mit der Maat-Feder als Kopfschmuck kommt Chensit bereits auf dem Naos Kairo CG 70021 aus der XXX. Dynastie vor[41].

In der Spätzeit wird die Göttin zudem in die Mythen des Auges und des Stirnbanddiadems einbezogen. Auf Grund dessen erhält Chensit in den Beischriften des Naos von Ṣaft el-Ḥenna den Titel "Uräus des Sopdu"[42]. Demgegenüber weist sie eine Liste aus dem Dendera-Tempel[43] mit einer Auflistung der ober- und unterägyptischen Hathoren als "Uräus des Re^{c}" aus.

Die Edfu-Texte identifizieren Chensit als die beiden Augen des Horus. In Edfou V,66 und Edfou VI,55 wird

über die Göttin gesagt: "O Horus, man gibt dir deine beiden Augen, (damit) du mit ihnen versorgt bist; o Sopdu, versorgt mit seiner (sic) Perücke (scil. Chensit).
In Edfou III, 315 wird eine Göttin Sptyt "die des (Gottes) Sopdu" genannt, hinter der sich Chensit, die Gefährtin des Sopdu, verbirgt.

In Sprüchen gegen Seth begegnet die Göttin in ihrer Eigenschaft als Stirnschlange des Sonnengottes als Feuergöttin, die den Feind vertreibt[44].

Nach Barguet[45] stellt Chensit eine Lokalform der Hathor dar und ordnet sie insofern in die Reihe der Hathoren wie Neseret, Mehenet und Upset ein, die mit Chensit den Titel "Uräus des Re^{c}" teilen.

XIV.6. Horus

Der in Pyr. 201d bezeugte Beiname des Sopdu spd jbḥw läßt vermuten, daß die Urgestalt des Gottes in der eines Raubtieres zu suchen ist. Infolge des wachsenden Ansehens des Königs- und Himmelsgottes Horus übernahm Sopdu bereits in spätvorgeschichtlicher Zeit dessen Falkengestalt. Diese Wandlung vollzog sich derart durchgreifend, daß die frühzeitlichen Denkmäler Sopdu nur mit dem Bild des hockenden Falken bezeugen. Einzig und allein der eingangs erwähnte Beiname gibt Hinweis darauf, daß dem Gott die Falkengestalt sekundär zugetragen worden ist.
In den Pyramidentexten nimmt Sopdu den zusätzlichen Namen "Horus" an und erscheint als "Horus-Sopdu"[46]. Diese Tradition lebt in den Sargtexten des Mittleren Reiches fort[47]. Dort ist Horus-Sopdu nur in CT VI,

401d+g (= Pyr.330a+b) bezeugt. In beiden Fällen steht hinter  ein Gottesdeterminativ. Dieses beweist, daß es sich um kein Adjektiv, sondern um den Eigennamen des Gottes Sopdu handelt und die Gruppe demnach "Horus-Sopdu" zu lesen ist[48].

Während ihn die Denkmäler des Alten und Mittleren Reiches nur in anthropomorpher Gestalt zeigen, liegen aus dem Neuen Reich die ersten Zeugnisse für das Erscheinen des Sopdu in menschlicher Gestalt mit Falkenkopf vor[49]. Diese Mischgestalt aus Mensch und Falke hebt die enge Bindung des Gottes an Horus besonders hervor und ist neben dem rein menschlich aufgefaßten Erscheinungsbild bis in griechisch-römische Zeit anzutreffen.

Seit der Spätzeit wird der Gott geradezu mit Horus identifiziert. Auf dem Naos von Ṣafṭ el-Ḥenna erscheint Sopdu unter dem Namen "Horus des Ostens"[50], während er in Dendera III,17 den Beinamen "Horus, der an der Spitze von Pr-Spdw ist" führt. Eine andere zeitgleiche Inschrift besagt über Sopdu "Horus ist es, der Sohn des Osiris, der als König auf dem Thron seines Vaters erscheint"[51].

Sopdu wird jedoch nicht nur mit Horus gleichgesetzt, sondern gilt zugleich auch als dessen Sohn[52].

Daß Sopdu darüber hinaus in Edfu als Bḥdtj[53] gilt, begründet sich in seiner Gegnerschaft zu den Asiaten. Diese macht man sich zunutze und läßt ihn nunmehr gleichermaßen zum Gegner der Feinde Edfus werden.

Beide Götter haben nicht nur die Falkengestalt gemein, sondern weisen noch andere Berührungspunkte auf.

Gleich Horus zählt auch Sopdu zu den starkarmigen Göttern und wird als "Herr des Gemetzels"[54] angerufen, resultierend aus seiner Funktion als Grenzlandsgott. Durch die seit alters enge Bindung an den Himmelsgott Horus fließen Sopdu solare Züge zu, die ihn nunmehr auch den Kampf gegen die Feinde des Sonnengottes aufnehmen lassen. Im Hymnus an Sopdu, der sich auf dem rechten Türpfosten des Naos Kairo CG 70021 angebracht findet, schlägt Sopdu an der Spitze des Sonnenschiffes die Apophisschlange nieder[55].

Eine besonders enge Beziehung unterhält Sopdu zu Harachte, der ebenfalls mit dem Osten verknüpft ist. Auf dem Naos des Nektanebis aus Ṣafṭ el-Ḥenna[56] sowie auf einer Statue desselben Herrschers[57] wird Sopdu unter dem Namen "Harachte" angerufen.

XIV.7. Miysis

Im bereits zuvor genannten Hymnus auf der Vorderseite des Naos des Nektanebis heißt es von Sopdu[58]: " ... ausgerüstet mit seinem eigenen Leib in diesem seinem Namen M3j-ḥz3 ...". Demnach wird Sopdu auch an den Löwengott Mahes, dessen Namen die Griechen mit Miysis oder Mios umschreiben, assimiliert und übernimmt dessen Löwengestalt.

In der Spätzeit genießt Miysis als Sohn der Bastet vorwiegend in der Deltaregion Verehrung, insbesondere in Bubastis und Leontopolis. Von seinen verschiedenen Aspekten treten in der ägyptischen Überlieferung die Züge des blutrünstigen Raubtieres besonders hervor; diese führen ihm auch das Epitheton "Herr des Gemetzels" zu.

Seine Angleichung an Sopdu kann verschiedene Ursachen haben. Neben dem kriegerischen Wesenszug, der beiden Göttern in ihrer Funktion als Löwen- bzw. Grenzlandsgott eigen ist, mag ein weiterer Grund in der Nähe der Kultgebiete beider Götter zu suchen sein; liegen doch Bubastis und Ṣafṭ el-Ḥenna nur wenige Kilometer voneinander entfernt.

Die Auffassung des Sopdu als Schu, der in späterer Zeit gleichfalls an den Löwengott Miysis assimiliert wird, hat möglicherweise die Verknüpfung des Sopdu mit diesem gefördert, hat sie aber schwerlich hervorgebracht.

XIV.8. Nefertem

Vom Wesen her ursprünglich der Gott der Lotosblume und des Wohlgeruchs werden dem in Memphis beheimateten Gott Nefertem bereits frühzeitig kämpferische Züge zugetragen.

Nach dem Nefertem-Hymnus[59] soll der Gott als Pflanze auf dem heiligen Feld des Ostlandes unter dem Schutz der Ostlandsgötter Anti und Sopdu aufgewachsen sein. Durch die enge Beziehung zum Osten wird Nefertem zum Grenzwächter[60] und tritt somit in Gemeinschaft zu anderen Kriegsgöttern, wie Month, Horus-Merti, Horus-Hekenu und Sopdu.

Überdies vereint Nefertem als Sohn der Löwengöttin Sachmet die kämpferischen und gefährlichen Züge des Löwen in sich.

Dieser Aspekt, insbesondere aber seine Verbindung mit Horus-Hekenu, begünstigt die Assimilation des Nefertem an den Löwengott Miysis, der wie Nefertem selbst als Sohn der Sachmet gilt. Mitunter erscheint Nefertem auch als Sohn der Bastet, die mit Sachmet synkretistisch verschmolzen ist.

In der Gestalt des Löwengottes Miysis findet sich Nefertem unter den Darstellungen des Naos von Ṣaft el-Ḥenna[61] bezeugt. Dort greift er einen Gefangenen von hinten an und verschlingt ihn. Auf dem Kopf trägt der löwengestaltige Nefertem einen Falken, der seinerseits mit der Lotoskrone des Nefertem bekrönt ist. Andererseits erscheint der Gott auf dem Denkmal in menschlicher Gestalt mit Löwenhaupt unter den Bezeichnungen "Nefertem", "Nefertem-Harachte" und "Mahes"[62].

Auf einigen spätzeitlichen Denkmälern treten Sopdu und Nefertem gemeinsam auf.
Auf dem Naos Louvre D29[63] aus der Zeit des Amasis werden auf der rechten Außenwand verschiedene Lokalgottheiten dargestellt, darunter ein Kultbild des Sopdu (mit der Weißen Krone) und Nefertem unter dem Aspekt des Miysis[64].

Auf einer Horus-Stele aus schwarzem Schist[65], die sich in Mitrahîna fand, treten beide Götter ebenfalls gemeinsam in Erscheinung: Nefertem in anthropomorpher Gestalt und mit einem Speer bewaffnet; Sopdu als hockender Falke mit Doppelfederkrone und Sonnenscheibe.

Im Tb Kap. 17 wird von dem Sonnengott unter anderem gesagt: "Er ist Nefertem, und er ist Sopdu, der die

Feinde des Herrn des Universums (scil. des Sonnengottes) straft ...".

Trotz ihrer Wesensverwandtschaft durch die Grenzwächterfunktion im Osten und der Nähe der Kultzentren liegt kein Nachweis für eine synkretistische Verschmelzung der beiden Götter vor. Die gemeinsame Bindung an den Löwengott Miysis läßt Sopdu und Nefertem einander nähern, ohne daß der letzte Schritt einer Verschmelzung vollzogen wird.

XIV.9. Schesemtet

Nur wenige Gemeinsamkeiten verbindet Sopdu mit der Göttin Schesemtet. Diese gilt als Personifikation des Schesemet-Schmuckes, der in der Tracht des Sopdu bildlich bezeugt ist, in den Pyramidentexten aber auch im Zusammenhang mit anderen Göttern und dem König genannt wird[66].

In CT VII, 159m-n identifiziert der Verstorbene seine Glieder mit verschiedenen Gottheiten, unter anderem ist dort zu lesen: "... meine Zähne (jbḥw) sind Sopdu; meine Zähne (nḥḏwt) sind Schesemtet ...".

In pSallier IV vso 1,6-1,7 kommen in einer Eulogie auf Memphis und seine Götter auch Sopdu und Schesemtet vor, werden aber nicht in direktem Zusammenhang genannt. Schesemtet führt den Titel "Herrin von Memphis". Infolge der Gleichsetzung mit Sachmet und Bastet, die schon in der V. Dynastie nachweisbar ist, wird Schesemtet in den Kreis memphitischer Gottheiten integriert. Als Kultort wird dann gelegentlich ᶜnḫ-t3wj genannt.

Von Sachmet und Bastet übernimmt Schesemtet die Löwinnengestalt. Auf dem Naos des Nektanebis[67] erscheint sie als Frau mit Löwinnenkopf, vielfach im Beisein der beiden oben genannten Göttinnen, von deren Erscheinungsbild sie nur schwer zu trennen ist. In den Beischriften liegt der Name der Schesemtet in der Schreibung 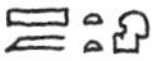 vor.

XIV.10. Schu

Die Inschriften der Naoi Kairo CG 70021 und Ismailia 2248 legen Zeugnis davon ab, daß in Ṣafṭ el-Ḥenna Schu an den Gott Sopdu assimiliert und verehrt wurde. Auf dem Naos des Nektanebis führt der Gott in dieser synkretistischen Verbindung den Titel "Sopdu-Schu, der Sohn des Re^{c}"[68], während er auf dem Denkmal von el-^{c}Arisch als "Schu, in seinem Namen des Sopdu, des Herrn des Ostens"[69] bezeugt ist.
Wir haben es hier mit dem Kampfgott, nicht aber mit dem Luft- und Lichtgott Schu zu tun, mit dem Sopdu eine synkretistische Verbindung eingeht.

Der Aspekt des Kampfgottes ist Schu nicht von Anbeginn eigen, sondern wird ihm durch die Verschmelzung mit dem Falkengott Horus zugetragen.
Ferner verschmelzen Schu und seine Schwestergemahlin Tefnut bereits früh mit dem Löwenpaar von Leontopolis. Diese Verbindung trägt dem Götterpaar die Löwengestalt zu unter gleichzeitiger Entfaltung des kämpferischen Wesens.

Obwohl die Angleichung der beiden Götter erst auf Denkmälern der Spätzeit bezeugt ist, kündigt pMag.

Harris 501[70] aus der Ramessidenzeit die spätere Verschmelzung von Sopdu und Schu bereits an.
Der Papyrus umfaßt einen Hymnus an Schu, der sich aus 18 Doppelversen zusammensetzt und den Gott unter seinen verschiedenen Epitheta anruft. Unter diesen sind auch solche, die dem Sopdu eigen sind, wie zum Beispiel "der mit den beiden hohen Federn" (1.8) oder "Herr des Gemetzels" (1.36). In den Zeilen 18 und 20 ist dem Gott der Titel "der mit deinen (sic) spitzen Hörnern" (spd ḥn(w)ty) bzw. "der mit den spitzen Hörnern" (dm ḥn(w)ty) beigegeben. Eventuell nehmen die genannten Hörner auf die Hörnerkrone Bezug, die Sopdu vielfach zusätzlich zu seiner Doppelfederkrone trägt.

In erster Linie ist der Hymnus des pMag.Harris 501 an Schu in seiner Form des Onuris gerichtet, der im Text unter anderem als Vernichter der Nubier und der Asiaten hervortritt.
In diesem Zusammenhang stellt sich jedoch die Frage, ob in diesem Hymnus nicht bereits Anklänge an eine - wenn auch auf längere Sicht hin - bevorstehende Assimilation des Kampfgottes Schu an Sopdu vorliegen, von deren Zustandekommen aber erst späte Denkmäler Zeugnis geben, so zum Beispiel die Inschriften des Naos Kairo CG 70021 aus der XXX. Dynastie oder die große Nomosliste aus dem Edfu-Tempel (Edfou I, 335), wo es unter dem XX. unterägyptischen Gau heißt: "Schu ist dort als Sopdu, der die Mnṯ(j)w schlägt".

Aufgrund der synkretistischen Verschmelzung des Sopdu mit Schu ist diesem[71] und seiner Gefährtin Tefnut[72] ein Gastkult im Tempel von Ṣafṭ el-Ḥenna errichtet worden.

XIV.11. Widder von Mendes

Die Nähe der Kultorte des Widders von Mendes und des Sopdu förderte die Annäherung beider Götter, von der zahlreiche Denkmäler Kunde geben.

Eine Schenkungsstele aus dem Jahr 30 Schoschenqs III.[73] zeigt unter der geflügelten Sonnenscheibe Sopdu-Re^{c} () in Begleitung des Widders von Mendes und der ebenfalls mendesischen Göttin Hatmehit.

Wahrscheinlich aus der Saitenzeit datiert der Würfelhocker eines Priesters, dessen Name verloren gegangen ist[74]. Den Herkunftsort darf man wohl mit Ṣafṭ el-Ḥenna benennen. Der Statueninhaber bekleidet neben den Ämtern eines Ankleidepriesters(?) des Sopdu (sm3(?)-Spdw) und eines Priesters (ḥm-nṯr) der Chensit auch das eines Priesters (ḥm-nṯr) des Widders von Mendes, "der in Ḥwt-nbs befindlich ist".

Aus dem letztgenannten Titel des Mannes geht hervor, daß der Gott von Mendes in Ṣafṭ el-Ḥenna einen Kult besaß. Unter den Götterbildern auf dem Naos Kairo CG 70021 findet sich der Widder von Mendes einmal bezeugt[75].
Fraglich ist jedoch, ob Sopdu gleichfalls einen Kult im Gau von Mendes genoß, da die überkommenen Denkmäler einen solchen nicht bezeugen. Die Präsenz eines Sopdu-Kultes im XVI. unterägyptischen Gau ist jedoch sehr wahrscheinlich.

Anmerkungen zu Kapitel XIV :

1 Zur Lesung des Gottesnamens ^{c}ntj "der Bekrallte" cf. K.Sethe/A.H.Gardiner, ZÄS 47 (1910), 50-52; zuletzt E.Graefe, Studien zu den Göttern und Kulten im 12. und 10. oberägyptischen Gau, Freiburg 1980.

2 Der Gauverwalter Pḥ-r-nfr ist zugleich Priester des Thoth und des Sopdu; cf. H.Junker, ZÄS 75 (1939), 63-84; weitere Belege finden sich bei Borchardt, S'a3ḥu-re^{c}, Bl.8, 12 und in Urk.VII,53

3 Inscr.Sinai I, t.XLII (119/Amenemhet IV.)

4 H.Jacquet-Gordon, Les Noms des Domaines Funéraires sous l'Ancien Empire Égyptien (BdE 34, 1962), 259-263
Cf. meine Ausführungen auf den Seiten 59-60.

5 H.Kees, ZÄS 57 (1922), 92-122

6 D.Kurth, Die Dekorationen der Säulen im Proanos des Tempels von Edfu (GOF IV, 1983), 109-112 und Abb.32 (= Edfou VI,161)

7 Borchardt, Ne-user-re^{c}, 93 (Abb.71)

8 Borchardt, S'a3hu-re^{c}, Bl.5

9 LD III, 71b
Cf. die Seiten 84-86 der Untersuchung.

10 A.Mariette, Monuments divers recueillis en Égypte et en Nubie, Paris 1889, t.50a

11 Auf dem Sarg des Bw3w (Mittleres Reich) ist der Name des Sopdu in der Schreibung  belegt.

12 H.O.Lange, Der magische Papyrus Harris, Kopenhagen 1927, 61 (VII,7-8 + VII,8) (pMag.Harris 501, j. BM 10012)

13 H.Junker, Stundenwachen in den Osirismysterien (DÖAW 54, 1910), 5

14 B.Altenmüller, in: LÄ I, 332 mit n.48 unter Hinweis auf Griffith, Tell el-Yahûdîyeh, t.25, l.24

15 Cf. G.Goyon, Kêmi (1936), 18, 37 (C24)

16 Roeder, Urkunden, 155

17 Naville, Saft el Henneh, t.3,4; 6,6

18 Brugsch, Thes. 808 (B) (Berlin 8437 (Unterteil) und Aberdeen 1551 (Oberteil)); cf. A.Wiedemann, PSBA 13 (1890), 36
Die Zuweisung an Takelot II. ist unsicher. W.M.Fl.Petrie, A History of Egypt III, London 1918², 254 datiert das Denkmal in die Zeit Takelots I.; H.Gauthier, LdR III, 354 n.2 weist dieses mit Nachdruck zurück.

19 G.Daressy, RecTrav 18 (1896), 52-53 (IV)

20 Id., Statues de Divinités I (CG), Kairo 1906, 317-318, t,LIX (Kairo Nr. 39270, JdE 7644)

21 Naville, op.cit., t.2,6; 3,3
S.E.Hoenes, Untersuchungen zu Wesen und Kult der Göttin Sachmet, Habelts Dissertationsdrucke, Reihe Ägyptologie, Heft 1, Bonn 1976, 171-172 zur Verbindung Sachmet-Bastet-Schesemtet.

22 Dümichen, Geogr.Inschr.III, t.XLI; cf. Mariette, Dend. IV; t.58(b)
PM VI, 99
23 So H.Altenmüller, in: LÄ I, 721
24 F.Ballod, Prolegomena zur Geschichte der zwerghaften Götter in Ägypten, Phil.Diss.München 1912, Moskau 1913
RÄRG, 101-109
25 Auf dem Naos Kairo CG 70021 ist Horus einmal in Besgestalt (ohne Federkrone) dargestellt; cf. Naville, Saft el Henneh, t.5,2
26 Ibid., t.3,3
27 Ibid., t.2,6; 3,3; 5,4; auf t.3,4 mit Uräusschlangen und kleiner Horusfigur (mit Sonnenscheibe)
28 Ibid., t.3,3
29 Ibid., t.1,5 (Hymnus)
Zu Aha cf. H.Altenmüller, in: LÄ I, 96-98
30 Ç.de Wit, L Rôle et le Sens du Lion dans l' Égpyte Ancienne, Leiden 1951, 259 mit n.13
31 Leider war mir die zitierte Quelle bis zum Zeitpunkt der Niederschrift nicht zugänglich.
32 G.Daressy, Statues de Divinitês I (CG), Kairo 1906, 317-318, t.LIX (Kairo Nr.39270, JdE 7644)
33 So H.Hickmann, Musikgeschichte in Bildern II, Leipzig 1961, 50 n.3, 102 und E.Hickmann, in: LÄ III, 448
34 P.Barguet, BIFAO 49 (1950), 1-7 und E.Otto, in: LÄ I, 923 sowie RÄRG, 131
35 Pyr., Übers. II, 249-250 (Pyr. 456e)
36 G.Daressy, ASAE 20 (1920), 124 (Kairo JdE 46600)
37 Naville, op.cit., t.2,6; 5,1.3
38 Ibid., t.4,6; 5,3.4
39 Ibid., t.5,3
40 PM IV, 13
Naville, op.cit., t.8(D)
41 Ibid., t.5,4
42 Ibid., t.4,6
43 Brugsch, DG, 1393 als Hathor des XX. unterägyptischen Gaues
44 Urk. VI,33 (pLouvre 3129, E51-52)
45 P.Barguet, op.cit., 5
46 Pyr. 330a+b; 632d; 1636b
47 RÄRG, 742-743
48 R.Anthes, ZÄS 102 (1975), 1-10
49 L.Speleers, Recueil des Inscriptions Égyptiennes des Musées Royaux du Cinquantenaire à Bruxelles, Brüssel 1923, 36, 131 (121) (Brüssel E2377)
Edfou X, t.CXV
H.Junker, Der große Pylon des Tempels der Isis in Philä (DÖAW-Sb., 1958), 124 (Abb.67)
50 Naville, op.cit., t.1,7 (Hymnus); 4,6
Edfou II,277; III,246; VII,272

51 Dümichen, Geogr.Inschr.III, t.LI (= PM VI, 99)
52 Champollion, Not.Descr.I, 666
53 Edfou III,247
54 S.Sauneron, Rituel de l'Embaumement, Kairo 1952, 31, (l.4), 40 (l.1-2)
55 Naville, Saft el Henneh, t.1,1 (Hymnus)
56 Ibid., t.1,8 (Hymnus); t.5,3
57 Ibid., t.8(B)(BM 925 (1013))
58 Ibid., t.1,6 (Hymnus)
59 H.Kees, ZÄS 57 (1922), 99; cf. CT VI, 220
60 K.A.Kitchen, Ramesside Inscriptions II, Oxford 1979, 384 (l.15) und pHarris I, 44.2 (Thoth als Schützer der beiden Länder)
61 Naville, op.cit., t.3,3; 7,5
62 Ibid., t.2,4.6
63 A.Piankoff, RdE 1 (1933), 161-179
64 Ibid., 165, 167
65 G.Daressy, Textes et Dessins Magiques (CG), Kairo 1903, t.3 (Kairo Nr. 9402)
Beziehungen zu magischen Sprüchen, die der Abwehr von Krokodilen dienten, sind Sopdu nicht fremd, wird er doch in pMag.Harris 501 und in Tb Kapitel 32b in Sprüchen genannt, die gegen Krokodile wirksam sein sollten.
66 Cf. meine Ausführungen auf den Seiten 17-19.
67 Naville, op.cit., t.2,6
68 Ibid., t.2,5.6; 5,2
69 G.Goyon, Kêmi 6 (1936), 8-9 (A10); cf. H.Junker, Die Onurislegende (DÖAW 59, 1917), 47-48, 49-62
70 H.O.Lange, Der magische Papyrus Harris, Kopenhagen 1927, 19-24 (D II,2-III,3) (pMag.Harris 501, j. BM 10042)
71 G.Goyon, op.cit., 8, 23 (A7)
72 J.Yoyotte, JNES 13 (1954), 81-82 (fig. 1)
73 W.Spiegelberg, RecTrav 25 (1903), 197, t.III
74 R.Giveon, JARCE 12 (1975), 19-21, t.IX-XII
75 Naville, op.cit., t.5,2

XV. KULTORTE DES SOPDU

XV.1. Hauptkultorte

XV.1.1. Jpwt

Wie bereits an anderer Stelle ausführlich dargelegt worden ist[1], scheint zu Beginn der geschichtlichen Zeit der Name des Gottes Sopdu sehr eng mit dem Ort Jpwt verbunden zu sein. Aus der Frühzeit liegen drei Fragmente vor, die vom Pyramidenfeld von Saqqâra stammen. Diese nennen Jpwt in Verbindung mit Titeln des Sopdu. Bei den in Rede stehenden Denkmälern handelt es sich um zwei Schalen eines Priesters des Sopdu namens Nj-prj-n-k3[2] sowie um ein Rollsiegel des Prinzen Prj-nb[3]. Letztgenannter führt den Titel eines jrj-jḫ̮t Spdw, den man wohl am ehesten mit "Beamter des Sopdu" oder "Verwalter des Sopdu" wiedergeben darf. Der Titel jrj-jḫ̮t Spdw wird in Zusammenhang mit dem unterägyptischen Arbeitshaus in Jpwt genannt.
Das gleichzeitige Auftreten des Ortes Jpwt und der Sakralämter, die mit dem Kult des Sopdu verknüpft sind, lassen in Jpwt einen Kultort eben dieses Gottes vermuten.

Die Erwähnung des unterägyptischen Arbeitshauses auf dem Prinzensiegel des Prj-nb gibt darüber Auskunft, daß Jpwt in Unterägypten gelegen war. Eine genauere Lokalisierung des Ortes ist nach dem heutigen Stand der Wissenschaft nicht möglich. Es ist jedoch anzunehmen, daß Jpwt in Residenznähe anzusiedeln ist, die zur Zeit der II. Dynastie mutmaßlich bei Memphis gelegen war. Diese Schlußfolgerung wird bekräftigt durch den Fundort der drei Denkmäler (scil. Saqqâra) sowie durch die Verlagerung des politischen und kulturellen Schwerpunktes nach Unterägypten, d.h. in Residenznähe und deren nächster Umgebung. Dieser Prozeß ging mit dem Wechsel von der I. zur II. Dynastie einher.

Kaplonys[4] Mutmaßung, das Arbeitshaus des Sopdu in Jpwt aufgrund der engen Bindung des Gottes an den Osten ebendort suchen zu müssen, entbehrt jeglicher Grundlage, da für die Frühzeit Kontakte des Gottes zum Osten nicht nachzuweisen sind.
Ein Rollsiegel mit dem Horusnamen des Mykerinos[5] aus der IV. Dynastie stellt den ersten überkommenen Beleg für das Erscheinen des Sopdu als "Herr der Fremdländer" dar. Mit dem Epitheton "Herr des Ostens" ist Sopdu aber erst sehr viel später bezeugt, und zwar auf der bereits vielfach zitierten Wâdi Gasûs-Stele aus dem Jahr 1 Sesostris' II.[6]. Dieses Denkmal ist rund 600 Jahre jünger als der Beleg aus der IV. Dynastie. Erst seit der XII. Dynastie führt Sopdu den Titel nb j3btt, der von nun an sein Beiname par excellence ist.

Was nun die Lokalisierung von Jpwt anbetrifft, so kann das gleichzeitige Hervortreten von Jpwt und Sopdu nicht für eine Lage des Kultortes im Ostdelta aufgrund der späteren Beziehungen des Gottes zum Osten geltend gemacht werden. Somit muß die Frage nach der genauen Lage von Jpwt weiterhin offen bleiben. Es liegt jedoch der Schluß nahe, daß es in der unmittelbaren Nachbarschaft von Memphis gelegen war.

XV.1.2. El-Lahûn

In Kapitel VII wurden bereits die aus el-Lahûn überkommenen Belege vermerkt. Um Wiederholungen zu vermeiden, soll an dieser Stelle der Hinweis genügen, daß die zahlreichen theophoren Personennamen sowie der Titel eines w^{c}b ḥrj z3w n Spdw nb j3btt Zeugnis dafür ablegen, daß zumindest in der zweiten Hälfte der XII. Dynastie ein Sopdu-Kult in der Pyramidenstadt Sesostris' II. existierte. Der späteste Beleg datiert in die Zeit des Sechemkare^{c} (Amenemhet V.)[7] oder in die seines Vorgängers Amenemhet-sonbef, der ebenfalls Sechemkare^{c} heißt, und bezeugt den Gott Sopdu als "Herrn des Ostens". Demzufolge ist davon auszugehen, daß noch zu Beginn der XIII. Dynastie der Gott in el-Lahûn verehrt wurde.

XV.1.3. J3ty-Spdw / J3ty

Bis zur Mitte der XVIII. Dynastie schweigen sich die Schriftzeugnisse über die Existenz weiterer Kultorte des Sopdu aus.

Auf dem Würfelhocker des Mn(w)-msjw[8], des königlichen Schreibers und Vorstehers der Arbeiten in den Göttertempeln unter Tuthmosis III., findet sich ein erster Hinweis auf das Vorhandensein eines Sopdu-Kultortes zur Zeit des Neuen Reiches. Der in den Inschriften für den Gott Sopdu benannte Kultort J3ty-Spdw "die beiden Stätten des Sopdu" taucht in späterer Zeit noch einmal in einem Dokument aus der XXX. Dynastie[9] sowie in einem mythologischen Text der Ptolemäerzeit[10] auf. In den späten Dokumenten erscheint der Ort jedoch nur als J3ty "die beiden Stätten", ohne den Gottesnamen als Zusatz.

Demnach befand sich spätestens seit der Regierungszeit Tuthmosis' III. ein Kult des Gottes Sopdu in J3ty-Spdw (Variante: J3ty), der wenigstens bis in die Ptolemäerzeit fortbestand.

Ferner ist den Sarkophaginschriften des Ḥp-mnw/J^{c}ḥ-msjw[11] zu entnehmen, daß in J3ty(-Spdw) ein Tempel zu Ehren des Sopdu errichtet worden war, in dem noch andere Gottheiten ein Gastrecht genossen. Diese Tatsache geht aus den Titeln des Verstorbenen hervor, der neben dem Priesteramt des Sopdu auch das eines "Priesters der Götter im Tempel des Sopdu in J3ty" versah.

Wie Jpwt, so ist auch J3ty(-Spdw) nicht näher zu lokalisieren. Die Inschriften des eingangs erwähnten Denkmals des Mn(w)-msjw erlauben nur eine annähernde Ortsbestimmung zwischen Memphis und Letopolis. Damit erweist sich auch Kamals[12] Annahme, in J3ty(-Spdw) einen Distrikt in der Umgebung von Ṣafṭ el-Ḥenna zu sehen, von dem Pr-Spdw in späterer Zeit einen Teil bildete, als hinfällig. Folgt man den Inschriften auf dem Würfelhocker des Mn(w)-msjw, dann befindet sich Ṣafṭ el-Ḥenna zu weit im Norden, als daß es mit J3ty (-Spdw) gleichgesetzt werden könnte.

Währenddessen sieht Sauneron[13] in J3ty einen zwischen Gîza und Letopolis gelegenen Grenzort, der zur Abwehr libyscher Eindringlinge in das Westdelta diente. Diesen Ort möchte er mit dem modernen Ṣafṭ el-Laban identifizieren. Von Yoyotte[14] ist nunmehr der Beweis dafür erbracht worden, daß Ṣafṭ immer aus sbtj "Mauer, Befestigung" (kopt.: COBT) entstanden ist und nichts mit dem Namen des Gottes Sopdu zu tun hat. Das Zusammentreffen mit dem Gottesnamen in Pr-Spdw bei Ṣafṭ el-Ḥenna ist zufällig bedingt.

Daß im memphitischen Raum ein Kult des Sopdu zumindest während des Neuen Reiches existierte, davon zeugen noch weitere Schriftdenkmäler, so pSallier IV vso 1,3-2,2[15] mit einer Eulogie auf Memphis und seine Götter. Unter anderem ist auch der Name des Sopdu vertreten.

Des weiteren ist eine Stele Amenophis' III.[16] zu benennen, die in den Kalksteinbrüchen von Ṭura freigelegt wurde. Dieses Gebiet war spätestens seit dem Neuen Reich an den I. unterägyptischen Gau angegliedert[17]. Die Stele zeigt den König vor drei im memphitischen Raum verehrten Göttern, namentlich Anubis, Werethekau und Hathor, die Herrin von Sḫt-Rꜥ, denen sich Sopdu zugesellt.

Ebenfalls auf das Steinbruchgebiet von Ṭura deutet eine Muschelinschrift aus dem Neuen Reich hin, die aus Heliopolis stammt und die Inschrift "Gefunden im Süden im Steinbruch des Sopdu durch den Gottesvater Ṯ3j-nfr" trägt[18].

Auch die Votivstele des Z3-p3-jr[19] aus dem Neuen Reich, die heute im Magazin der Altertümerverwaltung von Gîza verwahrt wird, zeugt von einem bestehenden Sopdu-Kult bei Gîza zur Zeit des Neuen Reiches. Die Stele zeigt einen auf einem Podest hockenden Falken, den man wohl zu Recht als Kultbild des Sopdu deuten darf, vor einem Opfertisch und einer Vase. Die beigeschriebene Textzeile gibt Titel und Namen des Stifters mit "Diener (sḏm-ꜥš) des Tempels des Sopdu, Z3-p3-jr" wieder.

Aus den überkommenen Schriftzeugnissen geht ohne jeden Zweifel hervor, daß spätestens seit Tuthmosis III. ein Kult des Gottes Sopdu mit einem eigenständigen Tempel in J3ty(-Spdw) bestand. In diesem besaßen noch andere, namentlich nicht näher bezeichnete Götter einen Gastkult. Der Ort war zwischen Memphis und Letopolis gelegen; seine genaue Lage ist jedoch ungewiß.

Aus dem Neuen Reich liegen noch weitere Denkmäler vor, die Hinweis auf einen Sopdu-Kult im Raum Memphis-Ṭura-Gîza geben[20].

XV.1.4. Prt

Der geographische pLac Moeris[21], der vermutlich der Ptolemäerzeit zuzuweisen ist, enthält neben einer Beschreibung der Flora und Fauna des Faijûms auch Hinweise auf die Mythologie des Alten Ägypten.
Unter den Fragmenten findet sich ein thronender, mumifizierter Falkengott mit Doppelfederkrone und Sonnenscheibe. Die Beischrift lautet: "Diese Stätte, deren Name Prt ist, diese heilige Stätte ist die des Sopdu, des Herrn des Ostens, in der Nähe dieses Sees des Horus (šj n Ḥrw)"[22].

Bei dem genannten See handelt es sich offenbar um den im Neuen Reich vielfach bezeugten šj-Ḥrw (im AT Schihor), der im Gebiet des XIV. unterägyptischen Gaues gelegen war[23]. Bietak[24] setzt den See mit einem heute verschwundenen Süßwassersee gleich, der sich nördlich vom Ballâḥ-See längs des Pelusischen Nilarms erstreckte.

Allem Anschein nach begrenzte der XIV. unterägyptische Gau zumindest einen kleinen Teil des XX. unterägyptischen Gaues im Nordosten. Es ist davon auszugehen, daß der Sopdu-Kult im XX. unterägyptischen Gau auf den Nachbargau übergegriffen und dort in einem Ort namens Prt Fuß gefaßt hat. Ein ähnlicher Vorgang läßt sich bei dem Widder von Mendes beobachten, dessen Kultheimat nur wenige Kilometer von Ṣafṭ el-Ḥenna entfernt gelegen war.
Die Lokalisierung von Prt muß jedoch aufgrund fehlender Indizien weiterhin hypothetisch bleiben ebenso wie die Frage, zu welcher Zeit der Sopdu-Kult in Prt Aufnahme fand, da der Ort nur an dieser einen Stelle im pLac Moeris bezeugt ist.

XV.1.5 Pr-Spdw

Pr-Spdw[25], an dessen Stätte sich das heutige Ṣafṭ el-Ḥenna (arab.: صفط الحنة) erhebt und das rund 10 Kilometer östlich von Zagazîg im Ostdelta gelegen ist, bildet nach Aussage spätzeitlicher Denkmäler das Kultzentrum des Gottes Sopdu. Der Name des Ortes erscheint erstmals auf der Siegesstele des Pije[26] (XXV. Dynastie) und ist in den Annalen des assyrischen Großkönigs Assurbanipal als Pi-šaptu[27] überliefert. Demgegenüber findet sich der XX. unterägyptische Gau, dessen Name von der Bezeichnung des Hauptortes abgeleitet worden ist, erstmals in den geographischen Listen der griechisch-römischen Epoche verzeichnet.

In den Schriftquellen ist die griechische Bezeichnung von Pr-Spdw nicht überliefert. Möglicherweise lautete die griechische Form des ägyptischen Pr-Spdw

*Pisaphthis oder *Pisôphthis, falls der bei Herodot II, 166 genannte Gau Aphthitês tatsächlich mit dem Sopdu-Gau identisch ist und gemäß Helcks[28] Vorschlag zu [S]aphthitês emendiert werden darf. Der Gauname würde sich dann aus Aphthis (aus: *Saphthis) herleiten.

Wie bereits eingangs gesagt, bildete Pr-Spdw in der Spätzeit und der Ptolemäerzeit das Kultzentrum des Sopdu. Von dem Heiligtum des Gottes sind nur noch wenige Reste der Nachwelt überkommen. Einige Fragmente gehen auf Ramses II. zurück, während der Großteil in spätere Zeit, vornehmlich in die XXX. Dynastie datiert. Die Denkmäler, die in Ṣafṭ el-Ḥenna[29] und anderenorts geborgen wurden, legen beredtes Zeugnis von dem Kult des Gottes Sopdu in der Spätzeit ab. Aus Ṣafṭ el-Ḥenna stammen auch der Naos Kairo CG 70021[30] und der in el-ᶜArîsch gefundene Naos Ismailia 2248[31]. Letzterer wurde vielleicht in griechisch-römischer Zeit nach el-ᶜArîsch (Rhinokolura) verschleppt.

Auf die Inschriften der beiden bedeutenden Naoi von Ṣafṭ el-Ḥenna und die in unmittelbarer Nachbarschaft von Pr-Spdw gelegenen heiligen Bezirke Ḥwt-nbs und J3t-nbs soll hier nicht näher eingegangen werden, da bereits in Kapitel X darüber ausführlich berichtet wurde. Das nachfolgende Kapitel XVI greift das Thema des XX. unterägyptischen Gaues und seiner Metropole Pr-Spdw erneut auf. Dort wird Pr-Spdw und die Entwicklung des XX. unterägyptischen Gaues ausführlich behandelt. Aus diesem Grunde soll der in diesem Abschnitt gegebene Überblick für den Moment genügen.

Im Ortstempel von Ṣafṭ el-Ḥenna besaßen noch weitere Gottheiten einen Kult. Als gesicherte Gastkulte dürfen die der nachstehend aufgeführten Gottheiten gelten:

- Atum (in der Gestalt des Ichneumons)[32]
- Chensit (als Gefährtin des Sopdu)[33]
- Schu (in der Form des Sopdu)[34]
- Tefnut (als Gefährtin des Schu)[35]
- Widder von Mendes[36]

Auch Isis und Hathor scheinen im Ortstempel von Ṣafṭ el-Ḥenna verehrt worden zu sein. Auf dem Naos des Nektanebis aus der XXX. Dynastie führt Isis den Titel "die in Ḥwt-nbs befindlich ist"[37], während Hathor als "die Oberste des nbs-Baumes"[38] gilt.
Die genannten Gottheiten finden sich auch unter den Götterstatuen wieder, die auf den Innen- und Außenwänden des Naos Kairo CG 70021 abgebildet sind. Es handelt sich dabei um ein Tempelinventar der Götterbilder, die Nektanebis in den Ortstempel von Ṣafṭ el-Ḥenna stiftete.

XV.2. Gastkultorte

Die späten Schriftzeugnisse, hier in erster Linie die Inschriften aus den Tempeln von Hibis, Dendera und Edfu, geben Hinweis darauf, daß Sopdu nicht nur in J3ty-(Spdw) und Pr-Spdw während der Spätzeit und der griechisch-römischen Epoche verehrt wurde, sondern darüber hinaus auch noch anderenorts einen Gastkult besaß. Dieser Sachverhalt legt Zeugnis von der Bedeutung ab, die dem Gott Sopdu in jener Zeit beigemessen wurde. Die spätzeitlichen Schriftquellen deuten auf folgende Gastkultorte hin:

XV.2.1. Dendera

In Dendara III, 17 erscheint Sopdu unter anderem als "der große Gott, der in Jwnt (scil. Dendera) befindlich ist".

XV.2.2. Edfu

In den Inschriften des Horus-Tempels von Edfu finden sich mehrere Belegstellen, die auf die Verehrung des Gottes Sopdu in jenem Tempel Bezug nehmen. Der dortige Kult des Sopdu wird vornehmlich durch die enge Bindung an Horus gefördert, die ihn in Edfu als Bḥdtj[39] auftreten läßt. In Edfou II, 277 führt Sopdu das Epitheton "der große Gott, der in Wṯzt-Ḥrw (scil. Edfu) befindlich ist".

Ein Ritualbuch, das für den Osiris-Tempel von Abydos bestimmt war, zeugt möglicherweise von der Verehrung des Sopdu in Edfu. In dem Papyrus tritt der Gott neben Ha als Gegner der aus dem Westen herannahenden Feinde unter dem Epitheton "der große Gott, der in Ḥwt-bjk befindlich ist"[40] auf.

Otto verweist in LÄ I, 516, n.2 auf diese Belegstelle und führt sie als Beweis für einen bestehenden Sopdu-Kult in Atarbêchis an. Er liest "Ḥwt-Bjk-Ḥr" als Name für Atarbêchis. Dieser Ort soll nach Herodot II, 41 im Prosopitês (scil. IV. unterägyptischer Gau) gelegen haben.
Tatsächlich ist der Ortsname in dem Ritualbuch jedoch Ḥwt-bjk "Haus des Falken" zu lesen und stellt eine der vielen Bezeichnungen des Horus-Tempels von Edfu

sowie des Ortes selbst dar[41]. Fraglich ist jedoch, ob in dem Papyrus der Edfu-Tempel gemeint ist, denn in Ägypten führten sicherlich mehrere Orte den Namen Ḥwt-bjk. Es ist auch durchaus möglich, daß diese Bezeichnung eine spielerische Umschreibung für Pr-Spdw ist, wo der Falkengott Sopdu verehrt wurde. Fest steht jedoch, daß Pr-Spdw mit Atarbêchis in keinerlei Verbindung gebracht werden kann, so daß Ottos Feststellung im Lexikon der Ägyptologie, Atarbêchis beherberge einen Kult des Sopdu, nicht den tatsächlichen Gegebenheiten entspricht. Zudem ist der Name von Atarbêchis wahrscheinlich mit Ḥwt-Ḥrw-bjk zu umschreiben. Die Lesung *Ḥwt-bjk-Ḥrw, wie Otto sie vorschlägt, gibt es nicht.

XV.2.3. Hibis

Im Amun-Tempel von Hibis in der Oase el-Chârga heißt es von Sopdu verschiedentlich "der große Gott, der in Hbt (scil. Hibis) befindlich ist"[42].
Im Sanktuar des Tempels finden sich neben Amun nahezu alle in Ägypten verehrten Götter in ihren verschiedenen Aspekten dargestellt, bildete Hibis doch als Metropole der Oase el-Chârga ein bedeutendes Verkehrs- und Handelszentrum, an dem Leute aus allen Teilen des Landes zusammentrafen. Diese konnten ihren jeweiligen Lokalgottheiten im Amun-Tempel von Hibis Verehrung erweisen.

XV.2.4. Zm3-Bḥdt

In einer Szenenbeischrift[43], die aus dem Raum G des Hibis-Tempels stammt, erscheint Sopdu als "der

Älteste, Horus, [der an der Spitze ist von]  ".
Der Ortsname ist zu  Zm3-Bḥdt zu ergänzen und bezeichnet die Metropole des XVII. unterägyptischen Gaues, des heutigen Tell el-Balâmûn. Ein anderer Name für den Ort ist P3-jw-n-Jmn "die Insel des Amun"[44]. Dort wurde, wie der Ortsname schon sagt, der Gott Amun verehrt.

XV.2.5. Jnw(?)

In den Inschriften des Horus-Tempels von Edfu wird Sopdu mit dem Ort  in Zusammenhang gebracht, indem er sich dort als "der große Gott, der in  befindlich ist"[45], zeigt.
In der Wissenschaft herrscht bislang Uneinigkeit sowohl über die Lesung des Schriftzeichens (scil. šn-Ring mit Fisch) als auch über die Frage der Lokalisierung des Ortes.
Die Problematik hinsichtlich der Lesung der Hieroglyphe soll hier nur kurz gestreift werden ebenso wie die Diskussion über eine mögliche Identifizierung von  (scil. zeitweiliger Unterbezirk auf dem Ostufer, zu dem auch das Steinbruchgebiet von Ṭura gehörte) und  [46], oder ob  den Bezirk  einschließt[47]. Für gewöhnlich wird das Schriftzeichen mit ^{c}jn umschrieben. Die Transkription erklärt sich vor allem aus einer Inschrift aus dem Grab des Ḍbh.n.j[48] in Gîza. Dort ist das Verbum ^{c}jn "mit Kalkstein verkleiden"[49] anstelle des sonst gebräuchlichen  durch  determiniert, vorausgesetzt, das Zeichen ist in der Publikation richtig wiedergegeben. Die beiden Schriftzeichen werden schon in alten Texten verwechselt.

Ich folge der Argumentation von Frau K.Zibelius[50] und lese in Übereinstimmung mit ihr den Ortsnamen Jnw(?).
Im Zeichenpapyrus aus Tanis[51] wird die Hieroglyphe als 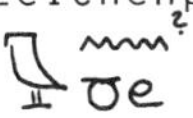 [...]  erklärt. Dabei liegt ein Vokalwechsel von 3 < j vor, denn die Erklärung in dem genannten Papyrus legt auch die Lesung *3nw nahe. Diese ist jedoch nach dem Beleg aus dem Dbḥ.n.j-Grab auszuschließen. Leider ist ein Zeichen am Ende der Gruppe undeutlich, so daß die Lesung unsicher bleiben muß. Daß der Name auf  endete, könnte ein Siegelzylinder aus der VI. Dynastie[52] bestätigen, falls sich Gardiners Lesung  als richtig erweisen sollte. Man kann sich zwar der Begründung Kurths[53], der Fairman[54] folgt und das Zeichen mit šns wiedergibt, nicht gänzlich verschließen, doch spricht meines Erachtens gegen einen solchen Ansatz, daß dann die beiden voneinander geschiedenen Unterbezirke 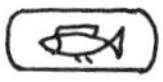 und 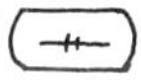 dieselbe Lesung hätten[55].

Wichtiger als die Lesung von 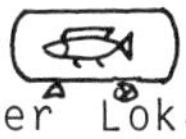 will mir in diesem Zusammenhang die Frage seiner Lokalisierung erscheinen[56].

Nach Pyr. 1350b fand der Kampf um das Erbe des Osiris zwischen Horus und Seth in H̱rj-ʿḥ3 (scil. Alt-Kairo) statt[57], während nach dem sogenannten Denkmal memphitischer Theologie die Teilung der beiden Landeshälften in Jnw(?) erfolgte[58].

In den ptolemäischen Nomoslisten wird Jnw(?) nach dem Sopdu-Gau als XXI. unterägyptischer Gau geführt[59]. Währenddessen nennt eine Liste der Zusatzgaue aus dem Edfu-Tempel, in der die Gaue von Süden nach Norden angeordnet sind, Jnw(?) hinter Pr-Ḥ^{c}pj (scil. Alt-Kairo) und vor Htpt, einem nördlich von Heliopolis gelegenen Bezirk[60]. Demnach ist Jnw(?) zwischen Pr-Ḥ^{c}pj und Heliopolis zu lokalisieren, d.h. in der Gegend des heutigen Kairo und des daran anschließenden Gebietes. Eine Inschrift aus dem Grab Ramses' IX.[61], die den falkenköpfigen Gott Chons unter dem Epitheton "der in

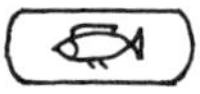

in Ḥwt-k3-Ptḥ (scil. Memphis) befindlich ist" benennt, ermöglicht eine genauere Lokalisierung des Ortes. Aufgrund dieser Inschrift möchte man Jnw(?) nunmehr in der unmittelbaren Nachbarschaft von Memphis suchen. Diese Vermutung wird zudem durch den archäologischen Befund bestätigt, der bei neueren Grabungen unter Leitung von Debono in der Nähe von Ḥelwân zutage kam. Am Eingang des Wâdi Hûf, auf halbem Wege zwischen Ḥelwân und der prädynastischen Siedlung von el-^{c}Omarî wurde ein Fischfriedhof freigelegt, auf dem jeder Fisch in ein Grab ovaler Form eingebettet war[62].

Nach den vorstehenden Ausführungen ist davon auszugehen, daß in Jnw(?) eine Kultstätte des Gottes Sopdu gelegen war. Der Bezirk Jnw(?) bildete einen zeitweiligen Unterbezirk des XIII. unterägyptischen Gaues und erstreckte sich östlich von Memphis, etwa in der Gegend von Ḥelwân[63].

In den ptolemäischen Listen wird Jnw(?) in Zusammenhang mit heliopolitanischen Göttern genannt, wie beispielsweise mit Atum oder Re^{c}. An anderer Stelle führt Hathor den Beinamen "Herrin von Jnw(?) in dem Haus des Atum"[64].

XV.2.6. Mendes

Ein Kult des Gottes Sopdu im Gau von Mendes (scil. XVI. unterägyptischer Gau) wird durch kein Schriftdenkmal bezeugt, wie dies für den Widder von Mendes im umgekehrten Fall zutrifft[65]. Die Nähe der Kultorte beider Götter bewirkte eine Anziehung der Kulte und erklärt das häufige Erscheinen des Sopdu im Beisein des Widders von Mendes und der Hatmehit.

Unter den Götterstatuen des Naos von Ṣafṭ el-Ḥenna findet sich auch einmal ein Kultbild des Widders von Mendes[66] dargestellt. Dies weist auf einen Kult des mendesischen Gottes im Ortstempel von Ṣafṭ el-Ḥenna hin.
Dagegen ist man hinsichtlich eines Sopdu-Kultes im XVI. unterägyptischen Gau nur auf Mutmaßungen angewiesen. Es liegt dennoch nahe, daß Sopdu[67] - wie auch Bastet[68] und Thoth[69] - aufgrund der Nähe der beiden Kultzentren Aufnahme in das Pantheon des mendesischen Gaues fand.

Nach diesen Ausführungen bleibt festzuhalten, daß Sopdu bereits in der Frühzeit einen Kult in Jpwt besaß. Dieser Ort war in der näheren Umgebung von Memphis gelegen.

Denkmälern des Neuen Reiches entnehmen wir, daß spätestens seit der XVIII. Dynastie (scil. Tuthmosis III.) in J3ty(-Spdw) ein Sopdu-Tempel existierte, in dem noch andere Götter einen Gastkult innehatten. Den Inschriften auf dem Würfelhocker des Mn(w)-msjw zu-

folge war dieser Kultort zwischen Gîza und Letopolis gelegen. Bis in die Ptolemäerzeit, vielleicht sogar noch darüber hinaus, bestand in J3ty(-Spdw) ein Kult des Gottes Sopdu.
Gleichzeitig gab es in jener Zeit einen Kult des Sopdu in Jnw(?), das bei Ḥelwân und in dem südlich davon gelegenen Gebiet zu suchen ist.

Demnach nehme ich an, daß Sopdu ursprünglich im I. unterägyptischen Gau beheimatet war. Für einen solchen Ansatz sprechen zumindest die Denkmäler der Frühzeit und des Neuen Reiches. Letztere bringen den Gott mit den Steinbrüchen von Ṭura in Verbindung.
Von Memphis aus wanderte der Kult des Sopdu zu unbestimmter Zeit, vermutlich aber zu Beginn des Mittleren Reiches, in das Ostdelta, wo er seit Sesostris II. unter dem Titel "Herr des Ostens" bezeugt ist.
In der Spätzeit erscheint Sopdu als Lokalgott von Pr-Spdw, das die griechisch-römischen Nomoslisten als Metropole des XX. unterägyptischen Gaues benennen.
Vom XX. unterägyptischen Gau griff der Sopdu-Kult auf den nahe gelegenen XIV. unterägyptischen Gau über und fand dort in einem Ort namens Prt Aufnahme. Die genaue Lage dieses Kultortes ist nicht bekannt.
In der Spätzeit wurde Sopdu auch in Zm3-Bḥdt, der Metropole des XVII. unterägyptischen Gaues, und mutmaßlich auch in Mendes im XVI. unterägyptischen Gau verehrt.
Darüber hinaus bekunden die Inschriften der griechisch-römischen Zeit, daß Sopdu im Horus-Tempel von Edfu und im Hathor-Tempel von Dendera einen Gastkult besaß.

Anmerkungen zu Kapitel XV :

1 Cf. meine Ausführungen auf den Seiten 31-32.
2 Lauer, Pyramide â Degrês IV, 59-60, t.22 (121+122)
3 Kaplony, IÄF III, t.94 (367). Cf. ibid. II, 833-834 (882)
4 So P.Kaplony, in: LÄ II, 1174
5 P.Kaplony, Die Rollsiegel des Alten Reichs IIB (MonAeg 3B, 1981), t.42-44 (31); cf. ibid. IIA (MonAeg 3A, 1981), 120-121
6 A.Erman, ZÄS 20 (1882), 204-205
7 F.Ll.Griffith, The Petrie-Papyri. Hieratic Papyri from Kahun and Gurob, London 1898, t.IX, 31
8 E.Drioton, Rapport sur les Fouilles de Mêdamoud (FIFAO 4.2, 1927), 52-54 (figs. 24+25), cf. die Ausführungen auf den Seiten 81-83.
9 M.Kamal, ASAE 38 (1938), 1-15
10 Urk. VI, 33
11 Kamal, op.cit.
Ḥp-mnw versieht zudem noch andere memphitische Priesterämter, so unter anderem das eines wꜥb-Priesters der Tempel von Memphis und das eines Schreibers des Goldhauses des Ptah-Tempels.
12 Ibid., 12
13 S.Sauneron, Kêmi 11 (1950), 119-120 und ihm folgend Montet, Gêographie I, 37
14 J.Yoyotte, RdE 15 (1963), 106-113
15 A.H.Gardiner, Late-Egyptian Miscellanies (BAe 7, 1937), 89; cf. die Seiten 80-81.
16 LD III, 71b
Cf. die Seiten 84-86 der Untersuchung.
17 So Helck, Gaue, 148
18 E.Scamuzzi, Fossile Eocenico con iscrizione geroglifica rinvenuto in Eliopoli, Bolletino della societâ piemontese di archeologia e di belle arti, Nuova serie, anno primo, Turin 1947, 11-14 (fig. 103); cf. die Seite 86.
19 Chr.M.Zivie, Giza au deuxième Millênaire (BdE 70 1976), 239 (NE 91)
20 Ibid., 201 und S.Sauneron, Kêmi 11 (1950), 117-120 zum Kult des Sopdu in der Region von Gîza und Memphis.
21 R.V.Lanzone, Les Papyrus du Lac Moeris, Turin 1896; G. Botti, La glorificazione di Sobk e del Fayyum in un papiro ieratico da Tebtynis, (AnAe 8, 1959)
22 R.V.Lanzone, op.cit., 5 bemerkt in seinem Kommentar, daß der Falkengott die Doppelfederkrone mit Widdergehörn trägt.

23 J.Clêdat, BIFAO 18 (1921), 172
Brugsch, DG, 519+1168
Gauthier, DG V, 121-122
24 M.Bietak, Tell el-Dab^{c}a II (ÖAW 1, 1975), 129-139
25 Montet, Gêographie I, 206-209
J.Yoyotte, RA 46 (1952), 214 und id., RdE 15 (1963), 107-108; R.Caminos, JEA 50 (1964), 94; Helck, Gaue, 198; zuletzt R.Giveon, in: LÄ V, 351-352
26 N.-C.Grimal, La stèle triomphale de Pi(^{c}ankh)y au Musée du Caire (JE 48862 et 47086-47089), Études sur la propagande royale égyptienne I (MIFAO 105, 1981), t.X, l.115; cf. ibid., 156 (n.468)
27 R.Borger, Babylonisch-assyrische Lesestücke II (AnOr 54, 1979), 337 (col. I, 93+104)
28 So Helck, Gaue 198 und id., in: LÄ II, 408 n.264
29 PM IV, 10-13
30 Naville, Saft el Henneh, 6-13, t.1-7
31 G.Goyon, Kêmi 6 (1936), 1-42, t.I-IV
Ein dritter Naos wurde in Abuqîr (Louvre D37) entdeckt, der ebenfalls aus Ṣafṭ el-Ḥenna stammt; cf. J.Clère, JNES 9 (1950), 143-152; L.Habachi/B.Habachi, JNES 11 (1952), 251-263, t.XXVIII-XXXIII; J.Yoyotte, JNES 13 (1954), 79-82
32 Naville, op.cit., t.6,6
33 P.Barguet, BIFAO 49 (1950), 1-7; cf. E.Otto, in: LÄ I, 923; RÄRG 131
34 G.Goyon, op.cit., 8-9 (A9-10)
35 J.Yoyotte, JNES 13 (1954), 81 (fig.1)
36 R.Giveon, JARCE 12 (1975), 19, t.XI
37 Naville, op.cit., t.4,6
38 Ibid., t.5,3
39 Edfou III, 247; V, 93; VI, 52; VII, 162
40 Urk.VI,33
41 Gauthier, DG IV, 65
42 N.de Garis Davies, The Temple of el-Khârgeh Oasis III (MMA 17, 1953), t.8, 18, 50
43 Ibid., t.18
44 Gauthier, DG V, 33 und ibid. I, 44
45 Edfou VI, 52; VIII, 88
46 So Brugsch, DG 974, 1390; A.Erman, Ein Denkmal memphitischer Theologie (SPAW 43, 1911), 931; H.Junker, Die politische Lehre von Memphis (ADAW 6, 1941), 29-30; Montet, Gêographie I, 65, 162; cf. Gardiner, AEO II, 278*
47 K.Sethe, Die Bau- und Denkmalsteine der alten Ägypter und ihre Namen (SPAW 22, 1933), 871
Zur Hieroglyphe  cf. P.Kaplony, Or 41 (1972), 244

48 S.Hassan, Excavations at Gîza IV, Kairo 1943, 168 (l.10)
49 Wb I, 191.6
50 K.Zibelius, Ägyptische Siedlungen nach Texten des Alten Reiches (BTAVO 19, 1978), 37-39
51 F.Ll.Griffith/W.M.Fl.Petrie, Two Hieroglyphic Papyri from Tanis (EES 9, 1889), t.7, col.30, l.4; cf. auch die Lesung šn-sw bei J.Yoyotte, BIFAO 54 (1954), 85, n.5, die aber wegen der Wiedergabe im Zeichenpapyrus abzulehnen ist.
52 Gardiner, AEO II, 136* (BM Inv.-Nr. 2605)
53 D.Kurth, Die Dekorationen der Säulen des Pronaos des Tempels von Edfu (GOF IV, 1983), 27 (21), der  in dem dortigen Textzusammenhang als einen Namen des Edfu-Tempels interpretiert.
54 H.W.Fairman, BIFAO 43 (1945), 119
55 Zu  und  cf. Ph.Derchain, BiOr 18 (1961), 41-43 und W.Helck, in: LÄ V, 576-577
56 Cf.hierzu Helck, op.cit. (mit Karte)
57 Nach einer anderen Überlieferung fand der Kampf in der Gegend von Oxyrhynchos statt; cf. I.Gamer-Wallert, Fische und Fischkulte im Alten Ägypten (ÄA 21, 1970), 93
58 K.Sethe, Dramatische Texte zu altägyptischen Mysterienspielen (UGAÄ X, 1928), 26(m)
59 Edfou IV, 39; V, 26-27
60 Edfou VI, 45
J.Vandier, RdE 16 (1964), 61-65 zur Lage von Htpt.
61 F.Guilmant, Le Tombeau de Ramses IX (MIFAO 15, 1907), t.48
62 E.Drioton, Les Origines Pharaoniques du Nilomètre de Rodah (BIE 34, 1952), 313
L.Leclant, Or 22 (1953), 95
Montet, Géographie I, 45-46
63 Gardiner, op.cit., 138* hat aufgrund seiner wohl zuweit nördlich angesetzten Lokalisierung von Pr-Ḥ^{c}pj die Lage von 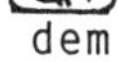 zu eng auf das Gebiet zwischen Muqaṭṭam und dem modernen Kairo eingegrenzt.
64 K.Sethe, Bau- und Denkmalsteine der alten Ägypter und ihre Namen (SPAW 22, 1933), 871
65 R.Giveon, JARCE 12 (1975), 19, t.XI; cf. meine Ausführungen auf Seite 253.
66 Naville, Saft el Henneh, t.5,2
67 H.de Meulenaere, in: LÄ IV, 44
68 H.Kayser, Die ägyptischen Altertümer im Roemer-Pelizaeus-Museum in Hildesheim, Hildesheim 1973, 130 (Kalksteinstele Inv.-Nr. 1895)
69 H.de Meulenaere/P.MacKay, Mendes II, Warminster 1976, 180

XVI. DAS GEBIET DES XX. UNTERÄGYPTISCHEN GAUES

XVI.1. Gau und Metropole

Der XX. unterägyptische Gau tritt sehr spät in Erscheinung, denn er wird in den geographischen Tempellisten der griechisch-römischen Zeit erstmals genannt.

Das Emblem des Gaues setzt sich aus dem Bild des auf einem Podest hockenden Falken (mit und ohne Doppelfederkrone) und dem Ideogramm  zusammen. Beide Schriftzeichen werden vornehmlich von einer Gaustandarte getragen. Es finden sich aber auch solche Schreibungen in dem überkommenen Quellenmaterial bezeugt, in denen das dreiecksförmige Schriftzeichen fehlt, und der Falke auf einem Löwenbett niederkauert. Auf den Denkmälern der griechisch-römischen Zeit treten insbesondere folgende Varianten auf:

 [1];  [2];  [3]; 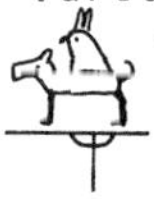 [4];  [5];  [6].

Demnach lautete der Gauname "Sopdu", benannt nach der Metropole Pr-Spdw. Es ist ein Kennzeichen der Spätzeit, daß die Gaubezeichnung dem Namen der jeweiligen Metropole angeglichen ist.

Zu den oben aufgeführten Schreibungen tritt eine Reihe weiterer Benennungen für den XX. unterägyptischen Gau hinzu.

So gilt 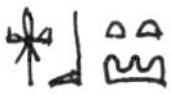 "Osten"[7], das die zwischen dem Nil und dem Roten Meer gelegene Region bezeichnet, in späterer Zeit geradezu als Name des Sopdu-Gaues. Infolgedessen führt der Fürst P3-qrr im Petubastis-Roman den Titel eines "Großen des Ostens", wobei j3bt(t) hier speziell für den XX. unterägyptischen Gau steht[8].
Im Revenue Laws Papyrus[9] aus der Zeit Ptolemaios' II. Philadelphos und bei Plinius[10] wird der XX. unterägyptische Gau als ’Αραβία geführt, wobei die griechische Bezeichnung das ägyptische Wort für "Osten" wiedergibt.

Die große Nomosliste aus dem Horus-Tempel von Edfu[11] benennt nicht nur die Metropole, sondern führt zudem auch Einzelheiten an, die die religiösen und kultischen Belange des Sopdu-Gaues betreffen. So heißt es dort unter anderem, daß in jenem Gau der Gott Schu in der Form des Sopdu Verehrung fand. Zudem ist dieser Liste zu entnehmen:

Titel des Hohenpriesters : 
ptḥ wny "Der das Licht öffnet"[12]

Titel der Sistrumspielerin : 
gm(t) "Die erkennt" o.ä.

Name der heiligen Barke : 
dm ḫ3swt nb(wt) m Ḥrw "Die alle Länder als Horus tötet"

Name des heiligen Baumes : 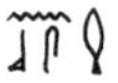
nbs "Christusdorn"[13]

Name der heiligen Schlange : 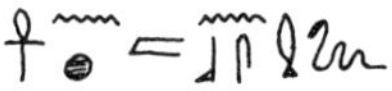
^{c}nḫ(t) m nbs "Die im nbs-Baum lebt"

Verbot von zwei Fischarten : 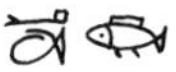 
^{c}dw rḏ3
Meeräsche und der rḏ3-Fisch (bislang nicht identifiziert)[14]

Tag des großen und schönen Festes : 
13. Tag des I.prt-Monats

Die Edfu-Inschriften geben weiterhin darüber Auskunft, daß die Göttin Chensit als Hathorform des XX. unterägyptischen Gaues galt. In einer Liste aus dem Tempel von Dendera[15], die die verschiedenen Hathoren der ober- und unterägyptischen Gaue benennt, erscheint Chensit unter dem Epitheton "Die Uräusschlange des Re^{c}" als Hathorform des Sopdu-Gaues. Die enge Bindung an die Göttin Hathor erklärt auch das Erscheinen der Chensit auf dem Naos von Ṣafṭ el-Ḥenna mit dem Diadem des Kuhgehörns und der Sonnenscheibe[16].

Der Ortsname selbst wird für gewöhnlich  [17] "Haus, Tempel des Gottes Sopdu" geschrieben, doch erscheinen in den geographischen Listen späterer Zeiten überwiegend die Schreibungen  [18],  [19],  [20],  [21] und  [22].

Auf dem Naos von Ṣafṭ el-Ḥenna aus der Zeit des Nektanebis findet sich die Form  [23]. Dagegen erscheint der Ortsname auf einem Block aus Achmîm in der Zusammensetzung  [24] Pr-Spdw nb j3btt.

Der im Fortgang noch mehrfach zitierte pDemot.Kairo 31169[25] benennt nur die Kurzform  . Demgegenüber findet sich im Horus-Tempel von Edfu die Bezeichnung  [26].

Pr-Spdw wird erstmals auf der Siegesstele des Pije aus dem 21. Regierungsjahr dieses Königs erwähnt. Das Denkmal benennt P3-ṯnf als Fürst von Pr-Spdw[27], der zu den vier bedeutensten Deltafürsten zählt. Nach der Quellenlage scheint P3-ṯnf der erste bezeugte Fürst von Pr-Spdw zu sein.

Der Siegesinschrift des Pije zufolge unterstand der Bezirk "Scheune der Weißen Mauer" ebenfalls dem Fürsten von Pr-Spdw. Yoyotte, Gomaâ und andere[28] lokalisieren dieses Gebiet in der Umgebung von Ṣafṭ el-Ḥenna, und man darf wohl zu Recht der Vermutung Ausdruck geben, daß die Region "Scheune der Weißen Mauer" an das Territorium des nachmaligen XX. unterägyptischen Gaues angrenzte, wenn nicht sogar diesem Gau angegliedert wurde. In den Quellen späterer Zeit ist dieser Bezirk nicht mehr bezeugt.

In diesem Zusammenhang sei auf einen Irrtum aufmerksam gemacht, der Helck[29] in seiner Untersuchung der altägyptischen Gaue unterlaufen ist.
Der Bezirk "Scheune des Re^{c}", den Helck zum Bereich von Pr-Spdw hinzurechnet und mit dem griechischen Phakusa, dem heutigen Fâqûs, gleichsetzen möchte, ist nach der Pije-Stele der Herrschaft des Fürsten Ḏd-Jmn-jw.f-^{c}nḫ von Mendes[30] unterstellt, keinesfalls aber dem Fürsten von Pr-Spdw.
Die Region "Scheune des Re^{c}" ist möglicherweise mit dem heutigen Dorf Schûnet Abu Jûsef (شونة ابو يوسف), etwa 16 Kilometer von Mendes entfernt gelegen, zu identifizieren. Foucart sprach sich als erster für eine solche Gleichsetzung aus[31].

Die Traumstele des Tanotamun[32] führt P3-qrr als Fürst von Pr-Spdw an. Dieser erscheint noch an zwei weiteren Stellen, nämlich unter dem Titel eines p3-wr j3bt(t) "Großer des Ostens (scil.Ostgau)"[33] in dem bereits zuvor erwähnten demotischen Petubastis-Roman, sowie auf dem Rassam-Zylinder des assyrischen Königs Assurbanipal, auf dem P3-qrr als Stadtfürst von Pr-Spdw[34] benannt ist. Die assyrischen Annalen überliefern den Ortsnamen als Pi-šaptu. Möglicherweise besteht ein Zusammenhang mit dem bei Herodot II, 166 genannten Gaunamen Aphthitês[35], der nach Helck zu *[S]aphthitês zu emendieren ist. Der Name von Pr-Spdw müßte demnach Aphthis (aus: *Saphthis) gelautet haben.

Bis zu Beginn der römischen Kaiserzeit war Pr-Spdw Metropole des XX. unterägyptischen Gaues; dann aber wurde der Verwaltungsapparat nach dem im Nordosten gelegenen Phakusa verlegt, mit dem man Ṣafṭ el-Ḥenna daher vielfach zu Unrecht verwechselt hat.

In einer Abhandlung über den XX. unterägyptischen Gau und die spätere Metropole Pr-Spdw darf auch die Problematik der Lesung von  (Variante: ) als Šsm(t)[36] oder Gsm(t)[37] und die damit in Zusammenhang stehende Diskussion über eine mögliche Identifizierung mit dem biblischen Land Gosen (auch Goschen oder Gessen) nicht fehlen.

Die geographische Bezeichnung  bzw.  taucht in den Nomoslisten der griechisch-römischen Zeit in Zusammenhang mit dem Sopdu-Gau neben Pr-Spdw auf. In der großen Gauliste aus dem Horus-Tempel von Edfu heißt es unter dem XX. unterägyptischen Gau: "Ich bringe dir (scil. Horus von Edfu) Pr-Spdw mit dem, was aus ihr hervorgeht, und  mit dem, was in ihr ist ..."[38].
Hingegen gibt eine ähnliche Inschrift aus dem Tempel von Dendera den Wortlaut wieder: "Ich bringe dir das östliche  ..."[39].

Nun könnte man aufgrund der erstgenannten Textstelle meinen, daß es sich hierbei um einen zweiten Hauptort oder aber um eine Region innerhalb des XX. unterägyptischen Gaues handelt, die in der Liste des Edfu-Tempels neben der Metropole Pr-Spdw genannt wird. Durch die Inschriften auf dem Naos von Ṣafṭ el-Ḥenna wird es jedoch zur Gewißheit erhoben, daß  ein Synonym für Pr-Spdw darstellt. Auf dem Denkmal des Nektanebis erscheint der Ortsname zum einen in der Form [40], zum anderen in der Schreibung [41]. An der letztgenannten Textstelle

stelle heißt es: "Nachdem nun Seine Majestät nach  gekommen war, indem er diesen erhabenen Gott Sopdu, den Herrn des Ostens, auf dem Sitz als Herrn des Triumphes zufriedengestellt hatte ... ". Der Text in der darauffolgenden Zeile führt weiter aus "... die Statuen der Götter von  darzustellen auf diesem Naos in der Zeit Seiner Majestät ..."[42].

Aus den zitierten Textstellen geht ohne jeden Zweifel hervor, daß sich hinter  der Ort Pr-Spdw verbirgt, für dessen Ortstempel Nektanebis den Naos sowie die Götterstatuen und Schreine, die sich auf den Wänden des monolithen Denkmals als Tempelinventar verzeichnet finden, zu Ehren des Gottes Sopdu gestiftet hat. Dabei ist davon auszugehen, daß  und  identisch sind. Der letztgenannten Ortsbezeichnung liegt nur eine andere Schreibung zugrunde, da die beiden Schriftzeichen  und  verwechselt worden sind. Die Hieroglyphe der Zunge kann in späten Texten neben mr auch den Lautwert mt wiedergeben[43].

Die Lesung von  (Varianten:  ; ) hat in der Ägyptologie zu vielerlei Kontroversen geführt, die letztendlich aber doch zu keinem befriedigenden Ergebnis führten.

Ausgangspunkt des Dissenses ist das Schriftzeichen  šs[44], das im Hieratischen und in weniger sorgfältig ausgeführten Hieroglyphentexten vielfach mit g[45] verwechselt wird. Das letztgenannte Schriftzeichen taucht verschiedentlich in Städtenamen mit dem Lautwert g auf[46]. Demzufolge ergeben sich für zwei Lesungsmöglichkeiten: Šsm(t) und Gsm(t).

Brugsch[47] las die Gruppe QoSeM und war offensichtlich der erste, der darin das ägyptische Äquivalent zu dem im Alten Testament genannten גשן Gosen zu erkennen glaubte, das die Septuaginta in der Umschreibung Γέσεμ 'αραβίας (Genesis XLV, 10; XLVI, 33; kopt. ΓΕCΕΜ) wiedergibt. Zu Brugschs Hypothese fügte sich nun vortrefflich, daß in den griechisch-römischen Tempellisten in Verbindung mit dem XX. unterägyptischen Gau erscheint, der griechisch "Gau von Arabia" genannt wird.
Die von Brugsch vorgeschlagene Gleichsetzung von QoSeM mit dem biblischen Land Gosen fand in der Wissenschaft allgemeine Zustimmung[48].
Einer der heftigsten Verfechter dieser Hypothese war Naville[49]. Dieser las die Gruppe Kes (kopt. ΚΩC mit Wegfall des auslautenden m seit der Zeit des Nektanebis) und identifizierte dieses mit dem griechischen Phakusa (Πⲁ +ΚΩC)[50], das Ptolemaios[51] als Metropole des Gaues Arabia aufführt. In diesem (scil. Phakusa) vermutete Naville den griechischen Namen für Ṣafṭ el-Ḥenna und folgerte daraus, daß der XX. unterägyptische Gau und das Land Gosen identisch seien.

Gardiner[52] war es, der erste Zweifel an der Lesung qsm und der Gleichsetzung mit dem biblischen Land erhob. An anderer Stelle hat Gardiner[53] nachgewiesen, daß an Navilles[54] Ansatz nicht länger festgehalten werden kann. Naville ist durch die Angabe bei Strabon, der Rote-Meer-Kanal zweige bei Phakusa ab, fehlgeleitet worden, indem der griechische Historiker und Geograph Strabon die frühere Metropole Ṣafṭ el-Ḥenna mit der späteren (scil. Phakusa) verwechselt hat.

Gardiner liest die Gruppe Šsmt und vermutet darin den ursprünglichen Namen der Sinai-Halbinsel, wo unter anderem auch das šzmt-Mineral abgebaut wurde. In seinen Überlegungen geht er von einer Textstelle aus, die sich in pKahun t.II, 14[55] findet und  Šsm (nach Gardiner Maskulinform zu Šsmt) erwähnt. Die Belegstelle im Hymnus an Sesostris III. umschreibt Gardiner[56] mit 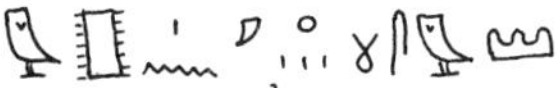 (statt Griffiths Transkription 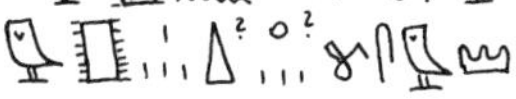) und übersetzt diese "<Er (scil. Sesostris III.) ist eine Festung (der Verteidigung)> gleich einer Mauer aus Kupfer von Šsm".
Das Auftreten von Šsm in Verbindung mit Kupfer in pKahun t.II, 14 führt Gardiner zu der Mutmaßung, Šsm (mit Fremdland-Determinativ geschrieben) mit der Sinai-Halbinsel gleichzusetzen, da dort Kupfervorkommen existierten. Später, so fährt der Autor in seinen Überlegungen fort, wurde die ursprüngliche Sinai-Bezeichnung 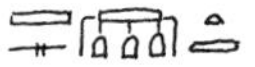 in der abgewandelten Form  [57] auf Ṣafṭ el-Ḥenna übertragen, nachdem dieser Ort zum Ausgangspunkt der Karawanen durch das Wâdi Tumilât zum Roten Meer avanciert war. Als letzte Stufe der von Gardiner aufgezeigten Entwicklung wurde Sopdu als Lokalgott von Ṣafṭ el-Ḥenna zum "Herrn des Šzmt-Land"[58]. Zur Beweisführung beruft sich Gardiner auf die Zeugnisse für den Gott auf der Sinai-Halbinsel sowie auf den Schesemet-Schmuck, der in der Tracht des Sopdu bildlich bezeugt ist[59].

Ich folge Gardiner hinsichtlich der von ihm vorgetragenen phonetischen Bedenken, die gegen die Lesung Gsm(t) sprechen, und hier insbesondere der Argumentation, daß ɣ mit nachfolgendem s für die Lesung Šs (später auch šz) spricht, zumal diese Hieroglyphe mit dem Lautwert g und nachfolgendem s am Wortanfang bislang nur für einen einzigen Ort (scil. Gsy, alt: Gs3 "Qûṣ") nachgewiesen ist.

Darüber hinaus gewinnt Gardiners These durch die Ausführungen Mallons[60] an Wert, der das griechische Γέσεμ auf die hebräische Etymologie "Region" bzw. "Stadt" zurückgeführt hat, so daß nunmehr Gardiners Lesung Šsm(t) der Vorzug zu geben ist.

Gegen eine Identifizierung von Ṣafṭ el-Ḥenna und seiner näheren Umgebung mit dem biblischen Land Gosen spricht die Tatsache, daß dieser Ort zu weit im Fruchtland des Nildeltas gelegen ist. Die vagen Angaben über die Lage dieser Region, die uns die biblische Erzählung zur Hand gibt, lassen auf eine Lokalisierung irgendwo im Osten Ägyptens schließen. Die Interpretatoren des Alten Testamentes haben Gosen mit Heroonpolis-Pithom im Wâdi Tumilât verbunden. Falls es sich bei Ṣafṭ el-Ḥenna tatsächlich um das legendäre Gosen des Alten Testamentes handeln würde, hätte die Septuaginta sicherlich den griechischen Namen dieses Ortes, der *Pisaphthis oder *Pisôphthis gelautet haben dürfte, verwendet. Die griechische Bezeichnung von Ṣafṭ el-Ḥenna ist jedoch in keiner Inschrift bezeugt.

Andererseits vermag ich mich Gardiners Ansicht, in Šsmt die ursprüngliche Bezeichnung für die Sinai-

Halbinsel zu sehen, nicht anzuschließen. Das Šzmt-Mineral, bei dem es sich um eine besondere Malachitart handelt, hat auf dem Sinai keine so bedeutende Rolle gespielt, daß man eine Region nach ihm benannt hätte. In den Bergwerken des Sinais wurden hauptsächlich Kupfer und Türkis gewonnen.

Auch ist Gardiners Argumentation, Šzmt sei zu einem Zeitpunkt als neue Ortsbezeichnung auf Ṣafṭ el-Ḥenna übertragen worden, nachdem dieser Ort zum Ausgangspunkt der Karawanen durch das Wâdi Tumilât zur Sinai-Halbinsel geworden war, entgegenzuhalten, daß die dortigen Minenfelder seit dem Ende der XX. Dynastie[61] brachlagen und insofern seit jener Zeit für Ägypten von keiner Relevanz mehr waren.
Darüber hinaus besteht sachlich kein Grund zu der Annahme, daß die Ägypter eine neue Bezeichnung für Ṣafṭ el-Ḥenna erfunden haben sollten.

Nach Pyr. 456b soll das Schesemet-Land (dort  Šzmt geschrieben) ein Land der Wohlgerüche sein. Diese Charakterisierung trifft aber wohl kaum auf die Sinai-Halbinsel zu. Als Land wohlriechender Essenzen gilt in erster Linie das Weihrauchland Punt, das im Südosten von Ägypten gelegen war.

Es gilt nun zu bedenken, ob das Šzmt-Land, das die Nomoslisten der griechisch-römischen Zeit mit  Šsmt (mit Fremdland-Determinativ !) wiedergeben, in der Ostwüste, unweit von Punt, zu lokalisieren ist, so daß man noch im Šzmt-Land die Wohlgerüche des Weihrauchlandes Punt wahrnehmen konnte. Dieses wäre ein möglicher Interpretationsversuch der oben angeführten Pyramidentextstelle.

Die Glaubwürdigkeit dieser Mutmaßung wird erhöht durch Lucas'[62] Darlegungen in seiner Untersuchung der Metalle und Mineralien des Alten Ägypten. Danach sollen Malachitvorkommen, wozu auch das šzmt-Mineral gehört, auf der Sinai-Halbinsel und in der Ostwüste bis in den Sudan existiert haben.
In der Ostwüste ist jedoch auch das Wâdi Gasûs gelegen. In dieser Region erscheint Sopdu auf einer Stele aus der Regierungszeit Sesostris' II.[63] erstmals als "Herr des Ostens" und führt darüber hinaus den Titel "Herr des Šzmt-Landes". Falls das bereits in den Pyramidentexten erwähnte Šzmt-Land, benannt nach dem in der Ostwüste abgebauten šzmt-Mineral, tatsächlich auch dort, genauer gesagt in der näheren Umgebung des Wâdi Gasûs, gelegen war, dann ließe sich auch das Auftreten des Sopdu als "Herr des Šzmt-Landes" an der Küste des Roten Meeres erklären. Bedauerlicherweise bezeugt kein anderes Denkmal Sopdu mit diesem Epitheton, obgleich bereits die Pyramidentexte die enge Bindung des Gottes an das Šzmt-Land zum Ausdruck bringen. In dem betreffenden Ritualspruch wird Sopdu zwar nicht namentlich genannt, doch deuten die dabei erwähnten ksbt-Wälder eindeutig auf ihn hin.
Die genaue Lokalisierung des Šzmt-Landes muß jedoch auch weiterhin in Frage gestellt werden. Es ist nur gewiß, daß es im Osten von Ägypten gelegen war, vermutlich sogar im Südosten von Ṣafṭ el-Ḥenna. Demgegenüber erscheint Gardiners Identifikation mit der Sinai-Halbinsel eher unwahrscheinlich.

Die Erinnerung an die alten Beziehungen des Sopdu zum Šzmt-Land, die in Pyr. 456b und auf der Wâdi Gasûs-Stele anklingen, mag die Priester der Spätzeit bewogen haben, Šzmt als spielerische Umschreibung auf Pr-Spdw, den Hauptkultort des Gottes Sopdu, zu übertragen.

Es bleibt noch die Frage zu erörtern, welches Territorium der XX. unterägyptische Gau umfaßt hat und welche vormaligen Gauabschnitte in ihm aufgegangen sind.
Um diese Frage zu beantworten, müssen wir die Ostdeltaeinteilung der ältesten Zeit betrachten. Eine ungefähre Vorstellung von der Gliederung der Deltagaue im Alten Reich vermitteln die Domänenaufzüge aus jener Zeit. Dort erscheinen diverse Ostbezeichnungen, die sich möglicherweise von nur einem ehemaligen großen Ostgau herleiten[64]. Dieser Ostgau des frühen Alten Reiches, der jedoch noch nicht als erwiesen gelten kann, umfaßte vermutlich den gesamten östlichen Deltarand einschließlich Heliopolis[65], zumindest aber das Gebiet 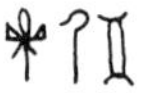 ḥq3 ᶜnḏw j3bt "Heliopolis, Ost". Diese Region findet sich bereits auf einem Alabasteraltar des Königs Niuserreᶜ aus der V.Dynastie[66] genannt und war ein eigenständiger Unterbezirk des Gaues von Heliopolis. Eventuell umfaßte diese Region den größten Teil des späteren Gaues von Bubastis[67] und erstreckte sich vielleicht noch auf einen Teil des nachmaligen XX. unterägyptischen Gaues.

Neben dem XIII. unterägyptischen Gau und der Region "Heliopolis, Ost" treten in den Güterprozessionen des Alten Reiches die Verwaltungseinheiten j3bt "Osten", j3bt ḫntjt "Vorderer Osten" (seit der V. Dynastie ḫntj j3bt "Front des Ostens"[68]) und j3bt pḥwjt "Hinterer Osten" auf. Von all diesen Ostbezeichnungen erscheint seit dem Mittleren Reich nur noch der Gau "Front des Ostens", der spätere XIV. Gau, in den Nomoslisten.

Es würde über den Rahmen dieser Untersuchung hinausgehen, die verschiedenen Ergebnisse der Abhandlungen, die in den vergangenen Jahrzehnten zu den diversen Deltagauen erschienen sind, in allen Einzelheiten darzulegen und dabei insbesondere die Frage zu erörtern, ob der Gau "Osten" nur eine andere Bezeichnung für "Vorderer Osten"[69] darstellt oder ob es tatsächlich drei Ostgaue während des Alten Reiches gegeben hat. An dieser Stelle soll es genügen, Bietaks[70] Lokalisierungsversuch der östlichen Deltagaue vorzustellen. Entgegen Fischer[71] geht Bietak von drei Ostgauen aus. Er möchte den "Osten" und "Vorderen Osten" östlich des Pelusischen Nilarmes lokalisieren, während der "Hintere Osten" nach seinen Erkenntnissen zwischen dem Tanitischen und dem Pelusischen Nilarm gelegen war. Bietak schließt jedoch Helcks[72] Vermutung, daß der "Hintere Osten" die ursprüngliche Bezeichnung des Territoriums war, das seit der V. Dynastie als "Front des Ostens" galt, ebenso wie die Lokalisierung des Gaues "Osten" westlich des Pelusischen Nilarmes nicht aus.

Wie sich nun auch die Gauverteilung im Ostdelta im einzelnen dargeboten haben mag, so kann man doch aus den bisherigen Forschungsergebnissen schließen, daß der XX. unterägyptische Gau aus dem vormaligen Gau "Osten"[73] hervorgegangen ist und eventuell noch einen, wenn auch nur kleinen Teil des VIII. unterägyptischen Gaues umfaßt hat, der seinerseits erst seit dem Mittleren Reich existierte.

Nach diesen Ausführungen möchte ich die Entstehung des XX. unterägyptischen Gaues wie folgt darstellen: Im Alten Reich existierte der Bezirk "Heliopolis, Ost", der in der mittleren und späten V. Dynastie bezeugt ist und zum XIII. unterägyptischen Gau gehörte[74]. An "Heliopolis, Ost" grenzte der Gau "Osten" an. Der letztgenannte Gau erscheint bereits in der Güterliste des Nj-k3w-R^{c}[75] aus der zweiten Hälfte der IV. Dynastie (Chephren) neben dem "Hinteren Osten" und ist möglicherweise noch vor dem Bezirk "Heliopolis, Ost" gegründet worden. Seit dem Mittleren Reich trug der "Osten" die Bezeichnung "Front des Ostens".

Es gibt nun Parallelfälle, wo der Name eines Gaues zugleich als Stadt- bzw. Landbezeichnung dient. Dieses trifft beispielsweise auf den I. oberägyptischen Gau zu, dessen Name T3-stj zugleich mit dem daran angrenzenden Nubien identisch ist.

Ich möchte nunmehr die These aufstellen, daß mit der Errichtung des Gaues "Osten" bzw. des Bezirkes "Heliopolis, Ost", die Gründung einer Stadt J3bt "die Östliche" einherging, denn es ist mehr als wahrscheinlich, daß j3bt nicht nur eine allgemeine geographische Bezeichnung darstellte, sondern zugleich als eine charakteristische Eigenschaft empfunden und als solche auf einen im Osten gelegenen Ort übertragen wurde. Den Ort J3bt möchte ich an der Stätte des späteren Pr-Spdw oder in dessen näherer Umgebung lokalisieren.

Zur Zeit des Mittleren Reiches bestand in J3bt noch kein Sopdu-Kult. Erst als Sopdu zum Herrn des Ostens geworden war, erfolgte der Transfer des Sopdu-Kultes nach J3bt. Als "Herr des Ostens" tritt Sopdu erstmals unter Sesostris II. in Erscheinung[76], in dessen Regierungszeit auch die ersten Sinai-Belege für Sopdu datieren[77]. Demnach galt es, Sopdu einen neuen Kultort im Osten (scil. J3bt) zuzuweisen, nachdem der Gott gewissermaßen vom "Herrn der Fremdländer" zum "Herrn des Ostens" avanciert war. Von J3bt aus erreichte Sopdu die Küste des Roten Meeres (scil. Wâdi Gasûs) und die Sinai-Halbinsel.

In den el-Lahûn-Papyri aus der XII./XIII. Dynastie findet sich mehrfach der Hinweis auf eine Frau aus gs j3bj[78], das möglicherweise auch gs j3b(t)j zu lesen ist. Damit könnte der Ort J3bt gemeint sein, da gs oftmals nur ein Zusatzelement ohne größere Bedeutung darstellt. Vielleicht ist hier tatsächlich nur ganz allgemein "Ostseite" gemeint, doch deutet das Stadt-Determinativ in gs j3b(t)j auf einen Ortsnamen hin. Somit kann durchaus der Fall gegeben sein, daß ein Priester des Sopdu, der in el-Lahûn seinen Dienst versah, seinem Gott zuliebe eine Frau aus dem Kultort des Sopdu heiratete. Der Name des Kultortes taucht in den el-Lahûn-Papyri als gs j3b(t)j auf.

Der Ortsname Pr-Spdw findet sich erstmals in der Libyerzeit bezeugt. In diesem Zusammenhang sei darauf hingewiesen, daß die Konstruktion Pr + Gottesname ein Merkmal spätzeitlicher Ortsnamen ist. Da in jener Zeit aber keine Städteneugründungen erfolgt sind, muß davon ausgegangen werden, daß Pr-Spdw unter einer anderen Bezeichnung, vielleicht in der Form Pr-Spdw + geographischer Zusatz, bereits vor der Libyerzeit existiert hat.

Nun finden sich in den altägyptischen Quellen unzählige Ortsnamen in der Zusammensetzung Pr + Gottesname + Ortsname/Gegenstand. Aus der Menge der überkommenen Belege seien folgende Beispiele herausgegriffen:

- Pr-Ḥwt-Ḥr nbt mfk3t
  "Haus/Tempel der Hathor, Herrin des Türkis"[79]

- Pr-B3 nb Ḏdt
  "Haus/Tempel des Widders, Herrn von Mendes"[80]

- Pr-B3stt nbt ᶜnḫ-t3wj
  "Haus/Tempel der Bastet, Herrin von Memphis"[81]

- Pr-Mn(w) nb šᶜj
  "Haus/Tempel des Min, Herrn des Sandes"[82]

In den Tempelinschriften aus Edfu und Dendera kommt Sopdu an verschiedenen Belegstellen als "Herr von 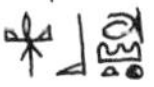 "[83] mit den Varianten  [84] und  [85] vor.

Da die Spätzeit ebenso wie die griechisch-römische Zeit auf alte Traditionen zurückgreift und diese neu belebt, vertrete ich die Ansicht, daß Pr-Spdw ursprünglich Pr-Spdw nb J3bt "Haus/Tempel des Sopdu, Herrn von (der Stadt) J3bt" lautete. Dieser Ortsname findet sich auf einem in Achmîm gefundenen Block in der Schreibung  [86] inschriftlich überliefert.

Theoretisch ist auch die Zusammensetzung *Pr-Spdw nb Šzmt möglich. Doch halte ich dieses eher für unwahrscheinlich, da ein solcher Ortsname in den ägyptischen Quellen nirgendwo nachzuweisen ist, während Pr-Spdw nb J3bt zumindest in einem Beleg überkommen ist. Daß Pr-Spdw nb J3bt tatsächlich der ursprüngliche Name von Ṣafṭ el-Henna gewesen ist, findet Bestätigung durch einen Ort  Pr-Ḥ3 nb jmntt "Haus/Tempel des Ha, Herrn des Westens"[87] im VII. unterägyptischen Gau. Leider ist auch dieser Ort erstmals in griechisch-römischer Zeit bezeugt.

Die Denkmäler der Libyerzeit, die Pr-Spdw erstmals bezeugen, erwähnen nur noch die Kurzform ohne den Zusatz nb J3bt. Dies trifft ebenfalls auf die griechisch-römischen Nomoslisten zu, in denen Pr-Spdw als Metropole des neugegründeten XX. unterägyptischen Gaues verzeichnet ist. Inwieweit das Gebiet des XX. unterägyptischen Gaues dem Herrschaftsgebiet der einstigen Fürsten von Pr-Spdw aus der Libyerzeit entsprochen hat, ist ungewiß. Vermutlich haben die libyschen Fürstentümer sogar die späteren griechischen Verwaltungseinheiten vorbereitet.

In der Verwaltungseinteilung der ptolemäischen und römischen Zeit entsprach das Gebiet des Sopdu-Gaues ungefähr dem Nomos "Arabia". Dieser Name taucht erstmals in dem Revenue Laws-Papyrus aus der Regierung Ptolemaios' II. Philadelphos auf[88]. Die griechischen Bezeichnungen der Gaue (Nomoi) sind meistens vom Namen des Hauptortes abgeleitet (Memphites, Busirites, Mendesios etc.). Dagegen scheint Arabia eine Übersetzung des ägyptischen j3bt(t) "Osten" zu sein. Sie hängt aber möglicherweise mit dem vollständigen Namen der Metropole, Pr-Spdw nb J3bt, zusammen. Das würde beweisen, daß zu dieser Zeit (3.Jhdt.v.Chr.) die Gauhauptstadt sich noch in Ṣafṭ el-Ḥenna befand. Die griechische Form des ägyptischen Namens Pr-Spdw, die *Pisaphthis oder *Pisôphthis gelautet haben dürfte, ist uns leider nicht überliefert.

Zur Zeit des alexandrinischen Geographen Ptolemaios[89] (um 140 n.Chr.) war die Metropole bereits nach Phakusa, heutiges Fâqûs, verlegt worden.

Bei Strabon[90] (64 v.Chr.-ca. 20 n.Chr.) findet sich der Hinweis, daß der Rote-Meer-Kanal bei Phakusa abzweigt. Hierbei handelt es sich jedoch um eine fehlerhafte Information, da bei Phakusa kein Wasserarm abgegabelt sein kann. Somit muß sich diese Angabe auf Ṣafṭ el-Ḥenna beziehen. Der Irrtum beruht offenbar auf der von Strabon benutzten Vorlage, die wohl nur davon sprach, daß der zum Roten Meer führende Kanal bei der Metropole des Gaues von Arabia abzweigte und sich auf Ṣafṭ el-Ḥenna bezog. Da die Vorlage aber nur wenig älter als Strabons Niederschrift gewesen sein kann, muß die Verlegung des Verwaltungsapparates nach Phakusa zwischen dem 1. vorchristlichen und der Mitte des 2. nachchristlichen Jahrhunderts erfolgt sein, denn in der römischen Kaiserzeit war Phakusa Hauptstadt des Gaues Arabia, wie bei Ptolemaios nachzulesen steht.

Mit dieser verwaltungstechnischen Veränderung geriet die ehemalige Metropole Ṣafṭ el-Ḥenna in Vergessenheit und lag als Kultort des Sopdu nunmehr brach.

XVI.2. Topographie des XX. unterägyptischen Gaues

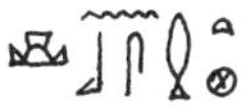 J3t-nbs "Stätte des Christusdornes" (nbs)[91]

In den Inschriften der beiden Naoi CG 70021 und Ismailia 2248 aus Ṣafṭ el-Ḥenna findet sich J3t-nbs mehrfach neben Ḥwt-nbs genannt[92]. Es handelt sich dabei um einen in der unmittelbaren Umgebung von Ṣafṭ el-Ḥenna gelegenen heiligen Bezirk mit dem See J3t-dswj "Stätte der beiden Messer"[93]. Dem Mythos vom Naos Ismailia 2248 zufolge war in J3t-nbs noch ein zweiter heiliger See gelegen, von dessen Namen jedoch nur noch das Ende ///  [94] erhalten ist. Vermutlich war diesem See die Bezeichnung [Šj]-nzrt "Flammensee" bzw. [J3t]-nzrt "Flammenstätte" gegeben.
In J3t-nbs war auch der Hain mit den heiligen nbs-Bäumen gelegen, die im XX. unterägyptischen Gau als heilig galten[95].

 J3t-dswj "Stätte der beiden Messer" (oder "Messerstätte")[96], Name des heiligen Sees von J3t-nbs

Wie der Mythos vom Naos aus el-ʿArîsch zu berichten weiß, verwandelte sich die Perücke des Reʿ bei Berührung mit dem Wasser dieses Sees in ein Krokodil mit Falkenhaupt und Hörnerkrone[97]. Die Abbildung eines solchen Krokodils auf dem Naos von el-ʿArîsch läßt vermuten, daß an dem See J3t-dswj ein Krokodil-Kult bestand[98].
Montet[99] regt indes die Überlegung an, ob die beiden Messer, die der besgestaltige Sopdu auf dem Naos von Ṣafṭ el-Ḥenna in den Händen hält[100], nicht mit dem Namen dieses Sees in Verbindung stehen, und ob die Fische (scil. Meeräsche und rḏ3-Fisch), deren Verzehr

im XX. unterägyptischen Gau untersagt war, ausschließlich dem Krokodil als Nahrung dienten.

Eine andere und meines Erachtens auch glaubhaftere Erklärung für das Fischtabu im XX. unterägyptischen Gau sehe ich indessen in dem Auftreten des Sopdu als "der große Gott, der an der Spitze von 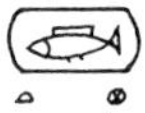 ist"[101]. Wie ich in Kapitel XV.2.5. der vorliegenden Untersuchung darzulegen versucht habe, stellt Jnw(?) einen zeitweiligen Unterbezirk des XIII. unterägyptischen Gaues dar, der in den griechisch-römischen Tempellisten als der XXI. unterägyptische Gau geführt wird und in der Gegend von Ḥelwân zu lokalisieren ist. Am Eingang des Wâdi Ḥûf, südlich von Ḥelwân gelegen, fand sich ein ausgedehnter Fischfriedhof. Da der Gott Sopdu in Jnw(?) verehrt wurde und dort allem Anschein nach verschiedene Fischarten als geheiligt galten, wurde konsequenterweise für den XX. unterägyptischen Gau ebenfalls ein Fischtabu für die Meeräsche und den rḏ3-Fisch erlassen. Ob gerade diese beiden Fischarten in Jnw(?) verehrt wurden, muß unbeantwortet bleiben, da unter den bestatteten Fischen nur die Mormyriden sicher bestimmt werden konnten, während die Identifikation weiterer Arten bisher noch aussteht[102].

Der heilige See von J3t-nbs führt auf dem Naos von el-ᶜArîsch die Attribute šj nṯrj "der göttliche See"[103] und šj wr "der große See"[104].

 Jmn-ḫprw "Verborgenen Wesens"[105], Name des Sanktuars des Ortstempels von Ṣafṭ el-Ḥenna

Der vollständige Name lautete offenbar Jmn-ḫprw-nb-m3ᶜt-ḫrw "Verborgenen Wesens (ist) der Herr der Rechtfertigung"[106]. Gauthier[107] erkennt in Jmn-ḫprw den Namen des Serapeums des XX. unterägyptischen Gaues, wo das dreiecksförmige Kultsymbol des Sopdu verehrt worden sein soll. Ein derartiger Kultgegenstand hat jedoch niemals existiert.

 Jny[108]

Bezeichnung des Kanals, der bei Bubastis vom Pelusischen Nilarm abzweigte und den XX. unterägyptischen Gau bis zum Wâdi Tumilât durchfloß. Nach Gauthier[109] war Jny zugleich auch der Name des Hafens, wo die heilige Barke des Sopdu-Gaues gelegen war.

 (T3) jḥt p3 [...](?) "(die) Kuh[...]"(?)

Nach Daressy[110] soll dieser Ort am Ufer des Kanals Baḥr el-Baqar gelegen haben. Dieser Kanal speiste den See von Scherig und führte ungefähr von Ṣafṭ el-Ḥenna bis zu den Manzala-Seen. Bietak[111] mutmaßt, in dem Baḥr el-Baqar den pḥw des XX. unterägyptischen Gaues wiedererkennen zu müssen, der bis in die Ptolemäerzeit - wie der Kanal von Heliopolis - den Namen  Jtj trug (cf. die nachfolgende Bezeichnung).

 Jtj[112], Gewässer im XIII. und XX. unterägyptischen Gau

Die geographischen Listen des Edfu-Tempels[113] weisen Jtj als Fluß des XIII. unterägyptischen Gaues und als Sumpfgebiet (pḥw) des Sopdu-Gaues aus. Jtj bezeichnet einen Teil des Wasserlaufes "Wasser des Reʿ" (scil. Pelusischer Nilarm), der bei H̱rj-ʿḥ3 vom Nil abgabelte, Heliopolis streifte und südlich von Tell el-Yahudiya in den Pelusischen Nilarm mündete. Da in der

Karnak-Inschrift des Merenptah[114] ein Jtj-Gewässer genannt ist, setzen Mallon[115] und Naville[116] Jtj mit dem Namen des Pelusischen Nilarmes von Heliopolis bis Bubastis gleich.

 ^{c}nw3t[117]

Bezeichnung einer Örtlichkeit mit zweifelhaftem Namen, die mutmaßlich im XX. unterägyptischen Gau gelegen war. Auf dem Naos von Ṣafṭ el-Ḥenna ist dieser Ort zwei Horusstandarten beigeschrieben[118].

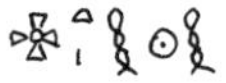 ^{c}ḫ(?)-nḥḥ "Feuerbecken(?) der Ewigkeit"[119]

Nach Montet[120] handelt es sich um einen zwischen Memphis und Ṣafṭ el-Ḥenna gelegenen Ort. Möglicherweise ist der Ortsname auch Wnt(?)-nḥḥ "Stunde(?) der Ewigkeit" zu lesen.

 Ww-Ḥrw "Bezirk des Horus"[121]

Bezeichnung des landwirtschaftlich genutzten Gebietes des XX. unterägyptischen Gaues.

 Wšr "das Trockene"

Diese unlokalisierte Örtlichkeit wird in den Inschriften des Naos von el-^{c}Arîsch aufgeführt[122]. Vermutlich handelt es sich bei Wšr um den unkultivierten Landstreifen im Osten des XX. unterägyptischen Gaues. Nach Griffith[123] dient dieser Begriff zur Bezeichnung der Wüste.

 Pr-j3rt "Haus der Perücke"[124]

Name des Tempels im heiligen Bezirk J3t-nbs, wo der Kasten mit der lebenden Uräusschlange verwahrt wurde. Der Tempel ist nach der Perücke des Re^{c} benannt[125].

 Pr-b3w(t) "Haus der Ba-Mächte"[126]

Name einer Stadt im Delta, die Daressy[127] mit dem Bezirk "Scheune der Weißen Mauer" identifiziert. Nach der Siegesinschrift des Pije[128] gehörte dieses Gebiet zum Herrschaftsgebiet des Fürsten von Pr-Spdw und war demnach innerhalb des XX. unterägyptischen Gaues gelegen oder grenzte zumindest an diesen an.

 Pr-njswt[129]

Daressy identifiziert Pr-njswt mit dem im XX. unterägyptischen Gau gelegenen Bezirk "Scheune des Re^{c}". Tatsächlich handelt es sich aber um die von Ramses II. bei Qantîr errichtete Ramsesstadt, die nur wenige Kilometer nordöstlich von Fâqûs gelegen war.

 M3^{c}t-ḫrw[130]

Name des Sanktuars des Ortstempels von Ṣafṭ el-Ḥenna. Statt M3^{c}t-ḫrw wird vielfach die Bezeichnung

verwendet. Vermutlich muß dieser Name mit dem oben genannten Jmn-ḫprw zu Jmn-ḫprw-(nb-)m3^{c}t-ḫrw zusammengezogen werden, das den vollständigen Namen des Sanktuars wiedergibt.

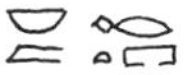 Nb m ^{c}3jt "der Herr ist im Heiligtum"

Nach Edfou I, 335 war das der Ort, an dem Schu in seinem Namen des Schu-Sopdu ruhte.

 (P3) rwḏ n p3 rʿ "(der) Uferbezirk der Sonne"

Dieser Name bezeichnet die östliche Deltagrenze. Ein selten bezeugtes Synonym stellt P3 rwḏ j3btt "der Uferbezirk des Ostens" dar. Daressy[131] begrenzt diesen Bereich auf die nähere Umgebung von Ṣafṭ el-Ḥenna und identifiziert es mit dem biblischen Land Gosen. Dagegen weitet Gardiner[132] das Gebiet auf die gesamte Ostdeltagrenze aus, und zwar auf den kultivierten Landstreifen, der zwischen dem Pelusischen Nilarm und der Arabischen Wüste gelegen ist.

 Ḥb(t)[133]

Name eines Ortes im Ostdelta, der auf dem Naos von el-ʿArîsch neben J3t-nbs genannt ist und vermutlich im XX. unterägyptischen Gau gelegen war. Griffith[134] führt in seiner Publikation neben Ḥb(t) noch den Ortsnamen 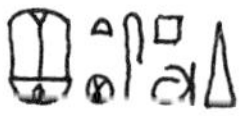 Ḥbt-Spdw auf, der wahrscheinlich, falls die Wiedergabe bei Griffith richtig ist, mit Ḥb(t) identisch ist.

 (T3) Ḥwt p3 ʿjn(y) "(das) Haus des Felsens"

Name eines Ortes (vielleicht auch der eines Felsens), der nach Daressy[135] im Sopdu-Gau gelegen war, da dessen Kanal den Namen  trägt. Falls es sich um einen Ort handelt, möchte Daressy[136] diesen an anderer Stelle in der Umgebung von Sân el-Hagar lokalisieren. In diesem Fall könnte der Ort dann aber nicht im XX. unterägyptischen Gau gelegen haben.

 Ḥwt m3^{c}t-ḫrw "Haus der Rechtfertigung"[137]

Name des Sanktuars im Ortstempel von Ṣafṭ el-Ḥenna (cf. M3^{c}t-ḫrw).

 Ḥwt-nbs "Haus des Christusdornes"[138]

Heiliger Bezirk, der in der Nähe von Pr-Spdw gelegen und durch eine Allee mit dem benachbart gelegenen Bezirk J3t-nbs verbunden war[139]. Wie dieser, so besaß auch Ḥwt-nbs einen heiligen See, der im Norden des Areals gelegen war[140].
Nach den Ausführungen von Gauthier ergibt sich der Anschein, als ob die beiden Bezirke J3t-nbs und Ḥwt-nbs identisch seien. Es handelt sich jedoch um zwei zu differenzierende Heiligtümer, die sich in unmittelbarer Nachbarschaft zu Pr-Spdw befanden. Ḥwt-nbs konnte sogar den Ort Pr-Spdw selbst bezeichnen[141].

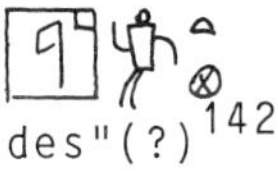 Ḥwt-nṯr ẖrd/jmt(?) "Gottestempel des Kindes"(?)[142]

Nach der Nomosliste des Vespasian in Kom Ombo handelt es sich um eine bislang nicht identifizierte Örtlichkeit im XX. unterägyptischen Gau.

 Ḥwt q3t "das hohe Haus"[143]

Name eines Ortes im XX. unterägyptischen Gau.

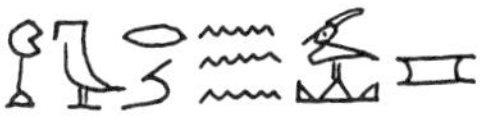 Ḫ(3)rm(3)[144]

Eventuell handelt es sich bei diesem Begriff um den Namen eines Kanals im XX. unterägyptischen Gau, der mit dem Ḫ(3)m3(w)[145] des VIII. unterägyptischen Gaues gleichzusetzen ist.

 P(3)ḫ3rtj(?)[146]

Ort, der vermutlich zwischen Memphis und Ṣafṭ el-Ḥenna gelegen war[147].

 (P3) sbtj p3 [...] nw ꜥ3 (?) "(die) Festung des [...]"(?)[148]

Befestigter Ort im Ostdelta, der nach Gauthier vermutlich dem Sopdu-Gau zuzuweisen ist.

 Sḫt-ḥnw "Feld der ḥn-Pflanzen"[149]

Name der Region von Ṣafṭ el-Ḥenna; eventuell handelt es sich bei T3-ḥnw[150] um ein Synonym zu Sḫt-ḥnw.

 St wrt "der große Sitz"[151]

Nach Gauthier[152] handelt es sich um den Namen des Sanktuars im Sopdu-Tempel von Ṣafṭ el-Ḥenna. Ich vermag mich dem nicht anzuschließen. Der Begriff st wrt taucht nur ein einziges Mal im Zusammenhang mit Sopdu auf, und zwar auf dem Naos Kairo CG 70021. Dort erscheint der Gott unter dem Epitheton "Sopdu, der auf dem großen Sitz ist". Offensichtlich ist damit der Thron gemeint, den Sopdu unter den Göttern innehat.

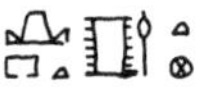 Šnwt jnb-ḥḏ "Scheune der Weißen Mauer"[153]

Zur Zeit der Invasion des Pije gehörte diese Region zum Herrschaftsgebiet des Fürsten P3-qrr von Pr-Spdw und wird in den XX. unterägyptischen Gau aufgegangen sein. Daressy[154] lokalisiert es in der Nähe von Fâqûs.

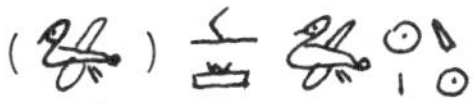 (P3) grg p3 R^{c} "(die) Ansiedlung des Re^{c}"

Wahrscheinlich war dieser Ort zwischen dem XIII. und XX. unterägyptischen Gau gelegen[155]. Die Bezeichnung Dmj p3 grg p3 R^{c} "Dorf der Ansiedlung des Re^{c}"[156] dürfte ein Synonym zu dem oben genannten Ortsnamen sein.

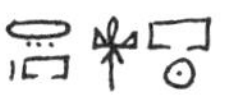 T3 j3b(t) "Ostland"[157]

Bezeichnung eines im Ostdelta gelegenen Ortes, der möglicherweise im XX. unterägyptischen Gau gelegen war.

Berichtigungen zu Gauthier, Dictionnaire des Noms Géographiques:

DG I, 17 : Gauthier zufolge soll der Ort J3bt nach einer Gauliste aus dem Hathor-Tempel von Dendera im XX. unterägyptischen Gau gelegen sein. Dieses gilt es insofern zu berichtigen, als es sich um eine Örtlichkeit des XX. oberägyptischen Gaues handelt, die in der Gauliste neben Šrj, das die landwirtschaftlich genutzte Region dieses Gaues bezeichnet, genannt ist[158].

DG II, 77 : Gauthier führt unter Hinweis auf Brugsch, DG 1380 einen Ort 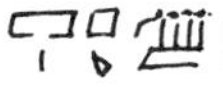 [...] Pr-p [...] auf, bei dem es sich um einen Namen des Sopdu-Gaues handeln soll. Brugsch selbst gibt den Gaunamen in der Schreibung  wieder. Die Lesung bei Gauthier ist aufgrund des šzp-Schriftzeichens sehr unwahrscheinlich.

DG III, 88: Gauthier benennt Nfr-jr-k3-R^{c} mrj b3w Jwnw als einen Ort (oder Tempel) aus der V. Dynastie, der im XX. unterägyptischen Gau zu lokalisieren sei. Mir erscheint diese Zuweisung jedoch mehr als fraglich, da der oben genannte Gau erst in der Ptolemäerzeit eingerichtet wurde.

Anmerkungen zu Kapitel XVI :

1 Edfou, Mam., 67
2 Dendara V, 31
3 Edfou IV, 38; V.26
4 Edfou I, 335
5 Edfou VI, 42
6 LD IV, 74d
7 Gauthier, DG I, 18
8 W.Spiegelberg, Der Sagenkreis des Königs Petubastis, in: Demotische Studien, Heft 3, Mailand 1978², 81 (557)
9 B.P.Grenfell, Revenue Laws of Ptolemy Philadelphus, Oxford 1896, 18 (col. 31,l.9)
10 Plinius, Naturalis historica V, 49
11 Edfou I, 335
12 Zu dem Titel ptḥ wny cf. meine Ausführungen auf den Seiten 202-203.
13 Ein großer Teil der auf dem Naos Kairo CG 70021 abgebildeten Götterstatuen sind aus dem Holz des nbs-Baumes gearbeitet. Cf. Naville, Saft el Henneh, t.5,2; 6,5
14 I.Gamer-Wallert, Fische und Fischkulte im Alten Ägypten (ÄA 21, 1970), 82 zum Fischtabu im XX. unterägyptischen Gau.
15 Brugsch, DG, 1393
Zur Göttin Chensit cf.die Seiten 243-245.
16 Naville, op.cit., t.5,1
17 Zu Pr-Spdw cf. Montet, Gêographie I, 206-207; J.Yoyotte, RA 46 (1952), 214 und id., RdE 15 (1963), 107-108; R.Caminos, JEA 50 (1964), 94
18 Dendara II, 131
Edfou IV, 38; V, 26
19 Edfou, Mam., 68
20 Mariette, Dend. IV, t.63
21 Dendara III, 17
22 Edfou VI, 42; cf. Edfou VII, 272
H.Junker, Der große Pylon des Tempels der Isis in Philä (DÖAW-Sb., 1965), 27 (Abb.13a), 31 (Abb.14a)
23 Naville, op.cit., t.3,1; cf. ibid., t.5,4 sowie t.8(D)
24 G.Daressy, ASAE 16 (1916), 227, 1.23, der in dieser Bezeichnung ohne Beweis die abgestuften Senkungen der Landenge von Suez erkennen möchte (cf. ibid., 240)
25 Id., Sphinx 14 (1910-11), 165 (pDemot.Kairo 31169, col. III, 8)

26 Edfou VI, 52; cf. Edfou III, 245
Daumas, Mammisis, 139
Gauthier, DG I, 18
27 Urk. III, 46 (115)
28 J.Yoyotte, Les Principautés du Delta au Temps de l'Anarchie Libyenne (MIFAO 66, 1961),133,n.1
Id., Kêmi 6 (1971), 40
F.Gomaà, Die libyschen Fürstentümer des Deltas (BTAVO 6, 1974), 101-102
29 Helck, Gaue, 198
30 Urk. III, 46 (115)
31 G.Foucart, RecTrav 20 (1898), 163-164
So auch J.Yoyotte, op.cit., 132, n.3; F.Gomaà, op.cit., 87-88; Gauthier, DG V, 141
A.P.Zivie, Hermopolis et le Nome de l'Ibis (BdE 66, 1975), 77(k) hat zu Recht die Übersetzung von J.H.Breasted, Ancient Records IV, 439 (§878, 1.3 "in the Granary of Re, of Per-Benebded"), zurückgewiesen.
Zur Lokalisierung des Bezirkes "Scheune des Re^{c}" cf. M.Bietak, Tell el-Dabʿa II (ÖAW 1, 1975), 121.
32 Urk. III, 74 (36)
33 W.Spiegelberg, op.cit., 63 (col. Q, 1.22)
34 R.Borger, Babylonisch-assyrische Lesestücke II (AnOr 54, 1979), 337 (col. I, 1.93 + 104)
35 Helck, Gaue, 198 und id., in: LÄ II, 408, n.264
36 A.H.Gardiner, JEA 5 (1918), 218-223
37 E.Naville, JEA 10 (1924), 26
Helck, Gaue, 198 und id., in: LÄ II, 401
38 Edfou VI, 42
Montet, Géographie I,207 übersetzt "Il t'apporte le nome de Soped ...". Das Stadt-Determinativ deutet jedoch darauf hin, daß hier die Stadt, nicht der Gau, gemeint ist.
39 Dümichen, Geogr.Inschriften III, t.XXV
40 Naville, Saft el Henneh, t.3,1; 5,4
41 Ibid., t.6,2
42 Ibid., t.6,3
43 So A.H.Gardiner, JEA 5 (1918), 219;cf. A.Mallon, Les Hébreux en Egypte, in: Orientalia 3, Rom 1921, 99
P.E.Newberry, Šsm.t, in: FS Griffith, London 1932, 322 bemerkt, daß  nicht für den zweikonsonantigen Lautwert mt steht, sondern den šzmt-Gürtel selbst bezeichnet.
44 Gardiner, Eg.Grammar, Sign-List V6 (šs, später auch šz)
45 Ibid., V33

46 So in 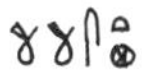 Gsy, alt:  Gs3 "Qûṣ" (Pyr. 308f; 312f); cf. Gardiner, AEO II, 27* Dieses ist der einzige belegte Ortsname, wo  und nachfolgendes  am Wortanfang stehen und den Lautwert gs wiedergeben.
47 Brugsch, DG, 427, 702, 876, 1348
Id., Geographische Inschriften I (1857), 129,140
Id., ZÄS 19 (1881), 15-18
48 F.Ll.Griffith, Goshen, in: Hasting's Dictionary, 232-233 und id., The Petrie Papyri. Hieratic Papyri from Kahun and Gurob, London 1898,2
49 Naville, Saft el Henneh, 14-20 und erneut in JEA 10 (1924), 26-32 als Entgegnung auf A.H.Gardiner, JEA 5 (1918), 218-223 und id., JEA 10 (1924), 94-95
50 So auch H.Brugsch, ZÄS 26 (1888), 56
51 Ptolemaios, Geographia IV.5, 53
52 A.H.Gardiner, JEA 5 (1918), 218-223
53 Ibid., 245, n.4
54 Naville, Saft el Henneh, 15
55 F.Ll.Griffith, op.cit., t.II,14
56 A.H.Gardiner, JEA 5 (1918), 219
57 Cf. die Analogie zur Schreibung des šzmt-Minerals  und  (Wb IV, 539.1-3).
58 A.Erman, ZÄS 20 (1882), 204-205
59 Borchardt, S'a3ḥu-re^c, Bl.5; A.Erman, op.cit.
60 A.Mallon, Les Hébreux en Égypte, in: Orientalia 3, Rom 1921, 101
61 Die letzten datierten Denkmäler gehören in die Regierungszeit Ramses' VI; cf. Inscr.Sinai I, t.LXIX (292); LXXII (293); LXXIII (291)
62 A.Lucas, Ancient Egyptian Materials and Industries, London 1962^4, 401
Cf. J.R.Harris, Lexicographical Studies in Ancient Egyptian Minerals (VIO 54, 1961), 132
63 A.Erman, ZÄS 20 (1882), 204-205
64 E.Otto/W.Helck, Kleines Wörterbuch der Ägyptologie, Wiesbaden 1956, 112; cf. P.E.Newberry, Šsm.t, in: FS Griffith, London 1932, 322
65 Cf. dagegen H.G.Fischer, JNES 18 (1959), 135-142
66 Borchardt, Ne-user-re^c, Bl.14
Zu dem Bezirk selbst cf. H.G.Fischer, op.cit., 129-135
67 Ibid., 133-134; Helck, Gaue, 183
68 Urk.I, 246
H.Jacquet-Gordon, Les Noms des Domaines Funéraires dans l'Ancien Empire Égyptien (BdE 34, 1962), 418 (5-6)
69 So H.G.Fischer, op.cit., 135-136
70 M.Bietak, Tell el-Dabʿa II (ÖAW 1, 1975), 158

71 H.G.Fischer, JNES 18 (1959), 134 (fig.2)
72 Helck, Gaue, 187
73 M.Bietak, op.cit., 170
74 H.G.Fischer, op.cit., 129-135
75 Urk.I, 17
76 A.Erman, ZÄS 20 (1882), 204-205
77 Inscr.Sinai I, t.XXII (80)
78 pKahun, t.IX,17(j3b(t)j). 28; XII,8; XIII,19.20
79 Gauthier, DG II, 118
80 Ibid., 74
81 Ibid., 75
82 Ibid., 84
83 Edfou V,52
84 Edfou III,245
85 Daumas, Mammisis, 139
86 G.Daressy, ASAE 16 (1916), 227,l.23
87 Gauthier, DG II, 109
88 B.P.Grenfell, Revenue Laws of Ptolemy Philadelphus, Oxford 1896, 18 (col. 31,l.9)
89 Ptolemaios, Geographia IV.5, 53
90 Strabon XVII, 26
91 Edfou I,335
Zu den verschiedenen Schreibungen von J3t-nbs cf. Gauthier, DG I, 27
92 G.Goyon, Kêmi 6 (1936), 8-17 (Ismailia 2248) Naville, Saft el Henneh, t.5,3; 6,6 (Kairo CG 70021); cf. meine Ausführungen auf den Seiten 160-184.
93 G.Goyon, op.cit., 12 (A35)
94 Ibid., 12 (A37)
95 A.Kamal, ASAE 12 (1912), 244
96 G.Goyon, op.cit., 12 (A35)
Griffith, Tell el-Yahûdîyeh, 72-73 übersetzt "the Place of the Whirlpool(?)".
97 G.Goyon, op.cit., 17-18 (C22-23)
98 Griffith, op.cit., t.XXIII,4
99 Montet, Géographie I, 210
100 Naville, op.cit., t.2,6; 3,3.4; 5,2.4
101 Edfou VI,52; VIII,88
102 I.Gamer-Wallert, Fische und Fischkulte im Alten Ägypten (ÄA 21, 1970), 82 zum Fischtabu im XX. unterägyptischen Gau.
103 G.Goyon, op.cit., 10 (A19)
104 Ibid., 17 (C20)
105 Edfou I,335; Naville, op.cit., t.2,3
Gauthier, DG I, 74 übersetzt Jmn-ḫprw mit "die Gestalt des Amun", korrigiert dieses aber auf Seite 216 zu "das Versteck der Gestalt".
106 Naville, op.cit., t.7,1
107 Gauthier, DG I, 74
108 Edfou I,335; IV,38

109 Gauthier, DG I, 80
110 G.Daressy, Sphinx 14 (1910-1911), 166 (pDemot.Kairo 31169, col.III,10)
111 M.Bietak, Tell el-Dab^{c}a II (ÖAW 1, 1975), 138
112 Zum Arm Jtj und den diversen Schreibungen cf. Gauthier, DG I, 113. Das hier genannte Jtj ist sicherlich mit dem bei Gauthier, DG I, 43 genannten  identisch, da die ptolemäischen Schreibungen mit  und  aus  verderbt sein dürften. Zur Lokalisierung des Gewässers cf. M.Bietak, op.cit., 120 (Abb.23)
113 Edfou IV, 38; V,26
114 M.Müller, Egyptological Researches I, Washington 1906, t.18
115 A.Mallon, Les Hêbreux en Égypte, in: Orientalia 3, Rom 1921, 103-104
116 Naville, JEA 10 (1924), 31
117 Gauthier, DG I, 146
118 Naville, Saft el Henneh, t.6,5
119 G.Goyon, Kêmi 6 (1936), 14 (C5)
120 Montet, Gêographie I, 211
121 Edfou I,335; IV,38; V,26
Zu den verschiedenen Schreibungen cf. Gauthier, DG I, 192
122 G.Goyon, op.cit., 11, 15 (A25, C11)
Gauthier, DG I, 208
123 Griffith, Tell el-Yahûdîyeh, 72, n.8
124 G.Goyon, op.cit., 8 (A6)
125 Ibid., 17 (C20)
126 Gauthier, DG II, 73-74
127 G.Daressy, RecTrav 10 (1888), 142; id., ASAE 17 (1917), 127; cf. O.P.Scheil, RecTrav 15 (1893), 198 (4)
128 Urk.III, 46 (115)
129 G.Daressy, ASAE 17 (1917), 123-129
Gauthier, DG II, 98
130 S.Sauneron, Le Temple d'Esna II, Kairo 1963, 80, l.52 (Chnum-Hymnus)
131 G.Daressy, ASAE 11 (1911), 143; id., ASAE 20 (1920), 127; Gauthier, DG III, 134
132 A.H.Gardiner, JEA 5 (1918), 259
133 G.Goyon, op.cit., 13 (B3)
134 Griffith, op.cit., t.XXVI (2) (bei G.Goyon, op. cit., nicht genannt)
135 G.Daressy, Sphinx 14 (1910-11), 163 (pDemot.Kairo 31169, col.II, 23)
136 G.Daressy, ASAE 17 (1917), 125-126
137 Dendara II, 131
Gauthier, DG IV, 71 und ibid. III, 3

138 G.Goyon, Kêmi 6 (1936), 8-9; 12-13
Naville, Saft el Henneh, t.4,6; 5,3
Edfou I, 335
Cf. Montet, Géographie I, 210-211; zu den verschiedenen Schreibweisen cf. Gauthier, DG IV, 80-81
139 G.Goyon, op.cit., 9 (A15-16). Cf. die Skizze auf Seite 183
140 Ibid., 9 (A15)
141 G.Daressy, ASAE 20 (1920), 124, 125, 127
142 Gauthier, DG IV, 104
143 R.A.Parker/J.Leclant/J.C.Goyon, The Edifice of Taharqa by the Sacred Lake of Karnak, London 1979, t.26; cf. Dümichen, Geogr.Inschr. III, t.LI (= PM VI, 99 (66-71))
144 E.Drioton, Rapports sur les Fouilles de Médamoud (1925) (FIFAO 3, 1926), 109
Gauthier, DG IV, 152
145 Ibid., 152
146 G.Goyon, op.cit., 14 (C6)
147 Ibid., 31 n.4
Montet, Géographie I, 211
Gauthier, DG IV, 154 und ibid. II, 148
148 G.Daressy, Sphinx 14 (1910-11), 165 (pDemot. Kairo 31169, col. III,3); Gauthier, DG V, 23
149 G.Goyon, op.cit., 16 (C16)
150 Ibid., 18 (C25)
Gauthier, DG V, 56 und ibid. VI, 28
151 Naville, Saft el Henneh, t.2,5
152 Gauthier, DG V, 73
153 Urk.III, 46 (115)
154 G.Daressy, ASAE 17 (1917), 127; cf. id., RecTrav 10 (1888), 142
155 Id., ASAE 11 (1911), 144; cf. id., RecTrav 18 (1896), 52-53
Gauthier, DG V, 218
156 Gauthier, DG V, 93
157 G.Daressy, Sphinx 14 (1910-11), 164 (pDemot. Kairo 31169, col. III,2); cf. W.Spiegelberg, Die Demotischen Papyrus II (CG), Straßburg 1908, 272 (col. 3,2), der T3-pr-^{c}nḫ liest.
158 Dümichen, Geogr.Inschr. III, t.XCVIII

XVII. ÜBERSICHT ÜBER DIE EPITHETA DES GOTTES SOPDU[1)]

Beiname	Übersetzung	PT	AR	CT	MR	NR	SpZt	griech.-römisch
jw^{c}w ḫ3stjw	Erbe der Barbaren							1
jr ^{c}ḏt m znṯw	der ein Gemetzel unter den Feinden anrichtet							1
jtj	Fürst						1	1
* [^{c}3] pḥ.tj [m] Ḥwt-nbs	[groß an] Kraft [in] Ḥwt-nbs							1
wr j3btt	Großer des Ostens							1
wsr m Snmt	der in Snmt(=Bigga) mächtig ist							1
b3 j3btt	Macht des Ostens						1	2
b3 n R^{c}	Macht des Re^{c}					1		1
b3 Ḥrw j3btt	Macht des Horus des Ostens							1
bjk n nbw	Falke des Goldes							1
Bḥdtj	der von Bḥdt(=Edfu)							1
ptpt Mnṯ(j)w	der die Asiaten (Mnṯ(j)w) niedertritt							2

1.) Die Belege sind zahlenmäßig erfaßt. * dient zur Kennzeichnung erschlossener Epitheta; ** macht die am häufigsten bezeugten Epitheta des Sopdu kenntlich.

Beiname	Übersetzung	PT	AR	CT	MR	NR	SpZt	griech.-römisch
m j3btt	der im Osten ist			1		1		
** nb j3btt	Herr des Ostens				X	X	X	X
nb j3btt m J3ty	Herr des Ostens in J3ty							1
nb j3btt ḥrj-jb Ḥwt-nbs	Herr des Ostens, der in Ḥwt-nbs befindlich ist						1	
nb j3btt ḫntj Jw-nšnt(?)	Herr des Ostens, der an der Spitze von Jw-nšnt(?) ist							1
nb J3ty-Spdw	Herr von J3ty-Spdw					1		
nb jmntt	Herr des Westens					1		
nb B3ẖw	Herr des Ostlandes (=B3ẖw)						1	
** nb Pr-Spdw	Herr von Pr-Spdw (= Ṣafṭ el-Ḥenna)							X
nb pt	Herr des Himmels					1	1	
nb m3^{c}-ḫrw	Herr des Triumphes							1
nb m M3^{c}t-ḫrw m Pr-Spdw	Herr in M3^{c}t-ḫrw in Pr-Spdw							1
nb ntj(w) jw.w ḫntj t3 dmḏjt ḫrw	Herr derer, die an der Spitze des Versammlungstages sind						1	

Beiname	Übersetzung	PT	AR	CT	MR	NR	SpZt	griech.-römisch
nb Ḥwt-ḫbst(?)	Herr von Ḥwt-ḫbst(?)							1
nb ḥrw ᶜš3 snḏ	Herr der Gesichter, reich an Furchtbarkeit						1	
nb ḫ3st Hmt(?)	Herr der Wüste Hmt(?)						1	
** nb ḫ3swt	Herr der Fremdländer		X		X	X		
nb ḫ3stj j3btt	Herr der beiden Wüsten des Ostens						1	
nb zmjt	Herr der Wüste					1		
nb Sṯt	Herr von Asien						1	
nb šᶜjt m Ḥwt-nbs	Herr des Gemetzels in Ḥwt-nbs							1
nb T3-wr	Herr von T3-wr (= Abydos)				1			
nb t3-Šzmt	Herr des Šzmt-Landes				1			
nfr	der Gute					1	1	
nfr b3w	der Gute der Mächte (?)				1			
nfr Pwnt	der Gute von Punt						1	
** nṯr ᶜ3	der große Gott						X	X

Beiname	Übersetzung	PT	AR	CT	MR	NR	SpZt	griech.-römisch
nṯr ^{c}3 j3btt	der große Gott des Ostens					1		
nṯr ^{c}3 ḥrj-jb Jw̄nt	der große Gott, der in Jwnt (=Dendera) befindlich ist							1
nṯr ^{c}3 ḥrj-jb Pr̄-Spdw	der große Gott, der in Pr-Spdw befindlich ist							1
nṯr ^{c}3 ḥrj-jb Hbt	der große Gott, der in Hbt (=Hibis) befindlich ist						1	
nṯr ^{c}3 ḥrj-jb Ḥw̄t-nbs	der große Gott, der in Ḥwt-nbs befindlich ist						1	
nṯr ^{c}3 ḥrj-jb ḫ3̄swt	der große Gott, der in den Fremdländern befindlich ist					1		
nṯr ^{c}3 ḫntj Jnw(?)	der große Gott, der an der Spitze von Jnw(?) ist							1
nṯr ^{c}3 ḫntj Wṯzt-Ḥr̄w	der große Gott, der an der Spitze von Wṯzt-Ḥrw (=Edfū) ist							1

	Beiname	Übersetzung	PT	AR	CT	MR	NR	SpZt	griech.-römisch
	nṯr ^{c}3 ḫntj Ḥwt-nb̄s	der große Gott, der an der Spitze von Ḥwt-nbs ist						1	
	r trw(?).f	bei seinen <spitzen> Hörnern			1				
**	ḥwj Mnṯ(j)w	der die Mnṯ(j)w schlägt						X	X
**	ḥwj ḫ3swt	der die Fremdländer schlägt							X
	ḥwj Sṯt	der Asien schlägt							1
	ḥn mswt nḥpw	der die Geburt des Morgens schützt							1
	Ḥrw 3ḫtj	der horizontische Horus						2	
**	Ḥrw j3btt	Horus des Ostens						X	X
	Ḥrw j3btt m Wṯzt-Ḥrw	Horus des Ostens in Edfu							1
	Ḥrw ḥwj ḫ3swt wsr pḥ.tj	Horus, der die Fremdländer siegreich schlägt							1
	Ḥrw ḫntj Pr-Spdw	Horus, der an der Spitze von Pr-Spdw ist							1

Beiname	Übersetzung	PT	AR	CT	MR	NR	SpZt	griech.-römisch
*Ḥrw [ḫntj] Zm3-Bḥdt	Horus, [der an der Spitze ist von] Zm3-Bḥdt (= Metropole des XVII.uä. Gaues)						1	
Ḥrw ṯm3-ᶜ	Horus mit kräftigem Arm						1	1
ḥrj st wr	der auf dem großen Sitz ist						1	
ḥrj-tp rwtjw(?)	der Oberste der Fremden(?)							1
ḥrj-tp ḫ3swt	der Oberste der Fremdländer				1			
ḥq3 psḏt	Herrscher der Neunheit						1	
ḫ3sty j3bty	der von den beiden östlichen Fremdländern						1	
ḫpr ḏs.f	der von selbst entstanden ist						1	
ḫntj Pr-Spdw	der an der Spitze von Pr-Spdw ist							1
ḫntj Ḥwt-bjk	der an der Spitze von Ḥwt-bjk (= Edfu ?) ist							1
ḫsf n ḫftjw nw nb r̆-ḏr	der die Feinde des Herrn des Universums straft					1		

Beiname	Übersetzung	PT	AR	CT	MR	NR	SpZt	griech.-römisch
ẖrj ksbt.f	der unter seinem ksbt-Baum ist	1		1				
z3 Jst	Sohn der Isis							1
z3 Wsjr ḫʿj m njswt ḥr nst jt.f	Sohn des Osiris, der als König auf dem Thron seines Vaters erscheint							1
z3 Wnwt(?)	Sohn der Uräusschlange(?)						1	
(Jnpw-Spdw) z3 Nbt-ḥwt	(Anubis-Sopdu) Sohn der Nephthys					1		
(Jnpw-Spdw) z3 Rʿ	(Anubis-Sopdu) Sohn des Reʿ					1		
(Spdw-Šw) z3 Rʿ	(Sopdu-Schu) Sohn des Reʿ						1	
z3 Ḥrw j3btt	Sohn des Horus des Ostens						1	
z3wtj nw ḫ3swt j3bwt	Hüter der östlichen Fremdländer							1
s3b-šwt	der Buntgefiederte							1
spd jbḥw	spitz an Zähnen	1		1	2			
spd wr	der große Scharfe	1						
spd wr ḫntj Ḥwt-nbs	der große Scharfe, der an der Spitze von Ḥwt-nbs ist							1

Beiname	Übersetzung	PT	AR	CT	MR	NR	SpZt	griech.-römisch
sm3 ḫ3stjw m Wṯzt-Ḥrw	der die Barbaren in Edfu tötet							1
sm3 ḫ3stjw ḫntj Ḥwt-q̄n	der die Barbaren vor Ḥwt-qn (=Edfu) tötet							1
smsrw	Smsrw				1	2	1	
**smsw	der Älteste						X	X
smsw nṯrw	der Älteste der Götter				1			
smsw Sṯt ḫm^{c}.f ḫnskwt Mnṯ(j)w m Sṯt	der Älteste Asiens, der die Haarschöpfe der Mnṯ(j)w in Asien ergreift					1		
smsw Sṯt ḫntj Pr-Spdw	der Älteste Asiens, der an der Spitze von Pr-Spdw ist							1
sr Ḥwt-nbs	der Fürst von Ḥwt-nbs						1	
sḫr sbjw m snḏ.f	der die Rebellen durch seine Furcht(-barkeit) niederwirft							1
sḫm	der Mächtige							1
špsw b3 Jwnw	der Vornehme, die Macht von Jwnw (= Heliopolis)					1		

Beiname	Übersetzung	PT	AR	CT	MR	NR	SpZt	griech.-römisch
m3j nḫtw ḥwj k3	der starke Löwe, der den Stier schlägt							1
q3j-^{c}	der (mit) erhobenem Arm							1
q3j-šw.tj	mit hohen Federn					1		

Wie der vorstehenden Liste zu entnehmen ist, stammen die über 90 aufgeführten Epitheta des Gottes Sopdu vorwiegend aus der Spätzeit und der griechisch-römischen Epoche. Größtenteils sind sie der Nachwelt aus den Tempeln von Dendera, Edfu, Hibis und Philae überkommen. Die meisten dieser Belege sind dort nur ein einziges Mal bezeugt. Die Epitheta aus der späten Zeit spiegeln die verschiedenen Aspekte des Gottes wider und bergen wichtige kulttopographische Hinweise in sich.

In Edfu erscheint Sopdu infolge seiner engen Bindung an Horus unter dem Epitheton Bḥdtj[1], was ihm zugleich den Titel "der Buntgefiederte"[2] zuträgt. Die enge Verbundenheit mit Horus läßt sich bis in die älteste Zeit zurückverfolgen. Bereits in den Pyramidentexten nimmt Sopdu den zusätzlichen Namen "Horus" an und erscheint als Horus-Sopdu[3]. In späten Texten gilt Sopdu regelrecht als "Sohn des Horus des Ostens"[4]. Zugleich ist er aber auch der Sohn des Osiris und der Isis[5].

Epitheta, wie beispielsweise "Herr des Himmels"[6] oder "der die Geburt des Morgens schützt"[7], unterstreichen den solaren Aspekt des Gottes oder rücken ihn durch den Titel "der von selbst entstanden ist"[8] in die Position eines Urgottes. Als Zeichen seines solaren Aspektes trägt der Gott in Abbildungen, die ihn in Menschen- oder Falkengestalt zeigen, die Sonnenscheibe zwischen den beiden hohen Federn.
In die unmittelbare Nähe des Sonnengottes führen Sopdu die Titel "Sohn des Re^{c}"[9] und "Macht des Re^{c}"[10]. Auf dem Naos von Ṣafṭ el-Ḥenna bekämpft Sopdu dann auch die aus dem Osten herannahenden Feinde des Sonnengottes[11]. Darüber hinaus begleitet er diesen auf seiner nächtlichen Fahrt durch die Unterwelt[12].

Im Vergleich zu den Epitheta späterer Zeit entfällt nur ein relativ geringer Prozentsatz auf die früheren Epochen.

Die in den Pyamidentexten des Alten Reiches genannten Epitheta "spitz an Zähnen"[13], "der große Scharfe"[14] und "der unter seinem ksbt-Baum ist"[15] tauchen vereinzelt noch in den Sargtexten auf, fallen in späteren Zeiten aber der Vergessenheit anheim.

Stattdessen tritt Sopdu nunmehr als "Herr der Fremdländer" in Erscheinung. Als solcher ist er bereits auf einem Rollsiegel aus der Zeit des Mykerinos (IV. Dynastie) bezeugt, vorausgesetzt natürlich, daß Kaplonys Rekonstruktion zutreffend ist[16]. Auf einem Sandsteinobelisken Anjotefs V.[17] aus der XVII. Dynastie erscheint der Gott letztmalig unter dem Beinamen nb ḫ3swt; er erhält aber durch andere Titel seine Verbindung zu den Fremdländern aufrecht.

Seit dem Mittleren Reich führt Sopdu das Epitheton "Herr des Ostens"[18], das von nun an für den Gott allgemeine Gültigkeit hat und mit dem er bis in die Ptolemäerzeit und die römische Kaiserzeit bezeugt ist. Durch verschiedene geographische Zusätze kann dieser Titel zu "Herr des Ostens in J3ty"[19] und dergleichen erweitert werden. Zudem kommen Varianten wie "der große Gott im Osten"[20] vor.

Anmerkungen zu Kapitel XVII :

1 Edfou III, 247
2 Edfou VII, 162
3 Pyr. 330a+b; 632d; 1636b
4 N.de Garis Davies, The Temple of Hibis in el-Khârgeh Oasis (MMA 17, 1953), t.8
5 Dümichen, Geogr.Inschr. III, t.LI (PM VI, 99 (66-71); Champollion, Not.Descr. I, 666 (PM VI, 122 (3-4)
6 H.M.Stewart, Egyptian Stelae, Reliefs and Paintings from the Petrie Collection I, Warminster 1976, t.33 (3)
7 Edfou VII, 162
8 N.de Garis Davies, op.cit., t.3
9 Naville, Saft el Henneh, t.2,6
10 Ibid., t.8(D)
11 Ibid., t.1,1 (Hymnus)
12 E.Hornung, Das Buch von den Pforten des Jenseits (AH 7, 1979), 382; cf. Edfou III, t.LXXIII
13 Pyr. 201d
14 Pyr.1159a
15 Pyr. 480d; 994; 1476c
16 P.Kaplony, Die Rollsiegel des Alten Reichs IIB (MonAeg 3B, 1981), t.41-44 (31)
17 A.Mariette, Monuments divers recueillis en Égypte et en Nubie, Paris 1889, t.50a
18 A.Erman, ZÄS 20 (1882), 204-205
19 Urk. VI, 33 (pLouvre 3129; pBM 10252)
20 Inscr.Sinai I, t.LXVI (211)

XVIII. ZUSAMMENFASSUNG

Bereits auf Denkmälern der Frühzeit erscheint der Gott Sopdu in dem Bild des auf einem Podest hockenden Falken[1]. Die Pyramidentexte aus den Königsgräbern der V. Dynastie, in denen religiöses Gedankengut ältester Zeit Aufnahme gefunden hat, legen jedoch Zeugnis davon ab, daß dem Gott die Falkengestalt sekundär zugetragen worden ist.

Neben dem Epitheton "der unter seinem ksbt-Baum ist" führt Sopdu in den Pyramidentexten solche Beinamen, die seine enge Bindung an die spitzen Zähne zum Ausdruck bringen. Infolgedessen ist die Urgestalt des Gottes in der eines Raubtieres, möglicherweise in der eines Krokodiles oder der einer Raubkatze, zu suchen, dessen reißende Zähne von den Alten Ägyptern als bedrohliche Macht empfunden wurden. Diese charakteristische Eigenschaft, die dem Wesen des raubtiergestaltigen Gottes zugrunde lagen, trugen ihm den Namen "der Spitze, der Scharfe" zu.

Demnach ist Sopdu die Falkengestalt, wie bei so vielen anderen Raubtier- und Falkengottheiten auch, infolge Angleichung an den Himmels- und Königsgott Horus sekundär zugeflossen. Die Entwicklung von der Raubtier- zur Falkengottheit muß bereits in spätvorgeschichtlicher Zeit, spätestens aber in der I. Dynastie, ihren Abschluß gefunden haben, da uns Sopdu bereits in einem theophoren Personennamen auf einer Kristallschale aus der Zeit des Semerchet[2] in der Falkengestalt entgegentritt. Horus hat die Urgestalt des Sopdu derart überlagert, daß dieser sich die Falkengestalt gänzlich zu eigen machte und seit Beginn der geschichtlichen Zeit auf den Denkmälern nur noch in Falkengestalt bezeugt ist.

Ausgehend von der Urgestalt eines Raubtieres liegt Sopdu bereits ein wilder und kämpferischer Wesenszug zugrunde. Nachdem er bereits frühzeitig die Falkengestalt des Horus übernommen hat, machen sich die Alten Ägypter die kämpferische Natur des Sopdu zu eigen und lassen ihn zum "Herrn der Fremdländer" werden. Denkmäler aus der Zeit des Mykerinos[3] bezeugen Sopdu erstmals mit diesem Beinamen. Damit hat der vormals raubtiergestaltige Sopdu die Entwicklung zum Kriegsgott vollzogen. Als solcher führt er im Totentempel des Sahure[c4] aus der V. Dynastie dem König gefesselte Feinde zu. In diesem Bildmotiv zeigt sich der Gott auf den Außenmauern der Tempel und Pylontürme bis in griechisch-römische Zeit[5].

Im Totentempel des Sahure[c] tritt der Gott erstmals in anthropomorpher Gestalt auf. Das asiatisch anmutende Erscheinungsbild und der Schesemet-Schmuck, den der Gott über seinem kurzen Schurz trägt und der mit der Sinai-Halbinsel in Verbindung gebracht wird, führte in der Ägyptologie zu der allgemein anerkannten Meinung, die Herkunft des Sopdu im semitischen Raum suchen zu müssen.

Dem ist nunmehr entgegenzuhalten, daß Sopdu auf den Denkmälern der V. Dynastie[6] nicht nur als Asiate, sondern zugleich auch als ägyptischer Gott bezeugt ist.
Falls Sopdu tatsächlich asiatischer Herkunft wäre, müßten sich auf den Denkmälern früherer Zeiten Hin-

weise irgendwelcher Art finden, die einen solchen Ansatz rechtfertigen würden. Selbst auf der Sinai-Halbinsel, wo doch die Wahrscheinlichkeit am größten ist, daß dort einem Gott semitischer Herkunft Verehrung zuteil wurde, zeugt kein Denkmal von der Präsenz des Sopdu zur Zeit des Alten Reiches. Stattdessen erscheint Thoth als "Herr der Fremdländer"[7] und steht dem König im Kampf gegen die Feinde Ägyptens zur Seite. Sopdu dagegen findet sich erstmals unter Sesostris II.[8] in Serâbîṭ el-Châdim bezeugt.

Als ein weiteres Kriterium, das gegen eine asiatische Herkunft des Gottes spricht, ist die Tatsache anzuführen, daß Sopdu in der XVIII. Dynastie (Hatschepsut)[9] erstmals mit Asien in direktem Bezug steht. Im Karnak-Tempel findet sich die Darstellung der Erhebung von vier Götterstatuen durch Priester. Unter den Götterbildern ist auch Sopdu abgebildet, der in dieser Szene als Gegner Asiens agiert. Daß Sopdu gerade in dieser Zeit Kontakte zu Asien pflegt, hängt keinesfalls mit seiner gemutmaßten fremdländischen Herkunft zusammen, sondern hat seine Ursache in der Expansionspolitik Ägyptens, die seit den Königen der XVIII. Dynastie verfolgt wurde und die sich vornehmlich auf den syrisch-palästinensischen Raum erstreckte.

Das asiatische Erscheinungsbild, in dem sich Sopdu in seltenen Fällen seit der V. Dynastie zeigt, findet seine Erklärung darin, daß man den asiatischen Gegnern die Macht Ägyptens bildlich vor Augen führen wollte, indem ein in seinem Habitus semitisch anmutender Gott den Kampf des Königs gegen seine vermeintlichen "Artgenossen" unterstützte und zum Sieg verhalf.

Noch in griechisch-römischer Zeit zeugen die Edfu-Texte von dem zwiespältigen Wesen des Gottes, das bereits Denkmäler der V. Dynastie offenbaren. Die Inschriften des Edfu-Tempels benennen Sopdu zum einen als den "Ältesten Asiens, der an der Spitze von Pr-Spdw ist"[10] und deuten auf seine asiatische Herkunft hin, während sie andererseits die feindliche Gesinnung des Gottes gegenüber den Asiaten durch Epitheta wie "der die Asiaten (Mnṯ(j)w) schlägt"[11] zum Ausdruck bringen.

Es dürfte nunmehr als erwiesen gelten, daß Sopdu ein ägyptischer Gott ist, der durch seine gefährlichen Wesenszüge, die sich aus seiner primären Raubtiergestalt herleiten, im Alten Reich zum Kriegsgott wird, der über die feindlichen Gegner gebietet und dem König im Kampf gegen diese beisteht.

Zu klären bleibt die Frage nach der Kultheimat des Gottes. Wo ist diese zu suchen, wenn der Gott nicht asiatischer Herkunft ist? Aufgrund des dem Gott später eigentümlichen Beinamens "Herr des Ostens" mutmaßen viele Wissenschaftler die Heimat des Sopdu im Ostdelta.

Bei der Beantwortung dieser Frage gilt es zu berücksichtigen, daß sich der Gott erstmals unter Sesostris II.[12] als nb j3btt offenbart, während ihn die Denkmäler der IV. und V. Dynastie nur unter dem Titel "Herr der Fremdländer" bezeugen. Der letztgenannte Titel sagt aber nichts darüber aus, ob sich der Aufgabenbereich des Gottes auf den Osten oder auf den Westen erstreckte. Urkunden des Neuen Reiches[13] und der Ptolemäerzeit[14] weisen Sopdu eindeutig auch als Schutzgottheit des Westens aus.

Wenn aber Sopdu nach herrschender Meinung seit alters als Herr des Ostens gilt, wie ist es dann zu erklären, daß die Pyramidentexte[15] Anedjti, den Gott des IX. unterägyptischen Gaues, als den "an der Spitze der östlichen Gaue" benennen, und nicht Sopdu? In den Pyramidentexten wird eine etwaige Verbindung des Sopdu zu Asien durch kein Epitheton offenkundig. Selbst in Pyr. 994e und 1476c, in denen Sethes Auffassung zufolge Sopdu als Vertreter Asiens aufzufassen ist, tritt Sopdu nicht als "Herr von Asien" o.ä. in Erscheinung. Stattdessen führt er das Epitheton "der unter seinem ksbt-Baum ist", ganz im Gegensatz zu Iahes und Dedun, die als "der an der Spitze von Oberägypten ist" bzw. "der an der Spitze von Nubien ist" gelten. Demnach können die beiden in Rede stehenden Ritualsprüche der kritischen Prüfung einer Verbindung des Gottes zu Asien nicht standhalten. Vielmehr werden die Textstellen so zu verstehen sein, daß der Gott Dua, dessen Beziehungen zum Osten noch nicht zweifelsfrei geklärt sind[16], in den Pyramidentexten den Osten repräsentiert, während Sopdu für den unterägyptischen Landesteil zuständig ist. Für eine solche Interpretation spricht auch der Beiname des Gottes "der unter seinem ksbt-Baum ist". Eventuell weist dieses Epitheton auf einen Baumkult in Unterägypten hin, von denen mehrere in der näheren Umgebung von Memphis gelegen waren.
Falls Sopdu in Pyr. 994 e und 1476c tatsächlich als Vertreter Unterägyptens agieren würde, dann ließe sich auch das gemeinsame Auftreten mit Seth als Repräsentant Oberägyptens im Totentempel des Sahur^{c}e erklären.

Zudem stellt sich bei dem zur Diskussion stehenden Problem die Frage, warum Sopdu auf keinem einzigen

Sinai-Denkmal des Alten Reiches bezeugt ist, wenn er tatsächlich von Anbeginn im Ostdelta beheimatet war. Thoth hingegen, dessen Kultheimat im XV. unterägyptischen Gau am östlichen Wüstenrand gelegen war, erscheint in Felsbildern auf der Sinai-Halbinsel im Alten Reich unter dem Epitheton nb ḫ3swt.

Es ist ein falscher Rückschluß, ausgehend von dem späteren Epitheton des Gottes (scil. nb j3btt), die Heimat des Sopdu im Ostdelta ansiedeln zu wollen. Das Epitheton "Herr der Fremdländer", das er seit dem Alten Reich führt, läßt die Frage offen, ob sich der Aufgabenbereich des Gottes auf den westlichen oder den östlichen Bereich erstreckte. Demzufolge könnte auch die Kultheimat des Gottes im West- oder Ostdelta zu lokalisieren sein.

Aufgrund des archäologischen Befundes und der Hinweise aus den literarischen Quellen möchte ich die Heimat des Sopdu im memphitischen Raum suchen. Zur Beweisführung sind die Zeugnisse für den Gott aus der Frühzeit und aus dem Alten Reich zu benennen, die sich auf die nähere Umgebung von Memphis konzentrieren. Als Fundstätten der frühesten Belege sind von Nord nach Süd zu benennen: Gîza, Abu Ghurâb, Abusîr, Saqqâra und Ḥelwân. An diesen Orten begegnet der Gott selbst in Schrift und Bild oder aber in theophoren Personennamen und in Titeln, die mit dem Gottesnamen zusammengesetzt sind.

Als weiteres Kriterium dienen die inschriftlich bezeugten Kultorte des Gottes. Auf den frühzeitlichen Denkmälern ist der Name des Sopdu sehr eng mit dem Ort Jpwt[17] verbunden. Der Fundort (scil. Saqqâra) der frühzeitlichen Zeugnisse sowie die Erwähnung des unterägyptischen Arbeitshauses auf einem dieser Denkmäler lassen darauf schließen, daß Jpwt in unmittelbarer Nähe von Memphis gelegen war. In jener Zeit befand sich dort die Residenz und bildete das Zentrum des kulturellen und politischen Lebens.

Auch der Kultort J3ty(-Spdw), der spätestens seit der XVIII. Dynastie[18] als Kultort des Sopdu bezeugt ist und der noch bis in die Ptolemäerzeit[19] fortbestand, ist zwischen Memphis und Letopolis zu lokalisieren. Als weitere Belege, die zugunsten einer Kultheimat des Sopdu im Gebiet des I. unterägyptischen Gaues sprechen, sind pSallier IV vso 1,3-2,2[20] aus dem Mittleren Reich, eine Stele Amenophis' III.[21] aus den Ṭura-Steinbrüchen sowie eine Muschelinschrift[22] aus dem Neuen Reich zu benennen. Als letztes gilt es die Votivstele des Z3-p3-jr[23] anzuführen, die für einen Kult des Gottes bei Gîza spricht. All diese Zeugnisse lassen auf einen Kult des Sopdu in dem Gebiet Memphis-Ṭura-Gîza schließen.

Selbst das Epitheton "Sopdu, der große Gott, der in Jnw(?) befindlich ist"[24] gibt Hinweis darauf, daß Sopdu in der Gegend von Ḥelwân zumindest in griechisch-römischer Zeit verehrt wurde. Da die Inschriften der Ptolemäerzeit alte Traditionen aufgreifen und demzufolge wichtige Informationen auf frühere Zeiten beinhalten, liegt es durchaus im Bereich des Möglichen, daß Jnw(?) bereits im Alten Reich als Kultort des Sopdu existierte.

Die Gründe, die Sopdu im Mittleren Reich zum "Herrn des Ostens" werden lassen, sind nur schwer nachzuvollziehen. Die enge Bindung an den Himmels- und Königsgott Horus, der ebenfalls mit dem Osten verknüpft ist, hat die Entwicklung des Sopdu zum Wächter der ägyptischen Ostgrenze sicherlich gefördert. Über Horus rückt Sopdu auch zur solaren Gottheit auf und ist mit dem Sonnengott Re^{c} eng verbunden. Als Zeichen seines solaren Aspektes trägt Sopdu die Sonnenscheibe zwischen seiner Doppelfederkrone.

Vielleicht ist die Lösung der Frage nach den Beweggründen, warum Sopdu zum Herrn des Ostens avanciert, ganz einfacher Natur, indem kein anderer Gott für diese Aufgabe geeignet erschien oder bereits durch einen anderen Aufgabenbereich gebunden war.

Das Epitheton nb j3btt begründet das Erscheinen des Sopdu in der Ostwüste. Dort findet er sich auf einer Stele aus dem Jahr 1 Sesostris' II. im Wâdi Gasûs bezeugt, in dessen Nähe Qusêr, der Abfahrtshafen der Punt- und Sinai-Expeditionen gelegen war. Daher verwundert es nicht, wenn Sopdu im Mittleren Reich auch auf der Sinai-Halbinsel auftritt. Das früheste Zeugnis für Sopdu auf der Sinai-Halbinsel datiert aus der Zeit Sesostris' II., jenes Königs, unter dem Sopdu auch erstmals in der Ostwüste bezeugt ist. Dieser Tatbestand legt die Vermutung nahe, daß das Auftreten des Sopdu auf der Sinai-Halbinsel in direktem Zusammenhang mit seinem zeitgleichen Erscheinen im Wâdi Gasûs am Roten Meer steht, wo er erstmals als Herr des Ostens erscheint. Und nichts ist naheliegender, als einen Grenzgott, der sich für die Sicherung der ägyptischen Ostgrenze verantwortlich zeigt, auf die Sinai-Halbinsel zu transferieren, um dort die Oberhoheit Ägyptens zu repräsentieren.

Welches sind nun aber die Gründe, die Sopdu zum Lokalgott von Pr-Spdw, das an der Stätte des modernen Ṣafṭ el-Ḥenna im Ostdelta gelegen war, werden lassen? Pr-Spdw ist seit der Libyerzeit[25] inschriftlich bezeugt und gilt seitdem als Hauptkultort des Sopdu.

Mit der Errichtung des Gaues "Osten" bzw. des Bezirkes "Heliopolis, Ost" im Verlaufe des Alten Reiches, spätestens aber mit der Erschließung des Wâdi Tumilât unter Amenemhet I., ging die Gründung einer Stadt J3bt einher, die ihren Namen der Lage im Ostdelta verdankt. J3bt war an der Stätte des späteren Pr-Spdw gelegen, das unter diesem Namen erstmals seit der Zeit des Pije bezeugt ist. Da in der Spätzeit keine Städteneugründungen erfolgt sind, muß dieser Ort unter einer anderen Bezeichnung (scil. Pr-Spdw + geographischer Zusatz) bereits vor der Libyerzeit existiert haben. Der vollständige Name von Pr-Spdw lautete offenbar Pr-Spdw nb J3bt, den ein spätzeitlicher Block aus Achmîm[26] benennt. Belege aus den Tempeln von Edfu und Dendera bestärken die These, daß Pr-Spdw ursprünglich den Zusatz nb J3bt führte. In Edfu und Dendera erscheint Sopdu unter anderem als "Herr von 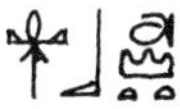 "(Varianten: 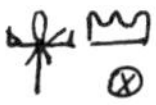 und )[27].

Mit Ausnahme des Beleges aus Achmîm führen die übrigen Denkmäler der Spätzeit und der Ptolemäerzeit nur die Kurzform Pr-Spdw auf.

Vermutlich existierte anfangs noch kein Sopdu-Kult in J3bt. Erst mit der Übernahme des Titels nb j3btt, den der Gott erstmals unter Sesostris II. führt, wurde in J3bt eine Kultstätte des Sopdu eingerichtet.

Daß gerade dieser Ort ausgewählt wurde, liegt sicherlich in dem Begriff j3bt(t) begründet, der in dem Beinamen des Sopdu wiederkehrt.
Bedauerlicherweise liegt aus dem Mittleren Reich kein Beleg vor, der die aufgezeigte Entstehung des Sopdu-Kultes in J3bt zur Gewißheit erhebt. Als einziger Hinweis mag die Erwähnung einer Frau aus gs-j3b(t)j (mit Stadt- und Fremdland-Determinativ)[28] in den el-Lahûn-Papyri gelten, die dort vielfach genannt ist. Möglicherweise hat ein Priester, der in den Diensten des Sopdu stand und sein Amt in el-Lahûn versah, dem Gott zuliebe eine Frau aus dessen Kultort (scil. J3bt) geheiratet.

Die griechisch-römischen Nomoslisten verzeichnen neben Pr-Spdw noch den Ortsnamen Šsmt. Wie die Inschriften auf dem Naos des Nektanebis aus der XXX. Dynastie ohne jeden Zweifel bekunden, stellt Šsmt ein Synonym zu Pr-Spdw[29] dar. Diesen Namen haben die Priester der Spätzeit in Erinnerung an die enge Bindung des Gottes an das Schesemet-Land und den Schesemet-Schmuck als spielerische Umschreibung auf Pr-Spdw übertragen.

Das Mineral, das dem Schesemet-Schmuck seinen Namen gegeben hat, wurde nicht nur auf der Sinai-Halbinsel abgebaut, sondern kam des weiteren auch in der Ostwüste bis in den Sudan vor[30]. Demnach kann das auf der Wâdi Gasûs-Stele genannte Schesemet-Land in der Ostwüste, möglicherweise sogar in der näheren Umgebung des Wâdi Gasûs, gelegen haben. Dies würde auch das Epitheton des Gottes "Herr des Schesemet-Landes" auf der Wâdi Gasûs-Stele erklären.

Aus der Fülle der spätzeitlichen Zeugnisse, die den Gott bezeugen, ist zu erschließen, daß Sopdu gerade in dieser Zeit große Verehrung widerfuhr. Dieser Umstand hängt mit dem beginnenden Niedergang der ägyptischen Staatsmacht zusammen. Im Osten wurde Ägypten vor allem von den Assyrern und anderen semitischen Völkerschaften bedrängt. Als Wächter der ägyptischen Ostgrenze oblag es Sopdu, dem Herrn des Ostens, die feindlichen Angriffe abzuwehren. Die innenpolitischen Verhältnisse sind dafür geltend zu machen, daß die späten Denkmäler Sopdu so häufig bezeugen und das kriegerische Wesen des Gottes besonders hervorheben. Epitheta wie "der die Asiaten (Mnṯ(j)w) schlägt" oder "der die Fremdländer tötet" bringen die feindselige Haltung des Gottes gegenüber den Asiaten deutlich zum Ausdruck. Das Bildrepertoire der Tempel von Edfu und Dendera zeigt Sopdu überwiegend in der Szene, wie er dem König im Kampf gegen die Feinde hilfreich zur Seite steht, indem er ihm ein Messer darreicht oder einen gefesselten Feind zuführt.

Nach diesen Ausführungen bleibt festzuhalten, daß die ursprüngliche Kultheimat des Sopdu in der näheren Umgebung von Memphis gelegen war. Eine genauere Lokalisierung der Kultheimat des Gottes ist nach den überlieferten Quellen nicht möglich. Das Epitheton nb ḫ3swt läßt die Frage offen, ob sich der Zuständigkeitsbereich des Gottes im Alten Reich auf beide unterägyptische Landeshälften erstreckte. Erst zu einem späteren Zeitpunkt, mutmaßlich im Mittleren Reich, nachdem ihm der Titel nb j3btt zugetragen worden war, gelangte Sopdu in das Ostdelta. Dort faßte der Kult des Gottes Sopdu in einem Ort namens J3bt Fuß. Die Gründung dieses Ortes reicht in das Alte Reich oder den Beginn des Mittleren Reiches zurück. J3bt war an der Stätte des erstmals in der Libyerzeit bezeugten Pr-Spdw gelegen. Wie ein spätzeitliches Denkmal bekundet, lautete der vollständige Name des Ortes offenbar Pr-Spdw nb J3bt. Die Denkmäler der Spätzeit ebenso wie die griechisch-römischen Gaulisten benennen jedoch nur noch die Kurzform Pr-Spdw. In der Ptolemäerzeit führt der Ort den zusätzlichen Namen Šsmt, der in Erinnerung an die vormals enge Bindung des Sopdu an das Schesemet-Land und den gleichnamigen Schmuck als spielerische Umschreibung auf Pr-Spdw übertragen wurde.

Anmerkungen zu Kapitel XVIII :

1 Lauer, Pyramide à Degrés IV, 18, 59-60, t.22 (121+122)
Kaplony, IÄF III, t.94 (367)

2 Z.Y.Saad, The Excavations at Helwan, Oklahoma 1969, 41-42, 118 (t.32)

3 P.Kaplony, Die Rollsiegel des Alten Reichs IIB (MonAeg 3B, 1981), t.41-44 (31) und ibid., t.134 (K.u.147)

4 Borchardt, S'a3ḥu-re^{c}, Bl.5

5 LD V, 1c
Edfou X, t.CXIV
H.Junker, Der große Pylon des Tempels der Isis in Philae (DÖAW-Sb., 1959), 27 (Abb.13a), 30, 31 (Abb.14a)

6 Borchardt, Ne-user-re^{c}, 93 (Abb.71)
F.v.Bissing/H.Kees, Das Re-Heiligtum des Königs Ne-Woser-Re (Rathures) III, Leipzig 1928, Bl.25 (387)

7 Inscr.Sinai I, t.VI (10)

8 Inscr.Sinai I, t.XXII (80)

9 P.Barguet, Le Temple d'Amon-Rê à Karnak (RAPH 21, 1962), 145, n.1, t.XV (D)
Die Szene findet sich im Re^{c}-Harachte-Tempel am Heiligen See von Karnak vollständig erhalten; cf. R.A.Parker/J.Leclant/J.C.Goyon, The Edifice of Taharqa by the Sacred Lake of Karnak, London 1979, 67, t.26

10 Edfou III, 247

11 Edfou III, 246; V, 93

12 A.Erman, ZÄS 20 (1882), 204-205

13 I.E.S.Edwards, Hieratic Papyri in the British Museum I, London 1960, 96 und ibid. II, t.XXXVII + XXXVIIA (1.39-40); cf. W.Golénischeff, Papyrus Hiératiques (CG), Kairo 1927, 222 (1.37-38) (pKairo 58035)

14 Urk. VI, 33 (pLouvre 3129/pBM 10252)

15 Pyr. 220c, 1833d

16 E.Otto, in LÄ I, 1148
H.Kees, Der Götterglaube im Alten Ägypten, Darmstadt 1980^{4}, 109
B.Grdseloff, ASAE 41 (1942), 207-217

17 Lauer, op.cit., t.22 (121+122)
Kaplony, IÄF III, t.94 (367)

18 E.Drioton, Rapport sur les Fouilles de Médamoud (FIFAO 4.2, 1927), 52-54 (fig. 24+25)

19 Urk. VI, 33

20 A.H.Gardiner, Late-Egyptian Miscellanies (BAe 7, 1937), 89

21 LD III, 71b

22 E.Scamuzzi, Fossile eocenico con iscrizione geroglifica rinvenuto in Eliopoli, Bolletino della società piemontese di archeologia e di belle arti, Nuova serie, anno primo, Turin 1947, 11-14 (fig.103)
23 Chr.M.Zivie, Giza au deuxième Millênaire (BdE 70, 1976), 239 (NE 91)
24 Edfou VI, 52; VIII, 88
25 Urk. III, 46 (115)
26 G.Daressy, ASAE 16 (1916), 227 (1.23)
27 Edfou III, 245; V, 52
Daumas, Mammisis, 139
28 pKahun, t.IX, 17 (j3b(t)j).28; XII,8; XIII, 19.20
29 Naville, Saft el-Henneh, t.6,2.3
30 A.Lucas, Ancient Egyptian Materials and Industries, London 1962[4], 401
Cf. R.A.Harris, Lexicographical Studies in Ancient Egyptian Minerals (VIO 54, 1961), 132

VERZEICHNIS DER TAFELN

INDEX

1. GÖTTER

Seth 17, 43, 44, 56, 83, 86, 88, 89, 93, 101, 102, 103, 153, 155, 229, 230, 245, 269, 327
Sobek 76, 81, 94, 114
Sobek-Re^{c} 75
Sokar 60
Sopdu-El 25
Sopdu-Harachte 168, 177
Sopdu-Horus 147, 176
Sopdu-Re^{c} 253
Sopdu-Schu 23, 24, 172, 176, 177, 181, 200, 231, 251, 317
Sothis (Spdt) 8, 49, 50, 51, 185, 186, 206, 207
Tatenen 173
Tefnut 194, 251, 252, 265
Thoth (Ḏḥwtj) 17, 50, 51, 55, 57, 59, 60, 71, 89, 90, 92, 93, 101, 104, 128, 135, 136, 143, 161, 162, 166, 196, 229, 230, 233, 237, 271, 325, 328
Upset 245
Upwawet 63, 200, 202, 238, 239, 240
Uto 75
Wadjit 142
Waset 94, 95
Werethekau 84, 85, 261
Widder von Mendes (B3-nb-Ḏdt) 113, 142, 230, 231, 233, 253, 263, 265, 271, 292

Wnwt 147, 170
M33.n-jt.f (Gott des 8. Tages des Mondmonats) 104
Mnṯt (?) 147
Gmḥsw 91
Ṯnṅṯ (?) 95

2. HERRSCHER UND KÖNIGSGEMAHLINNEN

Achoris 100, 101
Alexander II. 155
Amasis 249
Amenemhet I. 331
Amenemhet II. 69
Amenemhet III. 115, 118, 121, 126, 127, 130, 134, 196
Amenemhet IV. 115, 126, 127, 129, 194
Amenemhet V. (cf. Sechemkare^{c}) 116, 259

3. PERSONENNAMEN

4. GEOGRAPHISCHE BEZEICHNUNGEN

5. HEILIGTÜMER, ANLAGEN, BAUTEILE

6. ÄGYPTISCHE BEZEICHNUNGEN

TAFELN

Tafel I

Götter führen dem König Gefangene zu
Pyramide des Sahure[c], Abusîr (V. Dynastie)
Berlin, Ägyptisches Museum der Staatlichen
Museen Preussischer Kulturbesitz, Nr. 21782

A

B

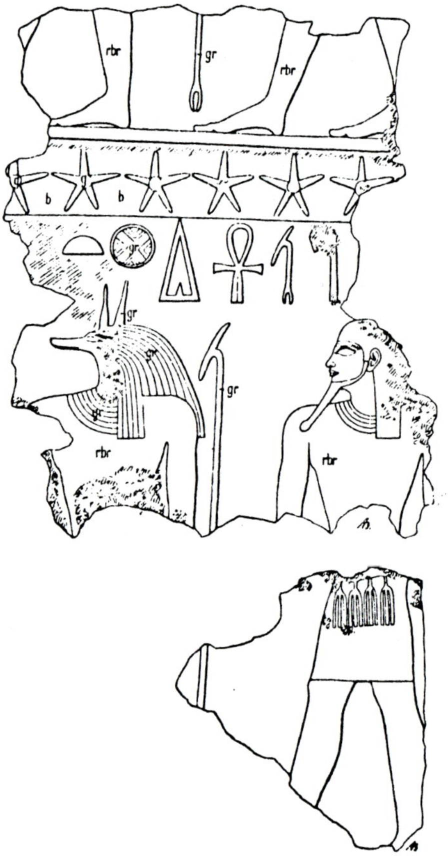

Tafel II

A König in Umarmung mit einem Gott
Sonnenheiligtum des Königs Niuserre^{c},
Abu Ghurâb (V. Dynastie)
Berlin, Ägyptisches Museum der Staatlichen
Museen Preussischer Kulturbesitz, Nr. 14800

B Fragment einer Götterprozession
Pyramide des Königs Niuserre^{c}, Abusîr (V. Dynastie)
Berlin, Ägyptisches Museum der Staatlichen Museen
Preussischer Kulturbesitz, Nr. 1603

Tafel III

Stele des H̱nmw-ḥtp(w) aus dem Jahr 1 Sesostris’ II.
Wâdi Gasûs (XII. Dynastie)
Durham, University Oriental Museum, Nr. 1935

Tafel IV

Statuenbasis einer Götterfigur (XXV.–XXVII. Dynastie)
München, Staatliche Sammlung Ägyptischer Kunst, ÄS 6786

Tafel V

Fayence mit der Darstellung eines Mannes mit Hase und Oryxantilope (Spätzeit)
Hildesheim, Pelizaeus-Museum, PM 2745

ORBIS BIBLICUS ET ORIENTALIS

Bd. 1 OTTO RICKENBACHER: *Weisheitsperikopen bei Ben Sira.* X–214–15* Seiten. 1973. Vergriffen.

Bd. 2 FRANZ SCHNIDER: *Jesus der Prophet.* 298 Seiten. 1973. Vergriffen.

Bd. 3 PAUL ZINGG: *Das Wachsen der Kirche.* Beiträge zur Frage der lukanischen Redaktion und Theologie. 345 Seiten. 1974. Vergriffen.

Bd. 4 KARL JAROŠ: *Die Stellung des Elohisten zur kanaanäischen Religion.* 294 Seiten, 12 Abbildungen. 1982. 2. verbesserte und überarbeitete Auflage.

Bd. 5 OTHMAR KEEL: *Wirkmächtige Siegeszeichen im Alten Testament.* Ikonographische Studien zu Jos 8, 18–26; Ex 17, 8–13; 2 Kön 13, 14–19 und 1 Kön 22, 11. 232 Seiten, 78 Abbildungen. 1974. Vergriffen.

Bd. 6 VITUS HUONDER: *Israel Sohn Gottes.* Zur Deutung eines alttestamentlichen Themas in der jüdischen Exegese des Mittelalters. 231 Seiten. 1975.

Bd. 7 RAINER SCHMITT: *Exodus und Passa. Ihr Zusammenhang im Alten Testament.* 124 Seiten. 1982. 2. neubearbeitete Auflage.

Bd. 8 ADRIAN SCHENKER: *Hexaplarische Psalmenbruchstücke.* Die hexaplarischen Psalmenfragmente der Handschriften Vaticanus graecus 752 und Canonicianus graecus 62. Einleitung, Ausgabe, Erläuterung. XXVIII–446 Seiten. 1975.

Bd. 9 BEAT ZUBER: *Vier Studien zu den Ursprüngen Israels.* Die Sinaifrage und Probleme der Volks- und Traditionsbildung. 152 Seiten. 1976. Vergriffen.

Bd. 10 EDUARDO ARENS: *The ΗΛΘΟΝ-Sayings in the Synoptic Tradition.* A Historico-critical Investigation. 370 Seiten. 1976.

Bd. 11 KARL JAROŠ: *Sichem.* Eine archäologische und religionsgeschichtliche Studie, mit besonderer Berücksichtigung von Jos 24. 280 Seiten, 193 Abbildungen. 1976.

Bd. 11a KARL JAROŠ/BRIGITTE DECKERT: *Studien zur Sichem-Area.* 81 Seiten, 23 Abbildungen. 1977.

Bd. 12 WALTER BÜHLMANN: *Vom rechten Reden und Schweigen.* Studien zu Proverbien 10–31. 371 Seiten. 1976.

Bd. 13 IVO MEYER: *Jeremia und die falschen Propheten.* 155 Seiten. 1977. Vergriffen.

Bd. 14 OTHMAR KEEL: *Vögel als Boten.* Studien zu Ps 68, 12–14, Gen 8, 6–12, Koh 10, 20 und dem Aussenden von Botenvögeln in Ägypten. – Mit einem Beitrag von Urs Winter zu Ps 56, 1 und zur Ikonographie der Göttin mit der Taube. 164 Seiten, 44 Abbildungen. 1977.

Bd. 15 MARIE-LOUISE GUBLER: *Die frühesten Deutungen des Todes Jesu.* Eine motivgeschichtliche Darstellung aufgrund der neueren exegetischen Forschung. XVI–424 Seiten. 1977. Vergriffen.

Bd. 16 JEAN ZUMSTEIN: *La condition du croyant dans l'Evangile selon Matthieu.* 467 pages. 1977. Epuisé.

Bd. 17 FRANZ SCHNIDER: *Die verlorenen Söhne.* Strukturanalytische und historisch-kritische Untersuchungen zu Lk 15. 105 Seiten. 1977.

Bd. 18 HEINRICH VALENTIN: *Aaron.* Eine Studie zur vor-priesterschriftlichen Aaron-Überlieferung. VIII–441 Seiten. 1978.

Bd. 19 MASSÉO CALOZ: *Etude sur la LXX origénienne du Psautier.* Les relations entre les leçons des Psaumes du Manuscrit Coislin 44, les Fragments des Hexaples et le texte du Psautier Gallican. 480 pages. 1978.

Bd. 20 RAPHAEL GIVEON: *The Impact of Egypt on Canaan.* Iconographical and Related Studies. 156 Seiten, 73 Abbildungen. 1978.

Bd. 21 DOMINIQUE BARTHÉLEMY: *Etudes d'histoire du texte de l'Ancien Testament.* XXV–419 pages. 1978. Vergriffen.

Bd. 22/1 CESLAS SPICQ: *Notes de Lexicographie néo-testamentaire.* Tome I: p. 1–524. 1978. Epuisé.

Bd. 22/2 CESLAS SPICQ: *Notes de Lexicographie néo-testamentaire.* Tome II: p. 525–980. 1978. Epuisé.

Bd. 22/3 CESLAS SPICQ: *Notes de Lexicographie néo-testamentaire.* Supplément. 698 pages. 1982.

Bd. 23 BRIAN M. NOLAN: *The Royal Son of God.* The Christology of Matthew 1–2 in the Setting of the Gospel. 282 Seiten. 1979.

Bd. 24 KLAUS KIESOW: *Exodustexte im Jesajabuch.* Literarkritische und motivgeschichtliche Analysen. 221 Seiten. 1979.

Bd. 25/1 MICHAEL LATTKE: *Die Oden Salomos in ihrer Bedeutung für Neues Testament und Gnosis.* Band I. Ausführliche Handschriftenbeschreibung. Edition mit deutscher Parallel-Übersetzung. Hermeneutischer Anhang zur gnostischen Interpretation der Oden Salomos in der Pistis Sophia. XI–237 Seiten. 1979.

Bd. 25/1a MICHAEL LATTKE: *Die Oden Salomos in ihrer Bedeutung für Neues Testament und Gnosis.* Band Ia. Der syrische Text der Edition in Estrangela Faksimile des griechischen Papyrus Bodmer XI. 68 Seiten. 1980.

Bd. 25/2 MICHAEL LATTKE: *Die Oden Salomos in ihrer Bedeutung für Neues Testament und Gnosis.* Band II. Vollständige Wortkonkordanz zur handschriftlichen, griechischen, koptischen, lateinischen und syrischen Überlieferung der Oden Salomos. Mit einem Faksimile des Kodex N. XVI–201 Seiten. 1979.

Bd. 25/3 MICHAEL LATTKE: *Die Oden Salomos in ihrer Bedeutung für Neues Testament und Gnosis.* Band III. XXXIV–478 Seiten. 1986.

Bd. 26 MAX KÜCHLER: *Frühjüdische Weisheitstraditionen.* Zum Fortgang weisheitlichen Denkens im Bereich des frühjüdischen Jahweglaubens. 703 Seiten. 1979.

Bd. 27 JOSEF M. OESCH: *Petucha und Setuma.* Untersuchungen zu einer überlieferten Gliederung im hebräischen Text des Alten Testaments. XX–392–37* Seiten. 1979.

Bd. 28 ERIK HORNUNG/OTHMAR KEEL (Herausgeber): *Studien zu altägyptischen Lebenslehren.* 394 Seiten. 1979.

Bd. 29 HERMANN ALEXANDER SCHLÖGL: *Der Gott Tatenen.* Nach Texten und Bildern des Neuen Reiches. 216 Seiten, 14 Abbildungen. 1980.

Bd. 30 JOHANN JAKOB STAMM: *Beiträge zur Hebräischen und Altorientalischen Namenkunde.* XVI–264 Seiten. 1980.

Bd. 31 HELMUT UTZSCHNEIDER: *Hosea - Prophet vor dem Ende.* Zum Verhältnis von Geschichte und Institution in der alttestamentlichen Prophetie. 260 Seiten. 1980.

Bd. 32 PETER WEIMAR: *Die Berufung des Mose.* Literaturwissenschaftliche Analyse von Exodus 2, 23–5, 5. 402 Seiten. 1980.

Bd. 33 OTHMAR KEEL: *Das Böcklein in der Milch seiner Mutter und Verwandtes.* Im Lichte eines altorientalischen Bildmotivs. 163 Seiten, 141 Abbildungen. 1980.

Bd. 34 PIERRE AUFFRET: *Hymnes d'Egypte et d'Israël.* Etudes de structures littéraires. 316 pages, 1 illustration. 1981.

Bd. 35 ARIE VAN DER KOOIJ: *Die alten Textzeugen des Jesajabuches.* Ein Beitrag zur Textgeschichte des Alten Testaments. 388 Seiten. 1981.

Bd. 36 CARMEL McCARTHY: *The Tiqqune Sopherim and Other Theological Corrections in the Masoretic Text of the Old Testament.* 280 Seiten. 1981.

Bd. 37 BARBARA L. BEGELSBACHER-FISCHER: *Untersuchungen zur Götterwelt des Alten Reiches im Spiegel der Privatgräber der IV. und V. Dynastie.* 336 Seiten. 1981.

Bd. 38 MÉLANGES DOMINIQUE BARTHÉLEMY. *Etudes bibliques offertes à l'occasion de son 60e anniversaire.* Edités par Pierre Casetti, Othmar Keel et Adrian Schenker. 724 pages, 31 illustrations. 1981.

Bd. 39 ANDRÉ LEMAIRE: *Les écoles et la formation de la Bible dans l'ancien Israël.* 142 pages, 14 illustrations. 1981.

Bd. 40 JOSEPH HENNINGER: *Arabica Sacra.* Aufsätze zur Religionsgeschichte Arabiens und seiner Randgebiete. Contributions à l'histoire religieuse de l'Arabie et de ses régions limitrophes. 347 Seiten. 1981.

Bd. 41 DANIEL VON ALLMEN: *La famille de Dieu.* La symbolique familiale dans le paulinisme. LXVII–330 pages, 27 planches. 1981.

Bd. 42 ADRIAN SCHENKER: *Der Mächtige im Schmelzofen des Mitleids.* Eine Interpretation von 2 Sam 24. 92 Seiten. 1982.

Bd. 43 PAUL DESELAERS: *Das Buch Tobit.* Studien zu seiner Entstehung, Komposition und Theologie. 532 Seiten + Übersetzung 16 Seiten. 1982.

Bd. 44 PIERRE CASETTI: *Gibt es ein Leben vor dem Tod?* Eine Auslegung von Psalm 49. 315 Seiten. 1982.

Bd. 45 FRANK-LOTHAR HOSSFELD: *Der Dekalog.* Seine späten Fassungen, die originale Komposition und seine Vorstufen. 308 Seiten. 1982. Vergriffen.

Bd. 46 ERIK HORNUNG: *Der ägyptische Mythos von der Himmelskuh.* Eine Ätiologie des Unvollkommenen. Unter Mitarbeit von Andreas Brodbeck, Hermann Schlögl und Elisabeth Staehelin und mit einem Beitrag von Gerhard Fecht. XII–129 Seiten, 10 Abbildungen. 1982.

Bd. 47 PIERRE CHERIX: *Le Concept de Notre Grande Puissance (CG VI, 4).* Texte, remarques philologiques, traduction et notes. XIV–95 pages. 1982.

Bd. 48 JAN ASSMANN/WALTER BURKERT/FRITZ STOLZ: *Funktionen und Leistungen des Mythos.* Drei altorientalische Beispiele. 118 Seiten, 17 Abbildungen. 1982.

Bd. 49 PIERRE AUFFRET: *La sagesse a bâti sa maison.* Etudes de structures littéraires dans l'Ancien Testament et spécialement dans les psaumes. 580 pages. 1982.

Bd. 50/1 DOMINIQUE BARTHÉLEMY: *Critique textuelle de l'Ancien Testament.* 1. Josué, Juges, Ruth, Samuel, Rois, Chroniques, Esdras, Néhémie, Esther. Rapport final du Comité pour l'analyse textuelle de l'Ancien Testament hébreu institué par l'Alliance Biblique Universelle, établi en coopération avec Alexander R. Hulst †, Norbert Lohfink, William D. McHardy, H. Peter Rüger, coéditeur, James A. Sanders, coéditeur. 812 pages. 1982.

Bd. 50/2 DOMINIQUE BARTHÉLEMY: *Critique textuelle de l'Ancien Testament.* 2. Isaïe, Jérémie, Lamentations. Rapport final du Comité pour l'analyse textuelle de l'Ancien Testament hébreu institué par l'Alliance Biblique Universelle, établi en coopération avec Alexander R. Hulst †, Norbert Lohfink, William D. McHardy, H. Peter Rüger, coéditeur, James A. Sanders, coéditeur. 1112 pages. 1986.

Bd. 51 JAN ASSMANN: *Re und Amun.* Die Krise des polytheistischen Weltbilds im Ägypten der 18.–20. Dynastie. XII–309 Seiten. 1983.

Bd. 52 MIRIAM LICHTHEIM: *Late Egyptian Wisdom Literature in the International Context.* A Study of Demotic Instructions. X–240 Seiten. 1983.

Bd. 53 URS WINTER: *Frau und Göttin.* Exegetische und ikonographische Studien zum weiblichen Gottesbild im Alten Israel und in dessen Umwelt. XVIII–928 Seiten, 520 Abbildungen. 1983. 2. Auflage mit einem Nachwort, 8 Seiten. 1987.

Bd. 54 PAUL MAIBERGER: *Topographische und historische Untersuchungen zum Sinaiproblem.* Worauf beruht die Identifizierung des Ǧabal Mūsā mit dem Sinai? 189 Seiten, 13 Tafeln. 1984.

Bd. 55 PETER FREI/KLAUS KOCH: *Reichsidee und Reichsorganisation im Perserreich.* 119 Seiten, 17 Abbildungen. 1984. Vergriffen

Bd. 56 HANS-PETER MÜLLER: *Vergleich und Metapher im Hohenlied.* 59 Seiten. 1984.

Bd. 57 STEPHEN PISANO: *Additions or Omissions in the Books of Samuel.* The Significant Pluses and Minuses in the Massoretic, LXX and Qumran Texts. XIV–295 Seiten. 1984.

Bd. 58 ODO CAMPONOVO: *Königtum, Königsherrschaft und Reich Gottes in den Frühjüdischen Schriften.* XVI–492 Seiten. 1984.

Bd. 59 JAMES KARL HOFFMEIER: *Sacred in the Vocabulary of Ancient Egypt.* The Term *DSR*, with Special Reference to Dynasties I–XX. XXIV–281 Seiten, 24 Figures. 1985.

Bd. 60 CHRISTIAN HERRMANN: *Formen für ägyptische Fayencen.* Katalog der Sammlung des Biblischen Instituts der Universität Freiburg Schweiz und einer Privatsammlung. XXVIII-199 Seiten. 1985.

Bd. 61 HELMUT ENGEL: *Die Susanna-Erzählung.* Einleitung, Übersetzung und Kommentar zum Septuaginta-Text und zur Theodition-Bearbeitung. 205 Seiten + Anhang 11 Seiten. 1985.

Bd. 62 ERNST KUTSCH: *Die chronologischen Daten des Ezechielbuches.* 82 Seiten. 1985.

Bd. 63 MANFRED HUTTER: *Altorientalische Vorstellungen von der Unterwelt.* Literar- und religionsgeschichtliche Überlegungen zu «Nergal und Ereškigal». VIII–187 Seiten. 1985.

Bd. 64 HELGA WEIPPERT/KLAUS SEYBOLD/MANFRED WEIPPERT: *Beiträge zur prophetischen Bildsprache in Israel und Assyrien.* IX–93 Seiten. 1985.

Bd. 65 ABDEL-AZIZ FAHMY SADEK: *Contribution à l'étude de l'Amdouat.* Les variantes tardives du Livre de l'Amdouat dans les papyrus du Musée du Caire. XVI–400 pages, 175 illustrations. 1985.

Bd. 66 HANS-PETER STÄHLI: *Solare Elemente im Jahweglauben des Alten Testaments.* X–60 Seiten. 1985.

Bd. 67 OTHMAR KEEL/SILVIA SCHROER: *Studien zu den Stempelsiegeln aus Palästina/Israel.* Band I. 115 Seiten, 103 Abbildungen. 1985.

Bd. 68 WALTER BEYERLIN: *Weisheitliche Vergewisserung mit Bezug auf den Zionskult.* Studien zum 125. Psalm. 96 Seiten. 1985.

Bd. 69 RAPHAEL VENTURA: *Living in a City of the Dead.* A Selection of Topographical and Administrative Terms in the Documents of the Theban Necropolis. XII–232 Seiten. 1986.

Bd. 70 CLEMENS LOCHER: *Die Ehre einer Frau in Israel.* Exegetische und rechtsvergleichende Studien zu Dtn 22,13–21. XVIII–464 Seiten. 1986.

Bd. 71 HANS-PETER MATHYS: *Liebe deinen Nächsten wie dich selbst.* Untersuchungen zum alttestamentlichen Gebot der Nächstenliebe (Lev 19,18). XIV–196 Seiten. 1986.

Bd. 72 FRIEDRICH ABITZ: *Ramses III. in den Gräbern seiner Söhne.* 156 Seiten, 31 Abbildungen. 1986.

Bd. 73 DOMINIQUE BARTHÉLEMY/DAVID W. GOODING/JOHAN LUST/EMANUEL TOV: *The Story of David and Goliath.* 160 Seiten. 1986.

Bd. 74 SILVIA SCHROER: *In Israel gab es Bilder.* Nachrichten von darstellender Kunst im Alten Testament. XVI–553 Seiten, 146 Abbildungen. 1987.

Bd. 75 ALAN R. SCHULMAN: *Ceremonial Execution and Public Rewards.* Some Historical Scenes on New Kingdom Private Stelae. 296 Seiten. 1987.

Bd. 76 JOŽE KRAŠOVEC: *La justice (Ṣdq) de Dieu dans la Bible hébraïque et l'interprétation juive et chrétienne.* 456 pages. 1988.

Bd. 77 HELMUT UTZSCHNEIDER: *Das Heiligtum und das Gesetz.* Studien zur Bedeutung der sinaitischen Heiligtumstexte (Ez 25–40; Lev 8–9). XIV–326 Seiten. 1988.

Bd. 78 BERNARD GOSSE: *Isaie 13,1-14,23.* Dans la tradition littéraire du livre d'Isaïe et dans la tradition des oracles contre les nations. 308 pages. 1988.

Bd. 79 INKE W. SCHUMACHER: *Der Gott Sopdu - Der Herr der Fremdländer.* XVI–364 Seiten 1988.

DATE DUE